全国高等院校规划教材·公共课

现代商务礼仪规范与实务

（第二版）

主　编　王爱英　徐向群

副主编　刘　娜　李宏洁　王晓梅　解　莹

内 容 简 介

本书从当代商务活动的基本要求出发,多角度、多层面地对商务礼仪知识展开了论述,涵盖了礼仪认知与要求、礼仪的内涵与外延、个人形象礼仪、办公室礼仪、通用商务礼仪、通用会务礼仪、住行礼仪、餐饮礼仪、世界部分国家的礼仪习俗及禁忌九个部分的内容。本书内容翔实,集条理性、实用性和可操作性于一体,注重学生的实际能力的培养。通过实际操作,使学生在不同的商务情境中掌握不同的礼仪规范和交际技巧。

本书可以作为全国高等院校的通用教材,也可以作为社会各界人士了解商务礼仪的参考书,还可以作为企事业单位培训相关人员的教材。

图书在版编目(CIP)数据

现代商务礼仪规范与实务/王爱英,徐向群主编.—2版.—北京:北京大学出版社,2016.2
(全国高等院校规划教材·公共课)
ISBN 978-7-301-26420-1

Ⅰ.①现… Ⅱ.①王… ②徐… Ⅲ.①商务－礼仪－高等学校－教材 Ⅳ.①F718

中国版本图书馆 CIP 数据核字(2015)第 247095 号

书　　　名	现代商务礼仪规范与实务(第二版)
著作责任者	王爱英　徐向群　主编
策 划 编 辑	周　伟
责 任 编 辑	周　伟
标 准 书 号	ISBN 978-7-301-26420-1
出 版 发 行	北京大学出版社
地　　　址	北京市海淀区成府路 205 号　100871
网　　　址	http://www.pup.cn　新浪微博:@北京大学出版社
电 子 信 箱	zyjy@pup.cn
电　　　话	邮购部 62752015　发行部 62750672　编辑部 62754934
印 刷 者	山东百润本色印刷有限公司
经 销 者	新华书店
	787 毫米×1092 毫米　16 开本　17.25 印张　338 千字 2009 年 2 月第 1 版 2016 年 2 月第 2 版　2017 年 10 月第 2 次印刷(总第 8 次印刷)
定　　　价	38.00 元

未经许可,不得以任何方式复制或抄袭本书之部分或全部内容。
版权所有,侵权必究
举报电话:010-62752024　电子信箱:fd@pup.pku.edu.cn
图书如有印装质量问题,请与出版部联系,电话:010-62756370

前　言

在经济全球化背景下,随着我国经济社会的不断发展,商务活动日益频繁,进出口贸易、对外金融业务、外商来华投资、餐饮食宿对外接待业务等日益增多。为了体现相互尊重的原则,规范人们在商务活动中的各种行为,在借鉴有关专家研究成果的基础上,我们编写了《现代商务礼仪规范与实务》(第二版),以服务于广大读者。

本书从实用性、操作性入手,内容简洁实用,突出实训特色,注重实际能力的培养。本书具有以下特点:

一、体例新颖

本书从新的角度对于商务礼仪的一些定义和概念给予了阐述,图文并茂,使商务礼仪课程的教学更加生动、形象、直观,具有启发性。

二、务实可用

本书不但反映了当前通行的商务礼仪行为规范,而且采用了相关实际操作场景和图表,可以运用到工作中和生活中,具有较强的操作性,使教材更贴近实际需要。

三、布局合理

商务礼仪涉及商务活动的方方面面,如何把这些纷繁复杂的内容总括在一个简单、明了的框架之下,并且避免内容的重复堆砌,的确有一定的难度。在编写过程中,作者遵循商务活动的规律以及教材编写的一般常识,由浅入深、由表及里,在内容的安排布局上,将礼仪知识与规范分解到各种礼仪活动中,思路清晰,避免了很多重复的现象,可以帮助老师与学生更好地理解和掌握礼仪的内容。

本书主要包括礼仪认知与要求、礼仪的内涵与外延、个人形象礼仪、办公室礼仪、通用商务礼仪、通用会务礼仪、住行礼仪、餐饮礼仪、世界部分国家的礼仪习俗及禁忌共九章内容。为了使学生掌握商务礼仪的基本知识以及不同情境下的礼仪规范和操作技巧,在今后的商务交往活动中表现出良好的精神风貌和礼仪行为,全书力求做到理论简约、实务详尽。特别是本书第二版在原有的基础上又重新进行了修订,更加注重操作性与实践性,增加了案例和实景模拟的内容,通过实际操作,使学生在不同的商务情境中掌握不同的礼仪规范和交际技巧,具有极强的应用性。

本书可以作为全国高等院校的通用教材,也可以作为社会各界人士了解商务礼仪的参考书,还可以作为企事业单位培训相关人员的教材。

作者

2015 年 12 月

目 录

第一章 礼仪认知与要求 ……………………………………………… (1)
    一、礼仪的认知 ……………………………………………………… (1)
    二、礼仪的构成要素 ………………………………………………… (5)
    三、礼仪通则 ………………………………………………………… (6)
    四、礼仪与文化 ……………………………………………………… (14)

第二章 礼仪的内涵与外延 …………………………………………… (18)
    一、商务礼仪的内涵 ………………………………………………… (18)
    二、商务礼仪的原则 ………………………………………………… (20)
    三、商务礼仪的功能 ………………………………………………… (23)
    四、商务礼仪的作用 ………………………………………………… (24)
    五、学习商务礼仪的目的与要求 …………………………………… (27)

第三章 个人形象礼仪 ………………………………………………… (29)
    一、仪容礼仪 ………………………………………………………… (29)
    二、服饰礼仪 ………………………………………………………… (37)
    三、男士西装礼仪 …………………………………………………… (43)
    四、职业女性着装礼仪 ……………………………………………… (50)
    五、饰物佩戴礼仪 …………………………………………………… (53)
    六、仪态礼仪 ………………………………………………………… (58)

第四章 办公室礼仪 …………………………………………………… (70)
    一、办公室问候礼仪 ………………………………………………… (70)
    二、办公室环境礼仪 ………………………………………………… (71)
    三、办公室礼仪禁忌 ………………………………………………… (79)
    四、办公室电话礼仪 ………………………………………………… (80)
    五、接待礼仪 ………………………………………………………… (88)

第五章 通用商务礼仪 ………………………………………………… (94)
    一、握手的礼仪 ……………………………………………………… (94)
    二、名片的礼仪 ……………………………………………………… (98)

三、交谈的礼仪 …………………………………………………… (102)
　　四、致意和道别的礼仪 …………………………………………… (111)
　　五、拜访的礼仪 …………………………………………………… (113)
　　六、电话的礼仪 …………………………………………………… (114)
　　七、书信的礼仪 …………………………………………………… (117)
　　八、互赠礼品的礼仪 ……………………………………………… (121)

第六章　通用会务礼仪 ……………………………………………… (126)
　　一、工作会议礼仪 ………………………………………………… (126)
　　二、洽谈会礼仪 …………………………………………………… (129)
　　三、新闻发布会礼仪 ……………………………………………… (134)
　　四、茶话会礼仪 …………………………………………………… (139)
　　五、展览会礼仪 …………………………………………………… (143)
　　六、庆典活动礼仪 ………………………………………………… (149)

第七章　住行礼仪 …………………………………………………… (159)
　　一、入住宾馆的礼仪 ……………………………………………… (159)
　　二、商务出行的礼仪 ……………………………………………… (165)
　　三、商务人员备品及携带礼仪 …………………………………… (181)

第八章　餐饮礼仪 …………………………………………………… (187)
　　一、基础中餐礼仪 ………………………………………………… (187)
　　二、基础西餐礼仪 ………………………………………………… (201)
　　三、饮酒礼仪 ……………………………………………………… (213)
　　四、饮用咖啡礼仪 ………………………………………………… (216)

第九章　世界部分国家的礼仪习俗及禁忌 ………………………… (224)
　　一、亚洲国家 ……………………………………………………… (224)
　　二、欧美国家 ……………………………………………………… (230)
　　三、非洲国家 ……………………………………………………… (238)
　　四、美洲国家 ……………………………………………………… (241)
　　五、大洋洲国家 …………………………………………………… (245)

附录一　送花礼仪 …………………………………………………… (249)
附录二　常用商务柬书格式及书写规范 …………………………… (252)
参考文献 ……………………………………………………………… (266)
后记 …………………………………………………………………… (267)

第一章　礼仪认知与要求

> 在现代社会中,礼仪已渗透到人类的工作与生活的方方面面,和人类的工作、生活息息相关。礼仪对于个人形象的塑造、企业威望的树立、建立及维护良好的人际关系、增加商业机会等方面均具有至关重要的作用。

一、礼仪的认知

在社会科学发展的历史长河中,任何学科都有其自身发展的规律,都经历了一个从产生到发展的历史过程。礼仪也不例外。礼仪是一门实践性很强的学科,也经历了一个从产生到发展的历史过程。对礼仪的认知可以使我们更好地了解礼仪,帮助我们在现实的工作中和生活中更好地运用和把握礼仪。

(一) 礼仪的起源

对于礼仪的起源有很多种说法,归结起来大致有以下两种。

第一,有很多人将礼仪的起源归结到人类早期社会中群体生活的需要。在人类早期社会中,人类的个体数量很有限,而天敌却很多,也很强大。要想生存,必然要求化解同类之间的争斗和伤害,共同对付天敌和外界的自然灾害。因此,以狩猎为生的早期人类在打猎归来的途中,遇到同伴或其他族群的人,为了表示友好,总会放下武器或者保持距离,由此产生了人类社会最早的礼仪习俗。

第二,早期人类,由于自身的生存能力非常低下,认知能力也非常有限,无法理解自然界中的雷鸣闪电及其带来的灾祸,由此产生对这些自然现象的敬畏心理,并将这些自然力量归结为一种神灵操纵的结果。因此,他们希望通过表示恭敬、顺从等来取悦这些超自然的神灵,进而产生了膜拜、祭祀、贡献等取悦神灵的习俗。取悦神灵的目的是人们希望神灵在获得心理和物质的满足之后,能够保护膜拜者的利益,能够带来风调雨顺、五谷丰登,人类社会的礼仪习俗就产生了。

第一种起源,说明礼仪最初的动机是为了保证生存,是一种务实的需求促进了礼仪的产生。第二种起源,说明礼仪最初的动机是为了确认神灵的地位、权力及利益而产生的,而这种动机的最终目的也是为了获得自身的利益。这两种起源归结到一点,说明礼仪最初的出发点是在确保他人利益的前提下,保护自己的权利,维护自身的利益。因此,只有当自身可以获利的前提下,人们才会考虑利用礼仪。

(二)礼仪的诠释

从古至今,人们对于礼仪认识的范围、角度和内容各不相同。我国古代非常重视"礼",把"礼"提升为治国安邦的一个根本要素,认为对民要"齐之以礼",对国要以"礼"治之,提出"人无礼则不生,事无礼则不成,国无礼则不宁"。礼不仅是定名分、排长幼的依据,而且是治理国家、处理争端的最佳方式。对于什么是礼,古人认为"恭敬之心,礼也。"这种礼,要通过三纲五常,即"君为臣纲,父为子纲,夫为妻纲"的三纲和"仁、义、礼、智、信"的五常来实现。并且古人将礼又细分为"军、宾、嘉、凶、吉"五种。经过两千多年的发展,我国的礼仪习俗发展到一个极高的水平,这种水平在社会生活的每个层面都得到了淋漓尽致的表现。仅就亲属的称谓而言就非常细致,共有120多种。

西方国家也非常重视礼仪,认为礼仪是一个人通向文明社会和主流文化的通行证,是社会生活的润滑剂,是人们和谐相处和愉快生活的保证。在中古和近代,不管是在皇宫王室之内,还是在餐桌酒席之上,西方国家都有着十分严格和复杂的礼仪要求。这种礼仪的影子在今天的很多西方国家,特别是在君主立宪制的国家仍然可以看到。甚至在现代的社会生活中,西方人仍然津津乐道于谈论礼仪之道。

综合古今中外的礼仪书籍和历史典故,对于礼仪的认识无外乎有两种看法:第一,礼仪是维护社会秩序的工具;第二,礼仪是衡量社会文明程度和个人修养的标准。

应该说以上两种基本的认识都是从礼仪的重要社会功能出发的。首先,我国的古人认为礼仪是维护社会秩序的工具。这种认识尽管有其时代和阶级的局限性,但却很好地维护了社会体制,保证了中国在一个封闭但又自成体系的社会制度中发展,并繁衍了近两千多年。其次,西方人认为礼仪是衡量个人修养和文明程度的标准,这在某种程度上也推动了西方文化向一个多元化的、富有创意和进取精神的方向发展,保证了近代民主思潮的发展和资本主义的繁荣。

因此,礼仪的概念首先应该定义为是一套绝大多数社会成员共同默认的正确与得体的行为及言谈的方式,这种方式被一种与之配套的思维方式所指导,同时被赋予了道德的意义。

礼仪有着很强的社会性，必须是大家公认的正确与得体的言行，才能成为礼仪。个人的习惯或者喜好，不能成为礼仪，而且如果与社会上公认的正确与得体的言行相违背，还会成为非礼的行为。与此同时，礼仪还被赋予了道德的色彩。孔子说："非礼勿视，非礼勿听，非礼勿言，非礼勿动。"而"非礼"之事，必然是不道德之事。在西方，非礼（或者叫粗鲁）往往与侮辱、不道德联系在一起，历史上由此而引起的决斗不计其数。

不同的文化对衡量是否合乎礼仪的标准是各不相同的。在此文化中认为"有礼"的行为及生活方式，在彼文化中就可能被认为是"非礼"。如在大部分西方国家里，对非亲属关系的长辈，年少者基本可以以其名字相称，或者说可以直呼其名，至多在其名字之前加上诸如"尊敬的先生/女士"来表示敬意，很少会称呼其为"叔叔""阿姨""爷爷""奶奶"。而在我国的大部分地区，年少者在大多数情况下都是以辈分关系相称，如果称呼其名字时，也必然加上这些长辈亲属关系的称谓，以示自己的敬爱之意。否则会被认为是缺乏教养的表现。在前一种文化中，如果随意对年长之人以亲属关系称谓相称，反而被认为是违背常理之事。

综上所述，礼仪是人们在长期的社会实践当中，对人类自身言谈行为的模式和思维衍演的方式达成的一套社会协议和共识，是人们必须共同遵守的一系列言行及仪式的标准。它以社会道德观念为基础，以各民族的文化传统做背景，受到宗教信仰的强烈影响，涉及人类社会生活的方方面面，具有浓厚的时空特色和社会约束能力，其目的是为了在人类社会物质条件和需求欲望之间达到动态平衡，维系社会生活的正常运行和发展。礼仪的基本精神是对他人利益的尊重和确认，是维持处于统治地位的社会群体的利益，是对利益分配结果的一种确认。

不同的社会发展阶段有着不同的社会礼仪形态，不同的地区和民族有着不同的礼仪观念，不同的社会生产领域有着不同的礼仪习俗。而且，随着时间的推移，礼仪在各种不同的社会层面和领域中始终处于发展变化当中。

（三）礼仪的分类

礼仪是人们在交往中，以一定的、约定俗成的程序和方式来表示尊重、敬意、友好的行为规范和行为准则。它是人类文明的重要组成部分，也是人类文明和社会进步的重要标志，其内容非常丰富。礼仪大致可以分为商务礼仪、政务礼仪、服务礼仪、社交礼仪和涉外礼仪，等等。

1. 商务礼仪

商务礼仪，是指从事商业活动的商务人员在商业交际活动中必须遵循的礼仪规范，是一般礼仪在商务活动中的运用和体现。商务礼仪不仅包括仪表仪容礼仪、着装礼仪、办公室礼仪、会务礼仪、接待礼仪和餐饮礼仪,还包括商务谈判礼仪、礼品馈赠礼仪和通信礼仪等。恰当的商务礼仪不仅有助于商务人员树立良好的职业形象和企业形象,更有利于在商务交往中赢得对方的信任和尊重。因此,掌握必需的商务礼仪和规范已经成为商务人员的潜在资本。

2. 政务礼仪

政务礼仪,是指对国家公务员行为规则标准化、基本化、规范化的要求。政务礼仪的关键在于"尊重、沟通、规范、互动",其目的在于促使公务员树立以民为本、为民服务的"服务意识",提高公务员的个人修养与整体素质,规范和改善行政执法行为,提高办事效率,维护政府形象。

第一,从国家公务员的自身形象来说,政务礼仪涉及政务着装礼仪、妆饰礼仪和仪表仪容礼仪。由于国家公务员不仅代表个人形象,还代表国家的形象,所以,着装礼仪等对于国家公务员来说显得尤其重要。

第二,从政务沟通交流方面来说,政务礼仪主要包括举止和交谈礼仪、会务礼仪、协商谈判礼仪、信访和函电礼仪、迎宾和招待礼仪、馈赠和送别礼仪等。

只有将政务礼仪的各方面融会贯通,才能进一步发挥礼仪在政务交往中的积极推动作用。

3. 服务礼仪

服务礼仪,是指服务行业的从业人员应具备的基本素质和应遵守的行为规范。它的主要内容包括服务人员的道德规范和仪表仪容、服务禁忌语和文明用语等。做任何事情都需要讲究礼节,对于服务行业来说尤其重要。有时潜在顾客未能成交的原因并不在于服务人员的服务态度,而是由于服务人员没有注重必要的礼节造成的。因为服务人员直接面对顾客,这直接影响顾客对企业的整体印象,所以,服务人员学习服务礼仪是十分重要的。通过学习服务礼仪,可以增强服务人员的服务意识,提高服务人员的服务品质,为服务对象留下良好的印象。

4. 社交礼仪

社交礼仪,是指人们在社会生活中处理人际关系,用来对他人表达友谊和好感的符号。社交礼仪是在社会交往中使用频率较高的日常礼节。一个人生活在社会上,要想让别人尊重自己,首先要学会尊重别人。掌握规范的社交礼仪,能为交往创造出和谐融洽的气氛,建立、保持、改善人际关系。

5. 涉外礼仪

涉外礼仪,是指人们在对外交往中,需要遵守的礼仪规范。它要求在涉外交往中,在与外方人士谈话时表情自然,语言和气亲切,表达得体;可以适当做些手势,但动作不要过大,更不要手舞足蹈,用手指点他人。谈话时的距离要适中,太远或太近均不适合,不要拖拖拉拉、拍拍打打。谈话的内容不能涉及疾病、死亡等不愉快的事情,也不要提起一些荒诞离奇、耸人听闻的话题。不应直接询问对方的履历、工资收入、家庭财产等私人生活方面的问题。对方不愿回答的问题不应究根寻底,对方反感的问题应表示歉意或者立即转移话题。在谈话中一定不要批评长辈、职位高的人,参加各种涉外活动,进入室内场所均应摘去帽子和手套、脱掉大衣、风雨衣等送入存衣处。西方女士的纱手套、纱面罩、帽子、披肩、短外套等,作为服装的一部分允许在室内穿戴。在室内外,一般不要戴黑色眼镜。有眼疾须戴有色眼镜时,应向客人或主人说明,并在握手、交谈时将眼镜摘下,离别时再戴上。谈论当事国的内政时,不要耻笑、讽刺对方或他人,不要随便议论宗教问题。

二、礼仪的构成要素

随着时代的变迁、社会的进步和人类文明程度的提高,礼仪在对我国古代礼仪扬弃的基础上,不断推陈出新,内容更完善、更合理、更加丰富多彩。礼仪的构成要素主要有以下五个方面。

(一)礼节

礼节,是指人们在交际过程中逐渐形成的约定俗成的和惯用的各种行为规范的总和。礼节是社会外在文明的组成部分,具有严格的礼仪性质。它反映一定的道德原则的内容,反映对人对己的尊重,是人们心灵美的外化。现代商务礼节主要包括介绍的礼节、握手的礼节、打招呼的礼节、鞠躬的礼节、拥抱的礼节、亲吻的礼节、举手的礼节、脱帽的礼节、致意的礼节、作揖的礼节、使用名片的礼节、使用电话的礼节、约会的礼节、聚会的礼节、舞会的礼节和宴会的礼节等。

当今世界是个多元化世界。不同国家、不同民族、不同地区的人们在各自的生存环境中形成了各自不同的价值观、世界观和风俗习惯,其礼节从形式到内容都不尽相同。

(二)礼貌

礼貌,是指人们在社会交往过程中良好的言谈和行为。它主要包括口头语言的礼貌、书面语言的礼貌、态度和行为举止的礼貌。礼貌是人的道德品质修养的最简单、最直接的体现,也是人类文明行为的最基本的要求。在现代社会,商务人员使用礼貌用语、对他人态度和蔼、举止适度、彬彬有礼、尊重他人已成为日常的行为规范。

(三)仪表

仪表,是指人们外在的能够直观看到的表现形式,包括仪容、服饰和体态等。仪表属于美的外在因素,反映人的精神状态。仪表美是一个人心灵美与外在美的和谐统一,美好的仪表来自于高尚的道德品质,它和人的精神境界融为一体。端庄的仪表既是对他人的一种尊重,又是自尊、自重、自爱的一种表现。

(四)仪式

仪式,是指行礼的具体过程或程序,它是礼仪的具体表现形式。仪式是一种比较正规、隆重的礼仪形式。人们在社会交往过程中或是企业在开展各项专题活动的过程中,常常要举办各种仪式,以体现出对某人或某事的重视,或是为了纪念等。常见的仪式包括开业或开幕仪式、闭幕仪式、欢迎仪式、入场仪式、签字仪式、剪彩仪式、挂牌仪式、颁奖授勋仪式、宣誓就职仪式、交接仪式、奠基仪式和捐赠仪式等。仪式往往具有程序化的特点,这种程序有些是人为地约定俗成的。在现代礼仪中,有些程序是必要的,有些程序则可以简化。但是,有些仪式的程序是不能省略的,否则就是不礼貌的。

(五)礼俗

礼俗即民俗礼仪,是指各种风俗习惯,是礼仪的一种特殊形式。礼俗是由历史形成的,普及于社会和群体之中并根植于人们内心之中,是在一定的环境下经常重复出现的行为方式。不同国家、不同民族、不同地区在长期的社会实践中形成了各具特色的风俗习惯。"十里不同风,百里不同俗",不但每一个民族、每一个地区,甚至一个小小的村落都可能形成自己的风俗习惯。

三、礼仪通则

礼仪通则,是指世界各国人民在交往过程中共同认可和遵守的礼仪原则。礼仪通则是对国际社会交往惯例的高度概括,对国际社会交往具有普遍的指导意义。认真了解和掌握国际礼仪通则,对于人们学好各国的礼俗能够起到事半功倍的作用。

(一)不卑不亢

不卑不亢是礼仪的一项基本原则,尤其是在涉外礼仪当中。它要求每一个人在参与国际社会交往时,都必须意识到自己在外方人士的眼里,代表自己的国家,代表自己的民族,代表自己所在的组织。因此,其言行应当从容大方、庄重得体。在外方人士的面前既不应畏惧自卑、低三下四,又不应自大狂傲、放肆嚣张。在实事求是的前提下,要敢于并且善于对自己及自己的国家进行正面的评价或肯定。另外,还应注意对任何的交往对象都要一视同仁,给予平等的尊重与友好,不要对大国小国、强国弱国、富国穷国亲疏有别,或是对大人物和普通人有厚有薄。

周恩来同志曾经要求我国的涉外人员"具备高度的社会主义觉悟,坚定的政治立场和严格的组织纪律,在任何复杂艰险的情况下,对祖国赤胆忠心,为维护国家利益和民族尊严,甚至不惜牺牲个人一切"。这应当成为我国一切涉外人员的行为准则。

(二)信守约定

信守约定的原则,是指在一切正式的国际社会交往之中,涉外人员都必须认真而严格地遵守自己的所有承诺。许诺一定要兑现,约会也必须如约而至。在一切有关时间方面的正式约定之中,尤其需要恪守。在涉外交往中,要真正做到信守约定,涉外人员应注意以下两个方面。

1. 必须慎于承诺

既然承诺在人际交往中,尤其是在国际社会交往中事关个人信誉乃至国家信誉,那么不论是在实际工作中还是在日常生活中,涉外人员都必须极其慎重地对待承诺问题。只有慎于承诺,才能确保承诺的兑现。要做到这一点,涉外人员就必须要做到以下两个方面。

(1)三思而行。

与外方人士打交道,在有必要向对方进行承诺时,涉外人员一定要三思而行,慎之又慎。即务必要有自知之明,量力而行,一切从自己的实际能力以及客观可能性出发。如果滥用承诺,个人信誉便会贬值。

(2)遵守承诺。

所谓言而无信,就是人们对于不遵守自己承诺的人所进行的谴责。在国际社会交往中,往往许诺容易兑现难。为了兑现已有的承诺,涉外人员还必须尽可能地避免对既往的正式承诺任意修正、变动,随心所欲地加以曲解,或者擅自予以否认、取消,或者在执行中"偷工减料"。

(3)说明原委。

一旦由于难以抗拒的因素致使我方单方面失约或是部分承诺难以继续兑现,则失约方一定要通过正式的渠道,尽早向相关的另一方说明具体原因。绝对不允许一味推诿,避而不谈,得过且过,或者对失约之事加以否认,拒绝为此而向交往对象表达歉意等。除此之外,失约方还应当对此郑重其事地向对方进行道歉,主动承担按照惯例或约定应给予对方的物质赔偿,并且要在力所能及的前提下,采取一切可行的补救性措施。

2. 认真遵守时间

遵守时间是信守承诺的具体体现,一个不懂得遵守时间的人在人际交往中是难以遵守其个人承诺的。目前,遵守时间在国际社会里已成为衡量、评价一个人文明程度的重要标准之一。具体而言,涉外人员在国际社会交往中应当重点注意以下三个方面。

(1) 有约在先。

所谓有约在先,就是提倡涉外人员在进行人际交往时,必须事先约定具体时间。其主要包括双方交往的具体起始时间与延续时间两个方面,而且约定要尽可能具体、详尽。约定越具体、越详尽越好。在约定具体时间时,要考虑外方人士的习惯和方便与否。一般来说,凌晨、深夜、午休时间、就餐时间以及节假日,外方人士大都忌讳被外人打扰,即应尽量不要占用对方的休息时间或工作过于繁忙的时间。

(2) 如约而行。

遵守时间,既要求在具体的交往时间上有约在先,更要求根据既定的时间如约而行。如约而行往往比有约在先更加重要。在参加正式会议、正式会见或其他类型的社交聚会时,一定要养成正点抵达现场的良好习惯。在这类活动中,姗姗来迟或提前到场都会显得不合时宜。前者会令其他人士久久等待,后者则会使主方人士措手不及。

其他不论是有关工作还是有关生活的具体时间约定,同样需要言出必行。若有特殊原因,需要变更时间或取消约定,应尽快向外方人士进行通报。

(3) 适可而止。

在国际社会交往中,邀约双方还须谨记"适可而止"四个字。也就是说,在双方交往之时,既要如约而行,又应当适时结束。对于一些事先约定了交往时间长短的活动(如限时发言、限时会晤、限时会议以及其他限时活动等),双方一定要心中有数,绝不能超过规定的时间。对于一些并未事先约定交往时间长短的活动(如私人拜访、出席家宴、接打电话等),也要讲究宜短不宜长。宁肯"提前告退",也不应当无节制地拖延时间。

(三) 尊重隐私

所谓个人隐私,在一般意义上是指某一个人出于个人尊严或者其他方面的特殊考虑而不愿意对外公开、不希望外人了解的私人事宜或个人秘密。目前,尊重个人隐私已经逐渐成为一项国际社会交往的惯例。尊重个人隐私,主要是指我们在涉外交往时,一定要注意对交往对象的个人隐私权予以尊重,具体地说,应做到以下两个方面。

1. 莫问隐私

在国际社会交往中,按照常规,以下九个方面的私人问题均被外方人士看作是"不可告人"的"绝对隐私",因而绝对不要向对方询问。

(1) 收入与支出。

收入与支出问题是最不宜直接打探的个人隐私问题。在国际社会里,人们的普通观念是:每个人的实际收入与支出,通常都与其个人能力、社会地位存在着一定的因果关系。因此,个人收入与支出的多少就如同人的脸面一般,十分忌讳别人的关注。不仅如此,那些可以间接反映出个人经济状况的私人问题,诸如银行存款、股票收益、纳税数额、私宅面积、私车型号、服饰品牌、度假地点、娱乐方式等,因与个人的收入与支出密切相关,所以也是不喜欢他人打探的。

(2) 年龄大小。

在许多国家与地区,人们绝对不会主动将自己的实际年龄告诉他人。究其主要原因,在于外方人士普遍忌讳"老"。他们的愿望是自己永远年轻。在他们的眼里,"老"了就失去了机会,"老"了就会告别社会的舞台,而年轻则意味着自己充满了活力与希望。

(3) 恋爱婚姻。

在国际社会交往中,如果问及交往对象"有没有对象""结婚与否""是否生儿育女""夫妻关系怎样""婆媳关系如何"等类似一些与恋爱、婚姻、家庭直接相关的问题,不仅会令人不愉快,甚至会使人很难堪。对此,外方人士的见解是"家家有本难念的经",随意向他人打探此类家庭问题,极有可能触动对方的伤心之处,伤害其自尊、自信,令对方感到不自在。在有些国家,向异性打探这类问题不仅会被对方视为无聊至极,而且还有可能会被对方控告甚至因此而吃上官司。

(4) 健康状态。

在国外,人们普遍将个人的健康状态看作是自己的重要"资本"。身体健康意味着自己前程远大,成功的机会很多,并且可以在社会上赢得广泛的支持,否则意味着自己"日薄西山"、前途渺茫,不仅失去了个人发展的许多机会,而且也难以在个人事业上取得各方的支持。正因为如此,当与外方人士交谈时,不宜涉及其个人的身体状况,更不能与其交流有关"求医问药"的心得体会。

(5) 个人经历。

"英雄莫问出处"一说在国外普遍流行。它是指与他人进行交往时忌讳打听以往的个人经历。若是不跟对方"见外",一个劲地刨根问底,细查其"户口",往往会给人以居心叵测之感。一般而言,进行交谈时,至少有四个最为关键的个人经历问题不宜向对方打听:一是籍贯;二是最高学历;三是学位、技术职称或行政职务;四是职业经历。

(6) 政治信仰。

在国际社会交往中,如欲求得交往的顺利、合作的成功、双方的友好,就必须不以社会制度画线,不强调政治主张的不同,并应超越双方在意识形态方面所存在的差异,处处以大局为重、以友谊为重、以信任为重、以国家利益为重。有鉴于此,通常不宜对对方的政治见解、宗教信仰表现出过多的举动,更不宜对其政治见解、宗教信仰等品头论足、横加非议。最保险的做法就是在涉外交往中对此避而不谈。

(7) 生活习惯。

在国际社会交往中,忌讳谈及个人的生活习惯这一话题。因为外方人士认为,倘若对他人的个人生活习惯过分地感兴趣,有窥探别人隐私之嫌,这是很不正常的。有关个人饮食、起居、运动、娱乐、阅读、交友等方面的生活习惯都在"秘不示人"的范围。

(8) 所忙何事。

在国际社会交往中,见面时外方人士非常忌讳问及"最近在干什么""现在上哪里去""为什么很久都没有见到你"等类似的问题,他们对此的看法是:自己"所忙何事"仅与自己有关,与别人并无关系,有时候他们还担心此类问题一旦被人深究,还有可能会泄露个人的最新动向乃至行业秘密,使自己的工作与事业受损。因此,外方人士绝对不愿此类问题在外人的面前"曝光"。

(9) 家庭住址。

在国际社会里,绝大多数外方人士都将私人居所看作是自己神圣不可侵犯的"个人领地",非常讨厌别人无端对其进行打扰。在一般情况下,若非亲属、至交、知己,外方人士都不可能会邀请别人到自己的家中做客。必要时,他们宁肯去饭店、餐馆请客吃饭。此外,大多数外方人士对自己的私宅电话号码也是保密的。

2. 保护隐私

在参与国际社会活动时,除了做到莫问他人的隐私之外,还应当努力做到保护隐私。所谓保护隐私,特指在国际社会交往中应尽力不传播、不泄露隐私问题。

换言之,就是要主动采取必要的措施去维护个人隐私。就具体内容而论,需要兼顾保护个人、外方人士与其他人士三个方面的隐私。

(1) 保护个人隐私。

在国际社会交往中,保护自己的隐私是自我保护的一个重要方面。在与外方人士交往时,千万不要对自己的个人隐私问题直言不讳,甚至有意无意地"广而告之"。如果动不动就对别人大谈特谈自己的个人隐私,并不会被外方人士视为为人坦率,而是要么会被人看作是没有教养,要么则会被理解为别有用心、声东击西。

(2) 保护外方人士的隐私。

由于种种原因,涉外人员往往会对一些外方人士的个人隐私问题有所了解,此时不论是涉外人员所了解到的外方人士的个人隐私,还是外方人士主动告诉涉外人员的个人隐私,不管是在公开场合还是在私下聚会时,涉外人员都切不可将其向外界披露。

(3) 保护其他人士的隐私。

此处的"其他人士"是指在国际社会交往中除了交往双方之外的第三方人士,对于他们的隐私涉外人员也有保护的义务。

(四) 女士优先

所谓女士优先,是国际社会公认的一条重要的礼仪原则,它主要用于成年的异性进行社交活动之时。"女士优先"的含义是:在社交场合,每一名成年男子都有义务主动而自觉地以自己的实际行动去尊重女士、照顾女士、体谅女士、保护女士并且想方设法、尽心尽力地为女士排忧解难。倘若因为男士的不慎而使女士陷于尴尬、困难的处境,则意味着男士的失职。男士唯有奉行"女士优先",才会被人们看作是有教养的绅士,反之,在人们的眼里则会成为莽夫粗汉。

在国际社会活动的具体实践中,运用"女士优先"的原则,应注意其适用范围及行为方式。

1. 适用范围

在国际社会交往中,虽然"女士优先"原则早已家喻户晓、人人皆知,但是仍然存在其特定的适用范围。只有在其适用范围之内,"女士优先"原则才会生效。一旦超出其特定范围,"女士优先"原则便不起任何作用。

(1) 地区差别。

"女士优先"原则主要通行于西方发达国家、中东欧地区、拉丁美洲地区以及非洲的部分地区。在这些国家、地区范围之内,一名对"女士优先"原则一无所知的成年男士在其交际应酬之中必将四处碰壁。但是一旦到了其他的国家和地区，尤其是在以崇尚传统文化而著称的一些东方国家，在绝大多数情况下，那里的人们对"女士优先"原则并不买账。

(2) 场合差别。

即使在讲究"女士优先"原则的国家，人们也并非不区分具体的场合而时时处处都讲究"女士优先"。根据惯例，只有在社交场合中，讲究"女士优先"原则才是最为得体的。在公务场合中，人们普遍强调的是"男女平等"。此时此地，性别差异并不为人们所看重，因此就没有必要讲究"女士优先"原则。至于在休闲场合中，"女士优先"原则讲究亦可，不讲究亦可。

(3) 个人差异。

"女士优先"原则提醒每一名成年男士在需要讲究"女士优先"原则之时，应对当时在场的所有成年女士一视同仁。但在实践中，涉外人员必须注意：即使在传统上讲究"女士优先"的国家里，仍有一些人并无此种讲究，甚至对此颇为反感。最具典型意义的当推"女权主义者"。她们提倡"女权"，要求"男女绝对平等"，认为"女士优先"是歧视女士行为的一种表现。

2. 行为方式

"女士优先"原则是非常讲究行为方式的。离开了种种具体的行为方式，"女士优先"原则就会成为一句空话。在社交场合贯彻"女士优先"的原则时，需要兼顾以下四个方面。

(1) 尊重女士。

在正式的社交场合里，男士必须对每一名成年女士无一例外地给予应有的尊重。尊重女士乃是"女士优先"原则的第一要旨。

(2) 照顾女士。

在正式的社交场合里，男士应给予女士以必要的照顾。照顾女士：一要注意具体时机是否适当；二要讲究两相情愿。在任何时候，男士所给予女士的照顾都不应当强加于人。

(3) 体谅女士。

在正式的社交场合中，任何一名具有良好个人教养的男士都应当给予女士必要的体谅。体谅女士，在此特指男士应当善解人意，应当善于设身处地地替女士着想，并且善于谅解女士。

(4) 保护女士。

在必要时，男士应当挺身而出，主动保护女士。保护女士的本意是男士应采取主动行动，不使自己身边的女士受到伤害。

（五）求同存异

在涉外交往中，涉外人员经常会面临一个非常实际的问题：同样一件事情，在不同的国家、不同的地区、不同的民族，往往存在着各不相同的处理方式。面对同一问题，来自不同的国家、不同的地区、不同的民族的人们，通常会给出截然不同的答案。这是由于人们思维方式与风俗习惯不同使然。

求同存异一方面要求涉外人员在国际交往中承认个性、坚持共性，另一方面则要坚持遵守惯例。所谓惯例，是指有关国际社会交往的习惯性做法，而不应以"我"为尊，另搞一套，强人所难。作为国际社会的基本守则之一，坚持求同存异，有以下三个方面的具体要求。

1. 承认差异

在进行国际社会交往时，涉外人员必须正视各国之间在风俗习惯方面的差异。"十里不同风，百里不同俗"绝非戏说之言，而是一种真切的客观现实。

2. 入乡随俗

入乡随俗的基本含义是在国际交往中，要真正做到尊重交往对象，就必须尊重该国所独有的风俗习惯。要做到这一点，首先应对该国所特有的风俗习惯认真地加以了解和掌握。在国际社会交往中，"入境而问禁，入国而问俗，入门而问讳"[①]是人人须知的一项常识。在实际操作中：一是要做到不冒犯当地风俗习惯方面的特殊禁忌；二是要必须采用正规的操作方式进行操作；三是在有必要"入乡随俗"时，应以无损于涉外人员的国格、人格为前提。

3. 区别对待

在实践中，礼仪与习俗都有其特定的适用范围。有的礼仪与习俗为我国所特有，有的礼仪与习俗为外国所独具，有的礼仪与习俗则通行于国际社会。这样一来，在具体实践中涉及礼仪与习俗时，就要求涉外人员必须有所区别。任何礼仪与习俗只有在其特定的适用范围之内才能发挥作用。一旦超出其特定的适用范围，它不仅有可能立即失效，或许还会造成一些不必要的麻烦。区别对待具体有"以我为主""兼顾地方""遵守惯例"等三种可行方式。

（六）以右为尊

在各类国际交往中，大到政治磋商、商务往来、文化交流，小到私人接触、社交应酬，凡确定礼宾次序必须从其总的原则出发，这一总的原则就是"以右为尊"，即一般以右为大、为长、为尊。

[①] 《礼记·曲礼上》。

按照惯例,在并排站立、行走或者就座的时候,为了表示礼貌,主人理应主动居左,而请客人居右;男士应当主动居左,而请女士居右;晚辈应当主动居左,而请长辈居右;未婚者应当主动居左,而请已婚者居右;职位、身份较低者应当主动居左,而请职位、身份较高者居右。在不同的场合也有特殊要求:两人同行,以前者、右者为尊;三人行,并行以中者为尊,前后行以前者为尊;上楼时,尊者、女士在前,下楼时则相反;迎宾引路时,主人在前,送客时则主人在后;宴请排位,主人的右边是第一贵客,左边次之;出门上车,应让位高者先上。上车时,位低者应让位高者从右边车门上车,然后再从车后到左边上车;坐车(指轿车)时,以后排中间为上位,右边次之,左边又次之,前排最小。下车时,幼者、位低者先下,从车后绕至右边,替长者、尊者开门。上下车时,幼者、位低者要主动帮开车门,然后一手掌心向下,置于车门框上沿,以防长者、尊者的头部碰到车门框。

四、礼仪与文化

礼仪是社会文明全面的、直接的表现形式,是整个社会进步和社会秩序安定的基础,是人们在日常工作中与生活中逐渐形成的完整的伦理道德、宗教信仰、风俗习惯、生活行为规范,几乎包括社会和个人行为的所有方面。这个完整体系与规范就构成了一种"文化"。礼仪要求人们在社会生活中的行为按照约定俗成的程序、方式来进行。作为文化的组成部分,礼仪与宗教、风俗习惯等交融在一起,是它的基本表现形式。

(一)礼仪与宗教

宗教是一种社会意识形态,是支配人们日常生活的外部力量在人们头脑中的一种反映。宗教是人类社会发展到一定阶段出现的历史现象,不同的宗教都有自己所遵循的礼仪规定。在涉外交往中,涉外人员尤其要尊重外方人士的宗教信仰。世界上的三大宗教基督教、伊斯兰教和佛教各有其礼仪与宗教禁忌。

1. 基督教

基督教的主要经典是《圣经》。基督教分为天主教、东正教和新教三大派别。

基督教的礼仪虽然各教派不同,但都有一套类似的礼仪,如洗礼、礼拜、圣餐等。洗礼是入教仪式,只有经过洗礼,才算是真正的基督教教徒。礼拜是基督教教徒们最主要的日常宗教活动,一般在星期日举行。圣餐包括面饼和葡萄酒。基督教的主要节日有圣诞节、复活节、圣灵降临节等。

2. 伊斯兰教

伊斯兰教产生于公元7世纪阿拉伯半岛的麦加。《古兰经》是伊斯兰教的根本经典,是真主安拉在穆罕默德23年的传教过程中陆续降示的启示。伊斯兰教教徒被称为穆斯林,穆斯林的生活受教规极严格的约束,宗教时刻体现在其日常生活中。

伊斯兰教礼仪要求穆斯林每天必须做5次礼拜。礼拜时间一到,无论身处何方,他们都会停下手中的工作进行礼拜祈祷。

3. 佛教

在世界三大宗教中,佛教创立得最早。全世界约有3亿佛教信徒,分布在86个国家和地区,主要是在亚洲。佛教在长期的传播发展过程中,形成了各具地区和民族特色的教派,确立了佛教各派共同承认的基本教义和佛教徒共同遵守的礼仪习俗和节日。

佛教有五戒:不杀生;不偷盗;不邪淫;不妄语;不饮酒。佛事仪式有合十、顶礼、南无、朝山、受戒。佛其中,受戒是佛教徒接受戒律的仪式。佛教的戒法有三皈五戒、十戒和具足戒。

(二)礼仪与风俗习惯

礼仪是礼遇规格和礼宾次序方面的礼节礼貌要求。风俗,是指不同国家民族风俗习惯方面的礼节、礼貌要求。"十里不同风,百里不同俗"这句话虽然说的是风俗,但是对礼仪却是适用的,不同民族、不同国家的礼仪及规范有相同之处,也有不同之处。在日常生活中,尤其是进行国际商务活动时,遵从当地的礼仪习惯是非常重要的。只有尊重交往对象的风俗习惯、礼仪传统,才能受到交往对象的尊重和热情招待,才能令商务活动顺利进行。下面就国际商务活动中最常遇到的两个问题介绍如下。

1. 问候

问候包括握手、戴帽、鞠躬、称呼和交换名片等内容。

(1)握手。

不同的国家,握手的方式方法都不相同。握手时谁先伸手、用单手握或双手握,以及是否应与女性握手都应当符合当地的风俗。在瑞典、俄罗斯、德国、法国、比利时和包括东欧在内的其他许多欧洲国家,到达和离开时必须与每一个人握手,切忌在中途停止。握手时应从职位最高或年岁最大的人开始。职位最高的人一般会先伸出手。

在日本,要注意主人的暗示,以决定是握手、鞠躬还是两者兼用。在韩国,握手就足矣。在阿拉伯国家,男人每天都要握好多次手,即使刚分手又见面也不例外。他们先与最重要的人握手,再与其他的人依次握手,并始终注视着对方。

(2) 戴帽。

关于戴帽的礼仪,在中国和东南亚的一些国家,客人进入主人的房间必须脱帽,这是尊敬主人和礼貌的表示。可是到了墨西哥的富好谷也照此办理的话,将被视为怀有敌意。因为按照当地的习惯,只有找仇人才这样做。在英美等国家,熟人途中相遇,戴帽者必须把帽子稍稍掀起,然后含笑点头,以示尊敬对方。

(3) 鞠躬。

行鞠躬礼时,双手自然垂落放在膝前或两侧,手指自然并拢,脖子和背部挺直,以腰为轴向前深鞠一躬,鞠躬时眼睛朝下看。鞠躬的深度、时间和次数要视彼此的身份、职位、相识程度而定。认识鞠躬的度数十分重要,从小到大依次为15°鞠躬、45°鞠躬和90°鞠躬。15°鞠躬一般是运用在一般的应酬场合,如问候、介绍、握手、让座等都可以用15°鞠躬;45°鞠躬一般是下级给上级、学生给老师、晚辈给前辈、服务人员给来宾表示的敬意;90°鞠躬属于最高的礼节,这个务必要慎重地分场合、人物来行使。

(4) 称呼。

第一,要用正式称呼,除非被告知如何称呼。要以头衔和姓氏称呼别人,使用"先生""夫人""小姐""女士"等称呼。第二,注意姓名的前后顺序。如在拉美国家,一个人的姓名是由其父名和母名合并构成的。在西语国家,父名在前。而在巴西,使用的是葡萄牙语,母名在前。第三,重视头衔。在欧洲,专业职称(如工程师)要比行政头衔更受人尊敬。在日本,则可以在人名后加上"桑"以表示尊敬。

(5) 交换名片。

在国际社会交往中,应按当地适当的方式交换名片。国际上交换名片时要注意四点。一是名片一定要用两种语言印刷,一面用中文,另一面用当地的语言。由两种语言印制的名片适合中东、亚洲和东欧等地。二是把名片放在衣袋或公文包等很容易拿到的地方。三是递送名片的时机。在日本,若是进行自我介绍,作完介绍后来访一方递上名片或是由别人进行介绍。在葡萄牙,人们在会议上碰面时互换名片;在丹麦,通常在会见开始时互换名片。而在意大利和荷兰,要等到第一次会面结束后才交换名片。四是如何递送名片。递送名片时,要把印有当地语言的一面向上。在中东、东南亚和非洲要用右手递送名片,而在日本、新加坡、中国香港则要用双手递送以示尊敬。

2. 谈判

谈判包括谈判的时间安排、数字忌讳和体态语言三个方面的内容。

(1) 时间安排。

与外方人士进行谈判不要违背他们的礼仪风俗。如果涉外人员要拜访西方的客户,事先一定要打招呼,约好时间,不能贸然前往。

(2) 数字忌讳。

有的谈判人员在与外方人士商谈价格时喜欢打手势,如"8",就把大拇指与食指伸出来,向外张开,这反倒使外商摸不着头脑,因为在他们看来,这并不表示什么意思,要知道外方人士说几就伸出几个指头。如果涉外人员与日本人、韩国人打交道,一定要注意他们对数字的忌讳,如日本人忌讳"4"和"9"等,韩国人忌讳"4"等。

(3) 体态语言。

在与说英语的一些国家的外方人士进行谈判时如果看到他们拉拉耳垂,他们暗示这是我们的秘密,同一举止在西班牙人、意大利人和希腊人看来却被认为是侮辱、蔑视对方。谈成一项条款,兴奋之余涉外人员也许会伸出右手,把拇指与食指做圆圈状,表示"同意""很好",而日本人对此则理解为"钱",因为它看起来像个铜板,可是法国人认为谈了半天等于零。荷兰和哥伦比亚的外方人士也许会误认为涉外人员感到他讨厌可憎,在突尼斯这个手势表示向对方发出了警告。如果涉外人员想赞赏荷兰客户聪明、机智,可以伸出食指,指向头的一侧,但千万不要对以英语为母语的人这样做,对方会以为这是在指责他的脑子出了问题,有些疯狂或骂他是笨蛋。印度人双手合拢放在胸前表示欢迎客人,而在泰国这一姿势却表示感谢。

本章习题

思考并回答下列问题:

1. 礼仪的构成要素有哪些?
2. 在世界各国人们的交往中有哪些礼仪原则是通用的?
3. 试调查什么样的信息被认为是隐私,大家是否愿意在与他人第一次的接触过程中谈论隐私。
4. 请你列举身边的例子,说明如何在礼仪中体现求同存异。

第二章　礼仪的内涵与外延

> 商务礼仪与一般的人际交往礼仪不同,它体现在商务活动的各个环节之中。对于企业而言,从商品采购到销售,从商品销售到售后服务等,每一个环节都与本企业的形象息息相关。因此,企业的每一个成员,如果能够按照商务礼仪的要求去开展工作,对于塑造企业的良好形象,促进商品销售,提升企业的竞争力,都将会起到十分重要的作用。

一、商务礼仪的内涵

(一) 商务礼仪的概念

商务礼仪是针对从事商务工作和相关工作的人员而言的,是根据礼仪适用对象而产生的一个礼仪分支。商务礼仪(特别是国际商务礼仪)是在跨国商品交换的过程中产生的。在跨国商品交换的最初阶段,从事商品交换的人更多的是尊重商品交换地的风俗习惯,商品交换地的老百姓对异国的风俗全然不知。因此,就有入乡随俗的习惯,英文中所说的"When in Rome, do as the Romans do"(入乡随俗)就缘于此。特别是随着英国的殖民扩张,以及后来英国工业化的发展,到19世纪中叶,基本形成了一个以欧洲文化为主流的世界市场。这样就开始产生了现代意义的国际商务礼仪。

商务礼仪是商务人员在从事商务活动中所遵守的交往艺术。商务活动主要有商务推广、商务谈判、往来函电和商务交易等几个方面。它们又可以进一步细分为会议、会谈、会见、谈判、函电、餐馆、旅行、宴请和庆贺等。为了实现商务活动的有序进行,在长期的国际商务交往中,根据一些惯例,结合世界各地的习俗,逐渐形成了商务礼仪。

商务礼仪是人们在商务活动中应该遵循的礼仪原则与方法,它体现的是在充分尊重和确认商务利益的同时,充分尊重人们长期以来形成的,以不同的民族文化与道德传统为背景的行为习惯与思维习惯,特别是礼仪习俗,保证以更加体面和友好的方式顺利完成商务利益的再分配与再确认。

(二) 商务礼仪的特征

商务礼仪是在国际社会交往中,各国人民共同遵守的礼仪规范,它具有以下五个方面的特点。

1. 规范性

所谓规范性,是指商务礼仪对具体的交际行为具有规范性和制约性。这种规范性本身所反映的实质是一种被广泛认同的社会价值取向和对他人的态度。无论是具体的言行还是具体的姿态,均可以反映出行为主体的包括思想、道德等内在品质和外在的行为标准。规范即标准,俗话说:"无规矩不成方圆"讲的就是这个意思。

这种规范性体现在商务活动中的每一个细节,如商务人员在与交往对象喝咖啡时咖啡匙的使用规范:咖啡匙是专门用来添加奶或糖后搅匀咖啡的;或者当刚煮好的咖啡太热时用来在杯中轻轻搅拌使其冷却;但在饮用咖啡时应把它取出来放在杯碟中。不要用咖啡匙舀着咖啡一匙一匙地慢慢喝,也不要用咖啡匙来捣碎杯中的方糖或取其他的食物。虽然咖啡匙的使用只是礼仪中的一个细小部分,但是它却显示出一个人的个人素质和个人修养。如果不遵守就会失礼。总之,在任何的交际场合,任何人都必须遵守礼仪规范。规范的礼仪将有助于交往各方大大提升个人形象以及所在企业的形象,更有助于促进商务活动的顺利进行。

2. 沿袭性

所谓沿袭性,是指商务礼仪形成本身是个动态发展过程,是在风俗和传统变化中形成的行为规范。沿袭性也称继承性或传承性。据《史籍》记载,在夏商时期,作为言行规范的"礼"就已经存在。孔子曾说:"殷因于夏礼,所损益,可知也;周因于殷礼,所损益,可知也"。我们今天的礼仪形式有很多是从昨天的历史中继承下来的,也有不少优秀的礼仪形式还要继续传承下去。礼仪的沿袭和继承是一个不断扬弃的社会进步的过程。因为世界上任何事物都是发展变化的,礼仪虽然有较强的相对独立性和稳定性,但它也毫不例外地随着时代的发展而发展变化。随着各国、各民族交往的日益频繁,礼仪文化也会互相渗透,尤其是西方礼仪文化引入中国,使中华礼仪在保持传统民族特色的基础上,发生了更文明、更简洁、更实用的变化。商务礼仪作为人类文明的积累,只有汲取精华,去其糟粕,不断融汇、发展,才能使其日益规范和全面。

3. 时效性

所谓时效性,是指商务礼仪会随着时代的改变和社会的进步而不断发展、升华,使其更加完善以适应新形势下的新要求。礼仪规范不是一成不变的,它随着时代的发展、科学技术的进步,在传统的基础上不断地推陈出新,体现时代的要求与时代的精神。如在现代礼仪中,已用握手代替了作揖,用鞠躬代替了跪拜。这些都体现了礼仪规范的推陈出新、与时俱进。

4. 普遍认同性

所谓普遍认同性,是全社会的约定俗成,是全社会共同认可、普遍遵守的准则。虽然商务礼仪会因国家的不同、文化的不同、宗教的不同等而存在差异,但我们也看到不少的商务礼仪是全世界通用的,具有全人类的共同性。如仪表仪容礼仪、着装礼仪、介绍礼仪、交谈礼仪、电话礼仪以及各种庆典仪式、签字仪式等都是世界通用的。商务礼仪的普遍认同性表明社会中的规范和准则必须得到全社会的认同,才能在全社会中通用。

5. 对象性

商务礼仪的对象性,是指人们在交往过程中遵守各种礼仪应该区分对象,因人而异。在日常交际中,每个人都扮演不同的角色,所以,应视情景场合和双方的角色地位而有所区别对待。如在接待客人时,如果来访的客人已经不是初次见面,双方会见之初相互问候即可;但如果客人是初次到访,在迎接客人时需要有专人引导客人到接待室,并且引导员应在前进方向的左前方进行引导;在会见介绍双方时,应该先介绍主人再紧接着介绍来访的客人,因为客人有"知情权",同时也方便客人尽快熟悉陌生的到访环境。所以,在任何交际场合下,交往各方都应该充分考虑不同的交往对象、不同的交际环境等,这样才能更有针对性地做好交往前的准备工作。

二、商务礼仪的原则

随着社会交往活动的复杂化和现代化,交往活动越来越频繁,在进行商务活动时,应遵循以下基本原则。

(一) 尊重的原则

交往各方在交往中讲究礼仪是为了表达对别人的尊重。人们都有满足物质生活的需要,但更有获得尊重的期望,而且人们一般对尊重自己的人有一种自然而然的亲和力和认同感。因此,相互尊重应是各种交往中应遵循的首要原则。

所谓尊重的原则,首先是在自尊、自爱的同时,尊重他人的人格、价值,以平等的身份同他人交往;其次是尊重他人的想法、爱好、感情,而不能强求他人按自己的爱好和想法来处事。

在现代社会中，人与人之间是平等的；相互尊重、相互关心不是卑下的行为举止，而是展现良好个人素质、树立个人形象和企业形象的基本方式。古语云："爱人者，人恒爱之；敬人者，人恒敬之。"俗话说："人敬我一尺，我敬人一丈。"它们表达的都是同一个含义，"礼"的良性循环就是借助这样的机制而得以传承和发展的。当然，在交往中以尊重为本，应做到既要自尊又要懂得尊重别人。不应以伪善取悦于人，更不可以骄横待人。尊重应该是相互的，我们尊重别人，别人自然会尊重我们；我们不尊重别人，我们也就不会被别人所尊重。

在日常的商务交往中，相互尊重体现在整个过程的诸多方面。由于礼仪受国别、地域、宗教信仰、文化背景、民族特征、政治制度等各方面因素的影响，因此在进行商务会面、谈判前，除了遵循通用的礼仪之外，还要了解与尊重对方的相关背景因素，以便做到"因人施礼"。《礼记·曲礼上》指出："入境而问禁，入国而问俗，入门而问讳"，这些皆为尊重之意，这也是当今商务交往的一条原则。

在交往的过程中，商务人员可能会遇到对方有不同的宗教信仰，这时就应该了解对方由于个人宗教信仰而产生的不同习惯和禁忌等。谈及尊重他人的宗教信仰，尤其需要了解一些相关的宗教常识，知道其礼节、讲究与忌讳，这才谈得上有尊重可言。如非教徒进入教堂，应衣冠端正，不戴鸭舌帽；要神情严肃，不得谈笑喧哗，不得吸烟；对于教堂中的物品，特别是宗教仪式中所用的物品，只许眼观，不能随意挪动和抚摸；若教堂中正举行仪式，则只能静观，不准打扰。

除此之外，良好的仪表仪容既是讲究礼貌、礼节的表现，又是对他人的一种尊重和重视。

（二）真诚的原则

真诚是人与人相处的基本态度。真诚是一个人外在行为和内在道德的有机统一。在交往中交往各方必须以诚待人、表里如一，而不能虚情假意、口是心非。待人真诚的人会很快得到别人的信任，而与人交往时表里不一、缺乏真诚的人，即使在礼仪方面做得无可指责，最终还是不会取得别人的信任。另外，商务活动并非短期行为，在商务活动中越来越注重双方的长远利益。只有恪守真诚的原则，着眼于长远的将来，通过长期的沟通、协作，合作双方才能够获得最终的利益。

（三）宽容的原则

所谓宽容，是指心胸坦荡、豁达大度，能设身处地地为他人着想，谅解他人的过失,不计较个人的得失,有较好的容忍意识和自控能力。能宽容别人的人往往更容易博得他人的爱戴和敬重。正如孔子所言"宽则得众"。

中国的传统文化历来重视宽容的道德准则,并把"宽以待人"视为一种为人处世的基本美德。随着改革开放的不断发展,特别是在商务交往活动中,双方出于各自的立场和利益,难免会出现分歧和误解,此时双方都应换位思考各自的出发点,眼光放长远一些,尽量去体谅对方,这样才能正确处理好各种争论,以争取更长久的合作和更长远的利益。

(四)适度的原则

适度,是指在施行礼仪的过程中,交往各方必须熟悉礼仪准则和礼仪规范,注意保持人际交往的距离,把握与特定环境相适应的人们彼此间的感情尺度和行为尺度,以建立和保持健康、良好、持久的人际关系。

遵守适度原则,首先应注意把握感情尺度。在与人交往的过程中,既要彬彬有礼,又不能低三下四;既要热情大方,又不能轻浮诌谀。其次还应注意言行适度。语言是双方信息沟通的桥梁,是双方思想、情感交流的渠道。在进行语言交流时要自信但不能张扬。同时,可以多用礼貌用语。恰到好处的礼貌用语是尊重他人的表现。

另外,举止还应适度。在与人相处时,应该举止自然、大方、稳重、有风度。如走路时身体挺直,步速适中,抬头挺胸,这样才能给人留下正直、积极向上、自信的好印象;坐立时要腰杆挺直,切勿趴在桌子上或斜靠在椅子上;讲话时手势不能过于夸张,不能手舞足蹈。

除了以上谈及的礼仪的四大原则以外,遵守的原则、守信的原则、平等的原则也是需要注意的几项。遵守的原则,是指在交际过程中,各方都应自觉、自愿地遵守礼仪规范,用礼仪来规范自己的言行举止,以促使交际活动的顺利进行,确保交往各方达到预期的目标。守信的原则,是指在交往中要实事求是,遵守诺言,实践诺言。在交往中,守信的人能够做到表里如一、言行一致。"言必信,行必果"就体现了守信的原则。平等的原则,是指尊重交往对象,以礼相待,对任何的交往对象都要一视同仁,给予同等程度的礼遇。礼仪是在平等的基础上形成的,是一种平等的、彼此之间的相互对待关系的体现,其核心问题是尊重以及满足相互之间获得尊重的需求。

总之,掌握并遵循商务礼仪原则,不断规范个人的言行举止,有助于提升个人和集体的形象,以达到促使交往活动达到预期效果的目的。

三、商务礼仪的功能

古人曾经指出:"礼义廉耻,国之四维",即将礼仪列为立国的精神要素之本。而在日常交往中,诚如英国大哲学家约翰·洛克所言:"没有良好的礼仪,其余的一切成就都会被人看成骄傲、自负、无用和愚蠢"。荀子也曾说过:"人无礼则不生,事无礼则不成,国无礼则不宁"。遵守礼仪、应用礼仪将有助于净化社会的空气,提升个人乃至全社会的精神品位。由此看来,商务礼仪的功能是显而易见的,主要表现在以下四个方面。

(一) 尊重的功能

尊重的功能即向对方表示尊敬,表示敬意,同时对方也还之以礼。礼尚往来,有礼仪的交往行为,蕴含着彼此的尊敬。在日常交往中,尊重上级是规则,尊重同事是礼貌,尊重下级是真诚,尊重客户是需要,尊重所有的人是文明。

商务礼仪中蕴含的尊重体现在交往的方方面面。如在向对方索要名片时,或许商务人员会直截了当地说:"给我一张名片吧!",但如果对方不想再继续与商务人员有进一步的联系,就会让对方感到比较为难;但如果考虑到尊重对方的选择,商务人员就可以比较礼貌地问:"请问以后怎样与您联系呢?"对方如果愿意再交往就会主动递给商务人员名片;反之,对方可能委婉地说:"有时间我会主动与您联系"。

(二) 约束的功能

商务礼仪作为商务活动的行为规范,对人们的商务交往行为具有很强的约束作用。礼仪一经制定和推行,久而久之便成为社会习俗和社会行为规范。任何一个生活在某种礼仪习俗和规范环境中的人都自觉或不自觉地受到该礼仪的约束,自觉接受礼仪约束的人是"成熟的人",不接受礼仪约束的人,社会就会以道德和舆论的手段来对其加以约束,甚至以法律的手段来强迫。

(三) 教育的功能

商务礼仪通过评价、劝阻、示范等教育形式纠正人们不正确的行为习惯,倡导人们按礼仪规范的要求协调人际关系,维护社会正常的生活。不断学习商务礼仪本身就是一个自我教育的过程,同时在各种交际活动中遵守礼仪也起着榜样的作用,会潜移默化地影响周围的人。人们可以在耳濡目染中不断提高个人素质,树立良好的个人形象。

商务礼仪具有教育功能,主要表现在两个方面。一是尊重和约束的功能。礼仪作为一种道德习俗,它对全社会的每个人都有教育作用。二是相传和沿袭的功能。礼仪的形成、礼仪的完备和凝固会成为一定社会传统文化的重要组成部分,它以"传统"的力量不断地由老一辈传继给新一代,世代相继、世代相传,使社会更加文明与进步。

(四)调节的功能

商务礼仪具有调节人际关系的功能。一方面,它作为一种规范、程序,作为一种传统文化,对人们之间相互的关系模式起着规范、约束和及时调整的作用;另一方面,某些礼仪形式、礼仪活动可以化解矛盾,建立新关系模式。

从一定意义上说,商务礼仪是人际关系和谐发展的调节器。因为在商务交往活动中,难免要碰到不畅快的事情,有时对方还可能不高兴。如果处理不当,不但会影响个人的形象,而且还会影响集体的形象。而商务礼仪就能起到化解矛盾、消除分歧的作用,使商务活动的各方能够相互理解、达成谅解,从而妥善地解决彼此间存在的纠纷。如果人们在交往时都以礼相见,就有助于相互尊重、友好合作的新型关系的建立,缓和或避免某些不必要的情感对立与障碍。随着交往活动的深入,交往各方可能会产生一定的情感和情绪。良好的礼仪能够促进彼此的感情交流和有效沟通,从而使交往活动达到预期的效果。反之,不懂得或不遵守必要的商务礼仪,会使彼此产生不良情绪,以致影响商务交往活动的顺利进行。由此可见,商务礼仪在处理人际关系中,在发展健康良好的人际关系中,是有其重要作用的。

四、商务礼仪的作用

当今社会,商务礼仪之所以普及,之所以被重视,主要是因为它能够内强素质、外塑形象,其具体作用如下。

(一)商务礼仪对企业形象的塑造

在竞争日益激烈的社会中,良好的社会形象已成为一个企业立足社会的必备条件。企业形象是一个企业向社会介绍自己的最好名片,良好的社会形象是一个企业最重要的无形资产,树立良好的企业形象对企业的生存和发展至关重要。

礼仪是企业形象、企业文化、员工修养素质的综合体现,商务人员只有做好应有的礼仪才能使企业在形象塑造、文化表达上提升到一个满意的地位。

1. 仪表穿着的塑造

商务人员的言行举止、衣帽服饰等符合公关礼仪的要求,不仅反映出个人素质,而且某种程度上也代表所在企业的形象,是企业形象的一种外显方式。

商务人员与交往对象见面时得体的衣着打扮、言谈举止和体态语言往往形成照耀公关活动的"晕轮"或"光环",这种"晕轮"或"光环"的"亮度"或"强度"则取决于各种礼仪的具体表现是否恰到好处。恰到好处的礼仪不仅令交往各方对其产生信任和好感,而且会使合作过程充满和谐。

2. 言行举止的规范

商务礼仪可以规范企业内部员工的言行,协调领导者和员工之间的关系,使全体员工团结协作,提高工作效率,保质保量地完成任务,进而提高企业在市场竞争中的生存能力和发展能力。反之,如果员工不能遵循商务礼仪,他们之间的冲突、矛盾就可能会增多,就不能很好地协作配合,遇事推诿扯皮,不仅降低了工作效率,而且会影响企业目标的实现,甚至会危及企业的生存。

3. 内外关系的协调

商务礼仪可以密切企业与外部公众的关系,形成和谐、融洽、合作的关系,获得外部公众对企业的认可和好评,从而创造出有利于企业自身发展的最佳环境。

现代生产是社会化的大生产,任何一个企业都不可能是一个封闭系统,必然要与外界发生千丝万缕的联系。在企业与外部公众的交往活动中,商务礼仪起到调节相互关系的润滑剂作用,不仅可以帮助企业巩固现有的公众关系,而且可以广结良缘,拓展更多的新关系,得到更多的认同和帮助,创造出良好的生存环境与发展环境。

20世纪30年代世界经济一度处于大萧条中,全球的旅馆业倒闭了80%,希尔顿旅馆也负债50万美元,但这家旅馆的老板没有灰心丧气。他教导员工,无论旅馆本身的命运如何,在接待旅客时千万不能愁云满面。他告诫员工,希尔顿旅馆服务人员脸上的微笑永远是属于旅客的。自此,员工们的微笑服务使旅客对希尔顿旅馆充满了信心,在社会经济普遍不景气的背景下,不仅挺过了经济危机带来的萧条,而且成为旅馆业的一枝独秀。

4. 企业形象的宣传

商务礼仪是商务活动的一部分,也是企业形象的一种宣传。商务礼仪更讲究实效性的组织与实施必须与企业形象战略保持一致。企业通过公关礼仪活动向公众展示各方面的形象,以感召公众,使公众认同企业,产生信任和好感,提高企业在社会上的地位和声誉。只有树立良好的企业形象,才能实现公共关系目标和

企业发展的战略目标。

(二)商务礼仪对商务人员素质的提升

1. 有助于提高商务人员的自身修养

在商务交往中,商务礼仪往往是衡量一个人文明程度的准绳。它不仅反映一个人的交际技巧与应变能力,而且还反映一个人的气质风度、阅历见识、道德情操、精神风貌。因此,在这个意义上,完全可以说礼仪即教养,而有道德才能高尚,有教养才能文明。这也就是说,通过一个人对礼仪运用的程度,可以察知其教养的高低、文明的程度和道德的水准。

由此可见,学习商务礼仪,运用商务礼仪,有助于商务人员提高个人的修养,有助于"用高尚的精神塑造人",真正提高个人的文明程度。

2. 有助于塑造商务人员的良好形象

个人形象对于商务人员十分重要,因为它体现每个人的精神风貌与工作态度。商务工作向来以严谨、保守而著称,假如一名商务人员在商务交往中对个人的仪容、表情、举止、服饰、谈吐等形象掉以轻心,那么就会直接影响其所在企业的形象。正像一位举世闻名的公共关系大师曾经说过的那样:"在世人眼里,每一名商务人员的个人形象如同他所在企业生产的产品、提供的服务一样重要。它不仅真实地反映了每一名商务人员本人的教养、阅历以及是否训练有素,而且还准确地体现着他所在企业的管理水平与服务质量。"

商务人员在日常的工作中和生活中要塑造好、维护好自身形象,就必须懂得商务礼仪。一个商务人员即使知识再多,专业能力再强,如果不懂得商务礼仪,那么在商务活动中要树立起良好的个人形象也是非常困难的。

3. 良好的企业形象是任何企业追求的目标,企业形象的塑造处处都需要商务礼仪

当我们想和某一个单位联系业务时,拨打对方的办公室电话竟无人接听或铃响五六声之后才有人接听时,我们会对该单位产生一种印象——工作效率不高,制度不健全,员工素质差等。反之,当我们一拨通电话就能听到对方和蔼可亲的问候、得体的称谓、礼貌的语言、简捷干练的回答时,立即会有一种亲切之感。

因此,每一个商务人员在与他人接触的过程中,其仪容仪表、言谈举止、礼貌礼节等礼仪是塑造企业形象的基础工程。任何不讲究礼仪的企业都不可能获得良好的社会形象。

4. 有助于改善人际关系

商务人员在商务活动中难免要碰到不愉快的事情。如果处理不当,不但会影响商务人员的形象,而且还会影响企业的形象。而商务礼仪就能起到化解矛盾、

消除分歧的作用,使进行商务活动的各方能够相互理解、达成谅解,从而妥善地解决商务纠纷。

5. 有助于沟通交流

礼仪与礼貌是一种信息传递,它们可以以闪电般的速度把交往各方的尊重之情准确地表达出来并传递给对方,使对方立即获得情感上的满足,与此同时,礼貌又反馈回来,对方以礼回敬。于是,各方的热情之火点燃了,支持与协作便开始了。

商务活动是双向交往活动,交往成功与否,首先要看交往各方是否能够沟通,或者说是否能取得对方的理解。商务人员交往的对象是人,而不是物,他有自己的思想、情感、观点和态度。由于立场不同、观点不同,人们对同一个问题会有各自不同的理解和看法,这就使交往各方的沟通有时变得困难。若交往各方不能沟通,不仅交往的目的不能实现,有时还会导致误解,给企业造成负面影响。因此,商务礼仪旨在消除差异,使双方相互接近,达到情感沟通。

 阅读案例

被拒绝的生日蛋糕

有一位先生想为一位外国朋友定做生日蛋糕。他来到一家酒店的餐厅,对服务员说:"小姐,您好,我要为我的一位外国朋友定做一个生日蛋糕,同时附上一份贺卡,您看可以吗?"服务员接过订单一看,忙说:"对不起,请问先生,您的朋友是小姐还是太太?"这位先生也不清楚这位外国朋友结婚没有,他为难地抓了抓后脑勺想想说:"小姐?太太?一大把岁数了,应该是太太。"生日蛋糕做好后,服务员按地址到酒店客房送生日蛋糕。敲门后,一名女子开门,服务员有礼貌地说:"请问,您是怀特太太吗?"女子愣了愣,不高兴地说:"错了!"服务员丈二和尚摸不着头脑,抬头看看门牌号,又打个电话问那位先生,房间号码并没有错。服务员再次敲开了房门,"没错,怀特太太,这是您的蛋糕"。那女子大声说:"告诉你错了,这里只有怀特小姐,没有怀特太太。""啪"的一声,门被用力关上,蛋糕也掉在地上了。

五、学习商务礼仪的目的与要求

随着社会的进步、商业文化的发展,人们在商务活动中的交往越来越多。一个成功的商务人员,除了具备敏锐的头脑、睿智的眼光以外,还应懂得商务礼仪的

规范。所谓商务礼仪,就是从事商业活动的商务人员在商业交际活动中必须遵循的礼仪规范。商务礼仪已经成为商务交往中的一项基本的行为准则。美国著名的人际关系学大师卡耐基认为:把规范的商务礼仪以最自然而然的、轻松的形式展现出来,足以体现一个成功的商业人士的自信、修养和风度。

首先,学习商务礼仪最主要的是为了提高个人的职业素养。企业的竞争力取决于员工的综合素质能力,礼仪素养是其综合能力的外在表现,细节就是提高和体现礼仪素养的关键。员工礼仪素养的好坏应该从日常工作中的细节方面加以提高,如员工的电话接听、仪容仪表、行为举止、客户接待、商务洽谈等。

其次,学习商务礼仪有助于建立良好的人际沟通。如拜访要预约,赴约要准时;交谈时应避免问及他人隐私,如个人收入、年龄、婚姻状况、健康问题等。

最后,学习商务礼仪有助于树立和维护个人形象以及集体形象。在商务交往中个人代表整体,个人形象代表集体形象,个人的所作所为就是其所在集体的典型活体广告。一个人讲究礼仪,就会在众人面前树立良好的个人形象;一个集体内的成员讲究礼仪,就会为自己的组织树立良好的形象;现代市场竞争除了产品竞争以外,还体现在形象的竞争。一个具有良好信誉和形象的企业,很容易获得社会各方面的信任和支持,才能在激烈的竞争中处于不败之地。所以,商务人员不断学习商务礼仪,注重商务礼仪,既是良好素质的体现,又是树立和巩固良好形象的需要。

在日常的商务活动中,商务人员只有不断地学习商务礼仪的基本知识,注重商务礼仪在商务活动中的应用,才能逐渐培养良好的职业道德,树立良好的个人形象和企业形象。

思考并回答下列问题:
1. 商务礼仪的原则有哪些?
2. 商务礼仪的功能体现在哪些方面?
3. 商务礼仪的作用体现在哪些方面?
4. 学习商务礼仪的目的与要求是什么?

第三章 个人形象礼仪

> 形象,一般是指一个人在人际交往中所留给他人的总体印象,以及由此而使他人对其所形成的评价和总的看法。商务人员是个特殊群体,其形象不仅代表个人的素养,同时也是企业素质的重要符号。

一、仪容礼仪

仪容即人的容貌,是个人仪表的重要组成部分之一,它由面容、发式以及人体所有未被服饰遮掩的肌肤等内容所构成。仪容集中了口、眼、鼻、耳、手等人用于观察、感受和体验世界的重要器官,这些器官是人表达思想感情最主要的工具。因此,仪容显得尤为重要。

仪容是一个人树立良好形象的关键,是"画龙点睛"之处,直接关系一个人是否能够塑造一个良好的形象。它不但能体现和反映整体形象水平,而且还能提升或降低整体形象水平,也就是说兼具美化和丑化两种功能。因此,一个人不论承担什么角色,其仪容必须符合社会对此角色所规定的要求。仪容礼仪通过规范洁容、美容等一系列仪容美化、维护的行为,起到美化和提升一个人的整体形象水平的作用。

(一)仪容礼仪的原则

1. 自然

自然是要求商务人员的容貌修饰要以清淡为主,生动自然,妆而不露,化而不觉,达到"清水出芙蓉,天然去雕饰"的境界,给别人以天生丽质的感觉。切忌人工痕迹过重。

2. 美化

美化是要求商务人员在了解自己容貌的基础上,通过专业的修饰对容貌进行适度的矫正。得法的修饰,可以扬长避短,能达到美化效果,切不可失真。

3. 协调

协调是强调容貌的修饰要与商务人员的发型、服饰、所从事的职业及所要去的场合环境相一致。同时,化妆的各个部位也要协调,不同部位的颜色要过渡好。

(二) 洁容

干净、整洁是仪容礼仪的最基本要求。清洁是仪容美的关键,也是当今社会人与人之间的交往和取得事业成功的必要条件。

1. 清爽的面容

面部是在人际交往中为他人所注意的重点部位。与人打交道时,商务人员不能忽视面容修饰,要保持面部干净、卫生。

(1) 面部的清洁。

清洁面部可以去除新陈代谢产生的老化物质,去除化妆和卸妆时产生的残留物,同时可以清洁肌肤。根据肤质选用对皮肤刺激性小的洁面产品清洁面部,去除老化角质及污染物质,然后用化妆水、乳液或面霜等补充水分和营养,在涂抹时配以适当按摩,以促进新陈代谢,使肌肤光滑、恢复弹性。

男士除了宗教信仰和民族习俗以外,一般不蓄胡须,应养成每天上班之前剃须的习惯。胡子拉碴就如头不梳、脸不洗一样,看起来不但不干净,而且还会使人显得憔悴不堪。另外,留有胡须的男士必须注意保持胡须干净、整齐。

(2) 口腔的清洁。

保持口腔清洁是讲究社交礼仪的先决条件。如果有一口洁白的牙齿,无论是讲话还是微笑都是很美的。商务人员要坚持每天早晚刷牙,以减少口腔细菌,防止牙石沉着。刷牙时要使用正确的方法,牙刷应顺着牙缝的方向上下刷,注意牙齿的各部位都应刷到。每次刷牙的时间不少于3分钟。

口腔中有异味一般是由于刷牙方法不当、食物残存于牙缝之间、食用了有刺激性气味的食物、消化不良或口腔疾病等原因引起的。去除口腔中的异味,一方面要坚持使用正确的刷牙方法,每次用餐后都要刷牙一次;另一方面则要少吃或者不吃蒜、葱、韭菜、虾酱、腐乳等气味刺鼻且持久的食物。

(3) 鼻腔的清洁。

保持鼻腔的清洁,要经常清理鼻腔,修剪鼻毛。修剪鼻毛时要用小剪刀去修剪,千万不要用手拔鼻毛,特别是不要当众挖鼻孔、拔鼻毛,这样既不卫生又不文雅。

(4) 手部的清洁。

在人际交往中,手承担着握手、交换名片、献茶敬酒等职责,因此,双手总是处于醒目之处。一双保养良好、干干净净的手会给人以美感,而一双肮脏不堪的手则会使人大倒胃口。因此,商务人员要悉心爱护、保养自己的双手,要以干净、卫生、雅观为要旨。

① 勤洗双手。

在用餐之前、"方便"之后、拿过脏东西后,务必清洗一下双手。另外,双手被墨水染了色也应当马上清洗掉。如果做不到这一点,不仅有违形象要求,而且对自身的健康有百害而无一益。

② 认真保养。

双手若长疮、生癣、皲裂,应当予以适当处理和及时治疗,使其恢复"本来面目"。另外,当指甲的周围长有死皮时,一定要及时用指甲刀将其剪去。因为,当商务人员的手指上有这种接触脏东西而产生的死皮时,不能让别人相信其是一个爱干净的人。

③ 修剪指甲。

指甲不宜留长。长指甲是细菌滋生之处,而且手指甲过长,指甲缝里往往留有脏东西,不但使双手显得十分难看,而且也不讲卫生。所以,商务人员要养成定期剪指甲的良好习惯,应当至少3天修剪一次。另外,指甲的长短有一个可供参考的"尺度",即经过修剪后的指甲,以不超出手指顶端为宜。指甲若超出手指顶端,就应当及时地进行修剪。

另外,对于一般女士来讲,涂抹指甲油算是"分内之事"。但若是十指涂满颜色,甚至十指十色、一指多色,把自己搞得鲜艳夺目,就会给人以轻浮、不庄重之感,与自己的身份不相符。所以,女性应当不用或少用指甲油。

2. 整洁的发型

对于商务人员来说,在头发方面的礼仪规范是干净整洁、美观大方。

(1) 干净整洁。

商务人员要勤洗发、勤理发,努力使自己的头发保持清洁、卫生,没有头皮屑,没有异味。每日将头发梳理到位,不得蓬松凌乱。特别是出席重要的商务活动或者社交活动之前,有必要到理发店或美容店精心修剪一番。

(2) 美观大方。

发型要做到美观大方,就是要与自己的脸形、体型、性别和年龄相配相符。

① 从脸形来说。

第一,椭圆形脸是东方女性的最佳脸形,称为标准脸形(俗称瓜子脸、鸭蛋脸)。椭圆形脸可搭配任何发型(如图3-1所示)。

图 3-1　适合椭圆形脸的发型

第二，圆形脸的人的发型应尽量使脸形向椭圆形靠拢，额前的头发要高起来，两侧的头发要帖服（如图 3-2 所示）。

图 3-2　适合圆形脸的发型

第三，方形脸的人的发型应使脸形趋于圆形，因此发型不要有棱角，可以用额前的刘海遮住前额，两侧的头发可以稍长一些，并可以烫一下，用烫发的曲线修饰方形脸的欠缺（如图 3-3 所示）。

第四，长形脸的人的发型可以用刘海掩饰前额，一定不可以将发帘上梳，头缝不可以中分，应尽量加重脸形横向，使脸看上去丰满些（如图 3-4 所示）。

图 3-3　适合方形脸的发型　　　　**图 3-4　适合长形脸的发型**

第五，三角形脸的人的发型应尽量增加额头两侧头发的厚度，采用侧分缝来掩盖窄的额头。如果是倒三角形脸，则发型应尽量隐藏过宽的额头，以增加脸下部的丰满度(如图3-5所示)。

第六,菱形脸的人的发型应是两侧头发加大厚度,用刘海儿遮住前额(如图3-6所示)。

图3-5 适合三角形脸的发型　　　　　　图3-6 适合菱形脸的发型

② 从体型来说。

第一,瘦高型身材的人不宜留短发或把头发高盘在头上,一般适宜留直发、长发或大波浪的卷发。

第二,矮小型身材的人不宜留长发、披肩发,适宜短发或盘发,给人一种增加身高、精神活泼的感觉(如图3-7所示)。

第三,高大型身材的人适宜留直发或大波浪的卷发、盘发(如图3-8所示)。

图3-7 适合矮小型身材的发型　　　　　图3-8 适合高大型身材的发型

第四,矮胖型身材的人适宜轻便的运动式发型或盘发(如图3-9所示)。

图3-9 适合矮胖型身材的发型

③ 从性别、年龄来说。

男士不宜留长发,女士的发型不能过短。发型要与年龄相协调。通常年长者的发型要求简朴、端庄、稳重,适宜大花型的短发或盘发,给人以温婉可亲的印象;年轻人要注重整洁、美观、新颖、别致、健康、大方,适宜短发、长发、扎辫、盘发等。在商务活动中,头发的长度大都有明确限制:女士的头发不宜长过肩部,必要时应以盘发、束发作为变通;男士不宜留鬓角、发帘,最好不要长于 7 厘米,即大致不触及衬衫的领口。而剃光头,则男女都不适宜。还需要注意的是,在商务活动中,无论商务人员选择何种发型,在头上都不宜再去刻意添加过分花哨的发饰。

阅读案例 3-1

形象的塑造从发型开始①

日本松下电器产业株式会社的创始人松下幸之助一次到银座的一家理发厅去理发。理发师对他说:"你毫不重视自己的发型修饰,即使你穿上再昂贵的西装,也好像把产品弄脏一样,你作为公司的代表都不注意维护自己的形象,怎么能赢得客户的信任和支持呢?公司的产品还会有销路吗?"一席话说得他无言以对,以后松下幸之助接受了理发师的建议,十分注重自己的仪表并不惜破费到东京理发。商务礼仪与一般的人际交往礼仪不同,它体现在商务活动的各个环节之中。对于企业而言,从商品采购到销售,从商品销售到售后服务等,每一个环节都与本企业的形象息息相关。因此,企业的每一个成员,如果能够按照商务礼仪的要求去开展工作,对于塑造企业的良好形象,促进商品销售,提升企业的竞争力,都将会起到十分重要的作用。

(三)化妆

爱美之心人皆有之,对美的追求和喜爱是人类社会的通性。化妆实际就是对自身仪容的一种美化,目的是让自身的形象能获得他人的认可、接受和欢迎。这种美化的过程往往是通过用适当的色彩和线条来改变人们的视觉感受,从而弥补形象的缺陷,突出优点。

由于历史的原因,在国际商务活动中有一条不成文的规则,即所有参加活动的女性都需要适度化妆,不化妆参加活动被视为一种缺乏礼仪修养的表现。在现实生活中,适度的化妆实际也能为营造一个良好的交流与沟通氛围提供条件。之

---

① 赵永生. 大学生礼仪[M]. 北京:冶金工业出版社,2008,有改动.

所以明确这种化妆为适度的化妆,是因为商务活动是一种日常的工作行为,不是节目表演,不需要获得戏剧性的效果。同时,这种适度也要求不同的场合进行适当的化妆。如参加晚上的庆典、宴会等活动,要适当增加化妆的深度,以便适应晚间灯光照射的效果;而在白天的日常商务工作及交往中,要注意化淡妆,切不可浓妆艳抹。

脸部化妆要注意脸上有三个重要的部位,即唇、眉、眼。这三个重要部位化妆是否适度直接影响脸部的整体效果:唇部要用唇线勾出唇形,然后涂抹唇膏或口红,口红的颜色要适当、自然;眉毛要有眉形,眉线要不留明显的痕迹,粗细适当,不能太粗,也不宜只留一条细线;眼部要适当勾出浅淡的眼线,打上适量的眼影,这样才会显出一双明亮的眼睛。

一般来说,化妆的方法和步骤如下。

1. 洁面

用洁面化妆品清洗面部。随后,在脸上扑打化妆水或护肤品,主要是保护皮肤免受其他化妆品的刺激,为化妆作准备。

2. 上基础底色

上基础底色又叫打粉底,目的是调整皮肤的颜色,要根据不同的肤色选择粉底。清洁面部后,拍上化妆水和乳液,再用海绵蘸取适量的粉底霜涂抹于面部,要涂抹得细致、薄而均匀。粉底霜的选用应尽量接近自己的肤色,不要有失真的感觉;也可以根据自己的脸形,同时选用两种颜色。若脸形比较宽的人,可以在正面用接近自己肤色的颜色,在腮部两侧用稍深的底色,利用深色的收缩效果,使腮部修正成椭圆形,以增强脸部的立体美感。

3. 定妆

用定妆粉进行定妆,这样会使妆色变得更加柔和、稳定,不易弄花。一般要选用一些优质、颗粒细小的粉。

4. 画眼线

画眼线可以使眼睛显得生动有神且更富光泽。眼线要尽量靠睫毛处画,上下眼线均从外眼角向内眼角方向画,上眼线一般画7/10,下眼角画3/10,并且都要由深到浅。画眼线时要避免画得太锐利,但眼角处上下眼线要自然重合。

5. 画眼影

画眼影的目的是为了突出眼睛,使眼睛显得更加明亮、传神,以创造出立体效果。涂眼影时,要使贴近睫毛的部位和两个眼角的部位重些,然后用海绵头轻轻揉开,以增加眼睛的深邃感。采用多种色彩的眼影增加眼部的立体效果能使眼睛产生自然的魅力。眼影按照从浅到深的顺序来使用,如画暖色系采用红色系列眼影：先用眼影笔蘸取粉红色眼影涂在眼窝的内侧,接着把稍浓的粉红色眼影对着外眼角,从正中心涂到后半部,再把深红色眼影涂在外眼角上,使眼部轮廓显得更明显,最后用指头轻轻地将颜色抹匀,使其融合。还有一种经常使用的画眼影的方法就是：在上眼皮与眉毛之间,艺术化妆分5个层次,一般生活妆是2个层次,由上眼皮到眉毛逐渐变浅。

6. 修眉

首先要修眉、拔眉,把眉毛修成扁平形状,沿着眉毛的生长方向画眉。眉头重而宽,眉梢轻而窄,注意眉头既不要修(拔)得过细,又不要描得太浓。然后,用眉刷使其均匀自然。

7. 涂腮红

用胭脂扑打腮红的目的是改变脸形。长形脸横涂腮红,圆形脸竖涂腮红,修饰美化面颊,显得容光焕发(涂腮红要根据脸形和肤色而定,而且根据年龄差异以示区别)。

8. 涂口红

涂口红要先用唇笔描出唇形。先描上唇,上唇的唇角要画细,画出唇峰来。在社交场合里,没有唇峰的唇略显笨拙。画下唇时,要省去下唇角。上下唇画好后,再用唇笔涂口红。

9. 喷涂香水

在颈部、腕部、脉搏跳动处和衣襟下摆、裙摆处淡淡地洒点香水,让人在一米之内能隐约闻见淡香味即可。切不可喷洒太浓,香气熏人反而会令人反感。

在日常生活和社会交往以及商务活动中,在出席任何场合前,适当的美容化妆是必要的。除了面部化妆之外,平常还要注意进行护肤、美发、美容等。有条件的还应定期进行皮肤按摩,对皮肤加倍爱护,务必使自己的皮肤保持清洁、光润、细腻、柔嫩,切不可任其积垢、生疮、干裂、粗糙、老化。

男士美容化妆一般包括美发、定型,清洁面部、手部,用护肤品对面部、手部进行护理,使用无色唇膏滋润嘴唇,并显出光泽,使用男士香水等。

 阅读案例 3-2

洋溢的青春①

小吴,某高校文秘专业高材生,毕业后就职于一家公司做文员。为了适应工

---

① 闫秀荣. 现代社交礼仪[M]. 北京：人民邮电出版社,2011,有改动.

作需要,上班时,她毅然放弃了"清纯少女妆",化起了整洁、漂亮、端庄的"白领丽人妆":不脱色粉底液,修饰自然、稍带棱角的眉毛,与服装色系搭配的灰度高偏浅色的眼影,紧贴上睫毛根部描画的棕色眼线,黑色自然形睫毛,再加上自然的唇形和略显浓艳的唇色,虽然化了妆,却好似没有化妆,整个妆容清爽自然,尽显自信、成熟、干练的气质。

在公休日,小吴又给自己来了个大变脸,化起了久违的"清纯少女妆":粉蓝或粉红、粉黄、粉白等颜色的眼影,彩色系列的睫毛膏和眼线,粉红或粉橘的腮红,自然色的唇彩式唇油,看上去鲜亮淡雅,自己的身心都倍感轻松。

心情好,自然工作效率就高。一年来,小吴以自己得体的外在形象、勤奋的工作态度和骄人的业绩,赢得了公司同人的好评。

二、服饰礼仪

从广义上说,服装是一种文化,它反映了国家和民族的文化素养。从狭义上讲,它是一种"语言"。服装不仅是布料、花色、款式缝合的拼凑,更是传递信息的工具。我们从一个人的穿着打扮可以看出他的年龄、性别、身份、职位、职业、文化素养、审美品位、对生活的态度以及经济实力等。因此,衣着不仅是为了遮羞、御寒,更重要的是具有审美价值。在生活、工作、社交中的着装并不是一件随心所欲的事。

(一)着装原则

根据礼仪规范选择着装,最重要的是要合乎身份、场合,维护形象,并且对交往的对象不失敬意。一般以"TPO"为基本原则,"T""P""O"三个字母分别是英文Time(时间)、Place(地点)和Occasion(场合)这三个单词的缩写。

具体来说,着装的选择要兼顾个体性、整体性、整洁性、文明性和技巧性等要求。

1. 个体性

个体性要求着装者选择服装应适应自身形体、年龄、职业的特点,扬长避短,并在此基础上创造和保持自己独有的风格。

在商务活动中穿出风格并非易事,它离不开相关因素的共同支持,包括与企业形象和谐统一,不让上司、同事反感,与本人气质、性格相吻合,长时间保持这种风格。这样既省时省力,又像注册商标一样,别人是模仿不来的。如果做到了这一层面,商务人员的着装技术就是炉火纯青了。

阅读案例 3-3

丝巾的魅力①

供职于意大利某工业公司的王小姐在着装上有一个明显的特征：她的套装全部是深色系的，但她永远披着一条绚丽的丝巾，春夏秋冬，无一例外。在灰色、咖啡色、黑色充斥的办公室，王小姐的丝巾总能给人眼前一亮的感觉。几年下来，王小姐在公司树立起自己的着装风格，并得到上司及同事的肯定。

2. 整体性

正确的着装，应当给予统筹的考虑和精心的搭配。其各个部分不仅要"自成一体"，而且要相互呼应、相互配合，在整体上尽可能显得完美、和谐。着装要坚持整体性，重点是要注意两个方面：第一，是要恪守服装本身约定俗成的搭配，特别是要恪守服装本身与鞋帽之间约定俗成的搭配；第二，是要使服装各个部分相互适应，局部服从于整体，精心搭配，在整体上尽可能做到完美、和谐，展现着装的整体之美。

3. 整洁性

整洁和谐是永远正确的着装风格。在任何情况下，人们的着装都要力求整洁，避免肮脏邋遢。着装要坚持整洁，应体现在四个方面：第一，着装应当整齐。衣裤不起皱，穿前要烫平，穿后要挂好，做到上衣平整、裤线笔挺。第二，着装应当完好。不能又残又破，乱打补丁，不掉扣。领带、领结、飘带与衬衫领口的吻合要紧凑且不系歪。若有工号牌或标志牌，要佩戴在左胸正上方，有的岗位还要带好帽子与手套。第三，着装应当干净，衣裤无污垢、无异味，领口处与袖口处尤其要保持干净。第四，着装应当卫生。对于各类服装，都要勤于换洗，不允许其存在明显的污渍、油迹、汗味与体臭。

4. 文明性

在日常生活与工作当中，商务人员不仅要做到会穿衣戴帽，而且要努力做到文明着装。着装的文明性，主要是要求着装大方，符合社会的道德传统和常规做法。

（1）忌穿过露的服装。

在正式场合，袒胸露背，暴露大腿、脚部和腋窝的服装，应忌穿着，不能在公众场合光膀子、穿睡衣。

（2）忌穿过透的服装。

倘若使内衣、内裤"透视"在外，令人一目了然，就有失庄重。不穿内衣、内裤，

---

① 闫秀荣.现代社交礼仪[M].北京：人民邮电出版社，2011，有改动.

则更要禁止。

(3) 忌穿过短的服装。

不要为了标新立异而穿小一号的服装。不要在正式场合穿短裤、小背心、超短裙之类过短的服装,它们不仅会使人行动不便,频频"走光""亮相",而且也失敬于人,使他人多有不便。

(4) 忌穿过紧的服装。

不要为了展示自己的线条而有意选择过于紧身的服装,更不要不修边幅,使自己的内衣、内裤的轮廓在过紧的服装之外隐约可见。

5. 技巧性

不同的服装有不同的搭配和约定俗成的穿法。例如,穿单排扣西装上衣时,两粒纽扣的要系上面一粒,三粒纽扣要系中间一粒或是上面两粒;女士穿裙子时,所穿丝袜的袜口应被裙子的下摆所遮掩,而不宜露于裙摆之外;穿西装不打领带时,内穿的衬衫应当不系领扣;全身上下衣着应保持在3种色彩之内等,这些都属于着装的技巧。着装的技巧性,主要是要求在着装时要依照成法而行,要学会穿法、遵守穿法。

(二) 着装要点

1. 着装与色彩

(1) 色彩的特性。

"没有不美的色彩,只有不美的搭配",即是说着装色彩的得宜和搭配和谐往往能产生强烈的美感,给人留下深刻的印象。因此,服装要讲究配色。从色彩的功能上看,它具有以下基本特征。

① 色彩的冷暖。

每种色彩都有自身独特的相貌特征,即色相。色彩因色相不同,会使人产生温暖或寒冷的感觉。使人产生温暖、热烈、兴奋感觉的色彩叫暖色,如红色、橙色、黄色等给人以温和、华贵的感觉。使人产生寒冷、抑制、平稳感觉的色彩叫冷色,如紫色、蓝色、绿色等往往给人以凉爽、恬静、安宁的感觉。中和色(如白色、黑色、灰色等)给人以平和、稳重、可靠的感觉。

② 色彩的轻重。

色彩的明暗变化的程度称为明度。不同明度的色彩,给人留下的感觉也轻重不同。色彩越浅,明度就越强的色彩,使人产生上升感、轻感。色彩越深,明度就越弱的色彩,使人产生下垂感、重感。因此,平日的着装应讲究上浅下深。

③ 色的软硬。

色彩鲜艳明亮的程度叫纯度。色彩纯度越高,越鲜艳纯粹,给人的感觉越软。

色彩纯度越低,越深重暗淡,给人的感觉越硬。前者适用于喜庆场合,后者则适用于庄重场合。

④ 色的缩扩。

一般来讲,冷色和深色属于收缩色,暖色和浅色则为扩张色。运用到服装上,前者使人显得苗条,后者使人显得丰满。运用得当的话,两者都能使人在形体方面扬长避短。

(2) 搭配的方法。

① 统一法。

统一法即在配色时,采用同一色系中几种明度不同的色彩,按照深浅不同的程度进行搭配的方法。这种方法适合在工作场合或正规的社交场合着装的配色。

② 对比法。

对比法即在配色时运用冷暖、深浅、明暗两种特性相反的色彩进行组合,使着装在色彩上反差强烈,突出个性的方法。这种方法适合各种场合的着装配色。

③ 呼应法。

呼应法即在配色时,在某些相关的部位刻意采用同一色彩,以便使其遥相呼应,产生较强的美感的方法。如穿西装的男士讲究鞋与包同色,就是这种方法的运用。

④ 点缀法。

点缀法即采用统一法配色时,在某个局部小范围里,选用不同的色彩加以点缀美化的方法。这种方法主要适用于工作场合的着装配色。

⑤ 时尚法。

时尚法即在配色时,选用流行的某种色彩搭配的方法。这种方法多用于普通的社交场合与休闲场合的着装的配色。

2. 服装与面料

服装以面料制作而成,面料不仅可以诠释服装的风格和特性,而且直接左右服装的色彩、造型的表现效果。

例如,粗呢、厚毛料容易使人产生笨重的感觉;大花形图案容易产生扩张的效果;小花型面料有收缩感的效果;横条纹图案给人横向扩张感;竖条纹图案给人纵向扩张感;细软的毛料、棉织面料一般不会产生放大感和收缩感,最适合大多数人群。

在服装的大世界里,服装的面料五花八门、日新月异。但是,从总体上来讲,优质、高档的面料大都具有穿着舒适、吸汗透气、悬垂挺括、视觉高贵、触觉柔美等特点。

制作在正式的社交场合所穿着的服装,宜选纯棉、纯毛、纯丝、纯麻制品,因为以这四种纯天然质地面料制作的服装大都档次较高。从事商务工作的商务人员,其服装面料应考究,力求高档,以深色毛料为主,一般藏蓝色毛料为首选。

3. 服装与肤色

人的肤色会随着所穿衣服的色彩发生微妙或明显的变化,因此商务人员在选择服装和面料时,最好注意同自己的肤色相适宜,从而起到相得益彰的效果。

在搭配衣服时,一般肤色较白的人,色彩浓淡总相宜;各种肤色的人,着白色服装都适合;肤色偏黑的人,可以选择色彩明朗、图案较小而柔和、面料悬垂感好的服装,避免穿褐色、黑色、深紫色等暗色调的服装;肤色偏黄、偏灰的人,可以选择穿带素雅的小碎花、格、纹的上衣,避免穿黄色、酱黄色、米色、紫色、铁灰色、青黑色的服装,以免使肤色显得更黄;面色粉红的人,适合穿白色或浅色服装,忌穿蓝色、绿色等系列的服装,因为粉红色同蓝色、绿色是强烈的对比色,会使人的面色显得红得发紫。

4. 服装与体型

由于人的体型差别很大,除了极少数的人有理想的体型之外,绝大多数人的体型存在不完美的部分,很难十全十美。因此,在选择服装时,人们应该了解自己的形体缺陷,选择适合自己形体特点的服装来弥补自身的不足,以达到扬长避短的效果。

(1) 体型矮胖者,适合选择带竖条纹的深色服装,使人产生延伸感和收拢的感觉,以增加身高和健美感。裤腿不能过短过肥,更不要选用紧身衣、宽皮带、单调横条纹、百褶裙、连衣裙、荷叶边等服装,不要把衬衫扎进裙子和裤子中。

(2) 体型瘦高者,适宜穿带横条纹的浅色服装,同时应尽量减少身体的外露部位,选择长袖衬衫、长裤、长袖高领连衣裙、百褶裙,忌穿无领无袖上衣、单调竖线条纹的服装或裙子。

(3) 体型瘦小者,适合穿简单而直线形的服装,服装应尽量合体。

(4) 臀部肥大者,适合穿深色的西装裤或西装裙,忌穿浅色带光泽的裤子和裙子,以避免突出臀部从而暴露弱点。

(5) 腿形短粗者,应尽量选择偏短的上衣、稍长的深色直筒裤子、过膝的直筒裙等服装,忌穿过紧的裤子、过短的裙子。

(6) 腿形细长者,适合穿浅色、光亮、打褶的裤子或长裙,忌穿超短裙、A字裙。

5. 服装与环境

在穿着打扮上,高层次的追求是遵循"TPO"原则。它的基本含义是要求穿着打扮一定要兼顾具体的时间、地点、场合,绝不可以一味地"跟着感觉走",不讲章法。具体来说,一要与时间相适应,即着装要与时代、季节、时间相适应;二要考虑地理位置、自然条件、民族风俗习惯;三要适合当时活动的性质、规模。

总之,衣着要考虑时间的变化,顺应自然,特别要注意季节不同、寒暑不同,服装随之变化,一般服装分为三类,即夏装、冬装、春秋装。另外,要注意日装与晚装的区别;要因地制宜,尊重对方、尊重环境,更要与场合协调,切合当时的或者庄重,或者随意,或者喜庆,或者悲哀的环境气氛。

(三)服装类别

不同的身份、不同的职业、不同的场合对着装的要求是不同的。要着装得体,就必须了解什么服装适合什么人、什么场合,什么场合、什么角色应穿什么服装。

1. 正式服装

(1)礼服。

礼服一般是在庆典或者非常隆重的场合穿着的,最具装饰效果的服装。在历史上,中外都很重视礼服,并有严格的穿着规定。在西方,礼服有晚礼服和午后礼服之分。晚礼服用于晚间宴会或交际会,在款式上没有固定的款式(如图3-10所示)。午后礼服适用于下午较正式的拜访、宴会、交际等场合,款式不固定。

(2)西装。

西装是目前国际上最为标准、最通用的礼服,在各种礼仪场合都广泛穿用。男士在所有的社交场合都可以身着西装。因此,经常出入社交场合的男士应准备一套穿着合体的西装(如图3-11所示)。

图3-10 礼服

图3-11 西装

现在,男士穿的西装无外乎是两大类:一类是平驳领、圆角下摆的单排扣西装;另一类是枪驳领、方角下摆的双排扣西装。在选择西装时,要充分考虑自己的身高和体型,力求合体。西装上装的肥瘦,应以内穿一件羊毛衫且有适当松度为宜;长度适中,袖长以至腕关节为宜。款式的选择应因人而异,中等身材且比较单薄的男士穿着单排扣西装,会显得俊逸、挺拔;身材高大的男士穿着双排扣西装则显得雄健端庄。

(3)工作服(职业装)。

工作服(职业装)适合于不同的职业性质及工作环境,穿着工作服(职业装)便于活动、整齐划一、振奋人心、增强职业责任感。其款式应根据职业特性而定(如图3-12所示)。

图 3-12　工作服(职业装)

2. 便装

(1)家常便装。

家常便装可以分为两类:即晨衣、睡衣是早晚穿着的家庭装;时装(街市服)则是流行款式多样的日常穿着类服装。

(2)运动装。

顾名思义,运动装就是运动时穿着的服装。根据不同的运动项目,运动装的质地和款式各不相同,其最大的特点是适应运动的要求。

(3)休闲装。

休闲装适合日常生活、活动、旅游、观览等场合。休闲装的款式多样,色彩丰富,以穿着舒适、美观、实用和反映个性为主要标准。

三、男士西装礼仪

西装是一种国际性的服装,要想穿着得体,穿出风度,就必须具有一定的着装知识。不按规矩穿着,自以为是,往往会贻笑大方。在目前的国际商务活动中,不管是出席具有庆典性质的活动,还是日常的商务工作,西装是男士最佳的着装选择。因此,在男士的着装实务中,主要讲解西装的着装实务。

(一)西装的演变

17世纪后半叶的路易十四时代,衣长及膝的外衣"究斯特科尔"和比其略短的"贝斯特",以及紧身合体的半截裤"克尤罗特"一起登上男装的历史舞台,构成现代三件套西服的组成形式和许多穿着习惯;"究斯特科尔"的前门襟扣子一般不扣,要扣一般只扣腰围线以下的几粒——这就是单排西装两粒扣子只扣上面一粒的穿着习惯的由来。

19世纪,欧洲出现的"拉翁基套装"可视为成形的西服。

20世纪初,欧洲的西服已经被标准化,穿法也有了明确的规范,成为活跃于政坛和经济领域的男士们的"制服"。西服衣身合体,腰部收紧,两侧兜盖很大,前摆下角弧度大,裤脚卷起。

20世纪60年代以后,西服一直处于稳定状态,基本形式有三件套和两件套两种,已成为全世界的男士最正规的服装。

(二)西装的分类

1. 按款式来划分

西装有多种款式。男士西装的款式一般可以分为欧式、美式和英式三大流派。其中,欧式又有意式(意大利式)和法式(法国式)等小的流派。

(1) 欧式西装。

欧式西装即欧洲型西装,面料厚,剪裁贴身,腰身中等,胸部收紧突出,袖笼和垫肩较高,领型狭长,注重外形,多为双排扣。

(2) 美式西装。

美式西装即美国型西装,使用的面料薄、有弹性,造型自然,腰部稍微收缩,胸部不过分收紧,垫肩适度,领型宽度适中,一般多为单排扣。

(3) 英式西装。

英式西装即英国型西装,其轮廓与欧式西装相似,但垫肩较薄,穿上别有特色,绅士派头十足。

2. 按西装的件数来划分

(1) 套装西装。

套装西装即上衣与裤子成套,其面料、色彩、款式一致,风格相互呼应。通常,套装西服有两件套与三件套之分。两件套西装包括一衣和一裤,三件套西装则包括一衣、一裤和一件背心。按照人们的传统看法,三件套西装比两件套西装显得更正规一些,一般参加高层次的对外活动时就可以这么穿。

(2) 单件西装。

单件西装一般属于休闲西装,其仅有一件西装上衣。

3. 按西装的纽扣来划分

(1) 单排扣西装。

单排扣的西装上衣,最常见的有一粒纽扣、两粒纽扣和三粒纽扣三种。一粒纽扣、三粒纽扣单排扣西装上衣穿起来比较时髦,而两粒纽扣的单排扣西装上衣则显得更为正规一些。男士常穿的单排扣西服款式以两粒扣、平驳领、高驳头、圆角下摆款为主。

(2) 双排扣西装。

双排扣的西装上衣,最常见的有两粒纽扣、四粒纽扣和六粒纽扣等三种。两粒纽扣、六粒纽扣的双排扣西装上衣属于流行的款式,而四粒纽扣的双排扣西装上衣则明显具有传统风格。男士常穿的双排扣西装是六粒扣、枪驳领、方角下摆款。

需要注意的是,单排扣两粒西装和双排扣四粒西装最为正规,较多地用于隆重、正式的场合。

4. 按适用场合不同来划分

(1) 礼服。

礼服又可以分为常礼服(又叫晨礼服,白天、日常穿)、小礼服(又叫晚礼服,晚间穿)和燕尾服。礼服要求布料必须是毛料、纯黑,穿着者下身需配黑皮鞋、黑袜子、白衬衣、黑领结。

(2) 便服。

便服分为便装和正装。人们一般穿的都是正装。正装一般是深颜色、毛料(含毛在70%以上),穿着者的上下身必须是同色、同料、做工良好。便装即一件与裤子不配套的西装上衣,仅适用于非正式场合。

(三) 西装着装要件

1. 衬衫

与西装配套的衬衫应为正装衬衫。一般来讲,正装衬衫应具有以下特征。

(1) 面料。

正装衬衫应为高织精纺的纯棉、纯毛面料,或以棉、毛为主要成分的混纺衬衫。条绒布、水洗布、化纤布、真丝、纯麻皆不宜作为衬衫的面料。

(2) 颜色。

正装衬衫的颜色必须为单一色,白色为首选,蓝色、灰色、棕色、黑色亦可;杂色、过于艳丽的颜色(如红、粉、紫、绿、黄、橙等色)有失庄重,不宜选。

(3) 图案。

正装衬衫以无图案为最佳,有较细竖条纹的衬衫有时候在商务交往中也可以选择。

(4) 领型。

正装衬衫以方领为宜,扣领、立领、翼领、异色领不宜选。衬衫的质地有软质和硬质之分,穿西装要配硬质衬衫。尤其是衬衫的领头要硬实挺括,要干净,不能太软或脏污,否则最好的西装也会被糟蹋。

(5) 衣袖。

搭配正装西装应当穿着长袖衬衫,通常意义上讲长袖为正装衬衫,而短袖衬衫有休闲的意味。

(6) 穿法讲究。

① 衣扣。

正装衬衫的第一粒纽扣在穿西装打领带时一定要系好,否则松松垮垮,给人极不正规的感觉。相反,不打领带时,一定要解开,否则给人感觉好像忘记了打领带似的。再有,打领带时衬衫袖口的扣子一定要系好,而且绝对不能把袖口挽起来。

② 袖长。

正式衬衫的袖口一般以露出西装袖口以外1.5厘米为宜。这样既美观又干净,但要注意衬衫袖口不要露出太长,那样就是过犹不及了。

③ 下摆。

衬衫的下摆不能过长,而且下摆要塞到裤子里。我们经常见到某些服务行业的女员工,穿着统一的制式衬衫,系着领结,衬衫的下摆却没有塞到裤(裙)中去,给人一种很不正规的感觉。

需要注意的是,不穿西装外套只穿衬衫打领带仅限室内,而且在正式场合是不允许的。

2. 领带

领带是男士在正式场合的必备服装配件之一,它是西装的重要装饰品,对西装起着画龙点睛的重要作用。所以,领带通常被称作"男子服饰的灵魂"。

(1) 面料。

领带的质地一般以真丝、纯毛为宜,档次稍低点就是尼龙的了,绝不能选择棉、麻、绒、皮革等质地的领带。

(2) 颜色。

一般来说,服务人员(尤其是酒店从业者)应选用与自己的制服颜色相称、光泽柔和、典雅朴素的领带为宜。不要选用那些过于显眼花哨的领带。所以,领带的颜色一般选择单色(蓝色、灰色、棕色、黑色、紫色等较为理想),多色的则不应多于3种颜色,而且尽量不要选择浅色、艳色。

(3) 图案。

领带图案的选择要坚持庄重、典雅、保守的基本原则,一般为单色无图案,宜选择蓝色、灰色、咖啡色或紫色,或者选择点子或条纹等几何图案。

(4) 款式。

简易款式的领带,如"一拉得"领带、"一挂得"领带,均不适合在正式的商务活动中使用。

(5) 质量。

领带应外形美观、平整、无挑丝、无疵点、无线头,衬里毛料不变形、悬垂挺括、较为厚重。

(6) 打法讲究。

① 注意场合:打领带有其适用的特定的场合。因为打领带便意味着郑重其事,因此,在上班、办公、开会或走访等执行公务的场合,以打领带为好。在参加宴会、舞会、音乐会时,为了表示对主人的尊重,也可以打领带。在休闲场合,通常是不必打领带的。

② 要注意与领带配套的服装:西装套装非打不可,夹克等则不能打。

③ 注意性别:领带为男性专用饰物,女性一般不用,除非穿着制服和做装饰用。

④ 长度:领带的长度以自然下垂最下端(即大箭头)及皮带扣处为宜,过长过短都不合适。领带系好后,一般是两端自然下垂,宽的一片应略长于窄的一片,绝不能相反,也不能长出太多,若穿西装背心,则领带尖不要露出背心。

⑤ 结法:领带打得漂亮与否,关键在于领带结打得如何。打领带结的基本要求是,要令其挺括、端正,并且在外观上呈倒三角形。领带结的具体大小,最好与衬衫衣领的大小形成正比。要想使其稍有变化,则可以在它的下面压出一处小窝或一道小沟来,这是当今流行的领带结法之一。打领带时,最忌讳领带结不端不正、松松垮垮。在正式场合露面时,务必要提前收紧领带结,千万不要为了使自己感到舒服,而将其与衬衫的衣领"拉开距离"。

(四) 西装穿着礼仪

西装是一种国际性的服装,是男士的正装,是正式场合着装的优先选择。一套合体的西装,可以使人显得潇洒、精神、风度翩翩。因此,以下的西装要领需要商务人员熟悉和把握。

1. 拆除服装商标

一般西服商标缝在西服袖口外侧显眼处,标示西服的品牌,同时表明该西服尚未出售。因此,在正式穿着西装时一定要注意将商标拆除。不拆除商标可能会让别人误会穿着未出售的衣服或有炫耀服装品牌之嫌。

2. 长短肥瘦合体

西装的衣领应紧贴衬衫领并且低于衬衫领1.2厘米。上衣身长应与手的虎口相平,袖长和手腕相平。衬衫的袖口略长于西装袖口1~2厘米。胸围以穿一件羊毛衫感到松紧适中为宜。上衣下摆与地面平行。裤长以裤腿边口前盖脚面、后不擦地为准。

3. 整洁平整

西服、衬衫和领带均应干净整洁、熨烫平整、挺括无褶皱,尤其是衬衫的袖口、领口应无污渍,裤子要熨烫出裤线。

袖口、裤边不卷不挽,尽量保持西装的原样。在正式场合,衬衫的下摆必须塞进西裤里,袖口必须扣上。

4. 正式场合穿着西装必须系领带

衬衫领扣要扣好,领带结要系在领扣上。领带的长度以系好后自然下垂最下端(大箭头)垂直到皮带扣处为佳(特别注意大箭头不要过长,更不能小箭头长于大箭头)。领带夹一般夹在第4个和第5个纽扣之间。若穿羊毛衫、毛背心等,则领带必须置于毛背心或羊毛衫之内。非正式场合穿西装不系领带时,衬衫领扣要解开。

领带的四种常见打法如图3-13、图3-14、图3-15和图3-16所示。

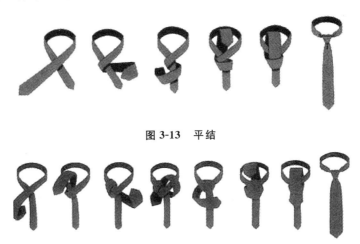

图3-13 平结

图3-14 温莎结

图 3-15　双环结

图 3-16　交叉结

5. 西装纽扣的扣法有讲究

一般来说，穿单排扣西装时，两粒扣子则只系上边一粒，也可以都不系；穿三粒扣子的西装时，可以系上边两个或只系中间一粒（如图 3-17 所示）；而双排扣式上衣的纽扣必须一律都系上。只有在坐下时，可以将最下边的纽扣解开，以防服装"扭曲走样"。

图 3-17　西装纽扣的扣法

图 3-18　西装的口袋

西装马甲无论是单独穿还是同西装配套穿，都必须认真地扣上纽扣。

6. 西装的口袋，只起装饰作用，没有使用价值

西装上面的口袋不能插笔，只能放装饰手帕、襟花（如图 3-18 所示）。笔、钱夹、名片可以放在上衣内侧胸袋里，但切记不要放入过大、过厚的东西，下边的口袋和裤兜也不可以放东西，以免破坏西装的整体美，因此西装的口袋一般只放手帕。

7. 毛衫

穿西装讲究有"型",上衣内除了衬衣和马甲之外,最好不要穿其他的衣物。冬季寒冷时,只宜穿一件单色套头的"V"领薄羊毛衫或羊绒衫。这样既不妨碍系领带,又不显得臃肿花哨,切记不要穿开身羊毛衫和羊绒衫,显得里外扣子太多,更不可以同时穿多件毛衣、毛衫,这样显得既不整齐,又不雅观。

8. 鞋袜

穿西装一定要穿皮鞋,即便是夏天也应如此。不能穿旅游鞋、轻便鞋、布鞋、球鞋、凉鞋或拖鞋,否则会显得不伦不类。皮鞋要上油擦亮,不留灰尘、污迹。

鞋的颜色要同服装的颜色搭配,一般以深色(如黑色、深棕色、深咖啡色)为佳。正规的皮鞋应是系带子的。一般而言,在国际商务活动中,黑色系带的西装皮鞋是一种比较理想的选择。这是因为黑色是一种最稳定的底色,给人以稳重和踏实感,而系鞋带可以调整皮鞋与脚之间的松紧度,使鞋更合脚,而且由于需要动手系,给人以勤奋、麻利之感。

工作场合、社交场合尤其是商务场合,穿着西装不可以光脚穿鞋,要穿袜子。男士袜子的颜色要深于鞋的颜色,穿浅色的或鲜艳颜色的袜子显得不够庄重,特别强调的是禁止穿白色的袜子,否则这样会显得很土气(白色的袜子适合穿运动鞋、旅游鞋)。

9. 大衣

大衣一般在大风和寒冷季节使用,目的是御风、御寒。在选择大衣时应注意款式要与西装协调,要有一定的挺括度,长度要长过西装上装。

四、职业女性着装礼仪

成功的职业女性应该懂得如何适宜地装扮自己。在重要会议和会谈、庄重的仪式以及正式宴会、面试等场合,女士着装应端庄得体。

(一)职业女性着装的原则

1. 端庄稳重

作为职业女性,服饰穿着首先要注意的是端庄稳重,尤其在工商界、金融界和学术界。打扮过于时髦的女性并不能给人留下好的印象。值得强调的是,目前在女装款式中,裙装被公认为是最合适的职业正装。所谓正装,是指在公务场合穿着,它的风格应该是庄重保守的。这是由公务的性质决定的,不论是在政府机关还是公司、企业,公务人员应该给人以稳重和大方的感觉。因而在公务场合,穿着不应该突出个性、突出性别、讲究时尚,不能太随便。除了特殊情况之外,职业女性在公共场合或在上班时穿此类裙装都非常合适。

2. 合理选择

衣着在交往中体现了一个人的职业、身份、地位以及修养等。正确的着装,是指在不同的场合要穿适宜的服装,既适合身份又适合场景。一般而言,服装分为两类:正式服装和休闲服装。休闲服装,是指在工作以外穿着的如夹克、T恤衫、牛仔裤、运动装、短裤、旅游鞋等,其特点是舒适自然、轻松活泼。公务场合不适合身着便装,以免给人一种不正式的感觉。

3. 打扮适度

在现代社交场合,职业女性的穿着打扮要适度,既不能过又不能不到位,以下问题需注意。

(1)过分时髦。

现代女性热衷于流行时装是很正常的现象,即使我们不去刻意追求,流行也左右着我们。流行的东西是因为它美而被人们接受,但这种美并不等于在所有的场合下都能收到如意的效果。如在公司里,人们的美主要体现在工作能力上,而非赶时髦的能力上。一个成功的职业女性对于流行的选择必须有正确的判断力,不能盲目地追求时髦。

(2)过分暴露。

着装不要过于暴露和透明,尺寸也不要过于短小和紧身,否则会给人以不稳重的感觉。内衣不能外露,更不能外穿。夏天的时候,许多职业女性不注意自己的身份,穿起颇为性感的服饰,这样女性的智慧和才能可能会被埋没,甚至还会被看成是不稳重的表现。因此,再热的天气职业女性也应注重自己仪表的整洁大方。

(3)过分潇洒。

最典型的例子就是一件随随便便的T恤或罩衫,配上一条泛白的"破"牛仔裤,丝毫不顾及办公室的原则和制度,这样的穿着可以说是非常不合适。

(4)过分可爱。

在服装市场上有许多可爱的款式,但这类服装不适合职业女性在工作中穿着,否则会给人留下不稳重的印象。

(二)职业女性着装注意事项

1. 上衣

职业女士在正式场合穿着套裙时,上衣的衣扣必须全部系上,不要将其部分或全部解开,更不要当着别人的面随便将上衣脱下,也不要将上衣披在身上或者搭在身上。

2. 裙子

裙子要穿得端端正正,上下对齐。选择裙子时需要考虑年龄、体型、气质和职业特点等。如年纪较大或较胖的女性可以穿一般款式的裙子,颜色可以略深些;肤色较深的人不适合穿蓝色、绿色或黑色的裙子;职业裙装以窄裙为主;年轻女性的裙子下摆可以在膝盖以上3～6厘米,中老年女性的裙子应在膝盖下3厘米左右;真皮或仿皮的西装套裙不宜在正式场合穿着等。

3. 衬衫

衬衫以单色为最佳选择。职业女性穿着衬衫还应该注意以下事项:衬衫的下摆应掖在裙腰之内而不是悬垂于外,也不要在腰间打结;衬衫的纽扣除了最上面一粒可以不系上,其他的纽扣均应系好;穿西装套裙时不要脱下上衣而直接外穿衬衫。衬衫应轻薄柔软,其色彩应与外套和谐,不应让内衣的轮廓从外面显露出来。

4. 鞋袜

俗话说:"鞋袜半身衣",就是说光有好看的衣着是不够的,还要配上合适的鞋袜。职业女士所穿的用以与套裙配套的鞋子,宜为皮鞋,并以黑色皮鞋为上品;和套裙色彩一致的皮鞋也可以选择。

职业女性所穿的袜子,可以是尼龙丝袜或羊毛袜。袜子的颜色上可以有肉色、黑色、浅灰色、浅棕色等几种常规选择,最好是单色透明近似肤色的,一般鲜红色、明黄色、艳绿色、浅紫色等的袜子最好别穿。另外,不要将健美裤、九分裤等裤装当成袜子来穿。鞋袜应当大小相配套、完好无损。另外,穿的时候不要随意乱穿,不能当众脱下,也不要同时穿两双袜子。

在工作、社交、商务等正式场合,职业女性忌穿带彩条、图案、镂空、网眼、珠饰、吊带、链扣的袜子,切记不要穿破损的袜子(最好在办公室或皮包内备好一两双袜子,以便随时更换)。冬天不要把棉毛裤套在袜子里,袜口不能露在裙摆外边(袜口和裙摆之间露出一段显得腿部极端不雅),袜子要大小适宜、袜口要紧,不要走几步掉下来或显得一高一低,更不要当众整理袜子。

国际上认为袜子是内衣的一部分,因此绝不可以露出袜边,女士裙装应配长筒丝袜或连裤袜。鞋袜的款式应以简单为主,颜色应与西装套裙相搭配。穿套裙的时候,职业女性应有意识地注意一下鞋子、袜子、裙子之间的颜色是否协调,鞋子、裙子的色彩必须深于或略同于袜子的色彩。袜筒的长度要高及小腿上部,切记不要穿袜口太短或松松垮垮的袜子,否则坐下来时稍不留意露出腿部皮肤,会显得有失礼貌。着套裙时也不能"三截腿"("三截腿"是指穿半截裙子,穿半截袜子,袜子与裙子中间露一段腿肚子,结果导致裙子一截、袜子一截、腿肚子一截)。

5. 化妆

通常穿着打扮,讲究的是着装、化妆和配饰风格统一、相辅相成。穿套裙时,职业女性必须维护好个人形象,所以不能不化妆,但也不能化浓妆。选配饰要少而精,合乎身份,不佩戴过度张扬的首饰。

6. 场合

职业女性在各种正式活动中,一般以穿着套裙为好,尤其是在涉外活动中。其他场合就没有必要一定穿着套裙。当职业女性出席宴会、舞会、音乐会时,可以选择和这类活动相协调的礼服或时装。这种高度放松的场合里如果还穿着套裙的话,会使职业女性和现场"格格不入",还有可能影响别人的情绪。外出观光旅游、逛街购物、健身锻炼时,穿着休闲装、运动装等便装是最合适的了。

7. 举止

套裙最能够体现女性柔美的曲线,这就要求职业女性举止优雅、注意个人的仪态等。

当穿上套裙后,职业女性要站得又稳又正,不可以双腿叉开,站得东倒西歪。就座以后务必注意姿态,不要双腿分开过大,或是翘起一条腿来抖动脚尖,更不可以用脚尖挑鞋直晃,甚至当众脱下鞋来。走路时不能大步地奔跑,而只能小步地走,步子要轻而稳。

综上所述,现代社交中职业女性不仅要选对衣服,更要穿着得体、搭配和谐,还要注意举止端庄优雅,只有这样才能真正体现出职场女性落落大方的优雅气质,给人留下好印象。

五、饰物佩戴礼仪

古语云:"君子不可以不饰,不饰无貌,无貌不敬,不敬无礼,无礼不立。"饰物也称佩饰,是指人们在着装的同时所选用、佩戴的装饰性物品。在社交场合,佩饰尤为引人注目,并发挥着一定的交际功能。一方面,佩饰是一种无声的语言,可借以表达使用者的知识、阅历、教养和审美品位;另一方面,佩饰是一种有意的暗示,可借以了解使用者的地位、身份、财富和婚恋现状。这两种功能,特别是第二种功能,是普通服装所难以替代的。

佩戴饰物要讲究规范,虽然不必完全遵从,但是在商务场合、社交场合,特别是涉外交往中不可不慎。这些场合如果佩戴饰物,应符合基本的礼仪。

(一)佩戴饰物的基本要求

1. 质地精良、一致

饰物分为时髦和保守两种。时髦的饰物款式多样,其设计比较时尚、流行,但是一般使用较普通的材料制作而成,因此价值低廉,没有什么保存价值。保守的饰物质地精良,一般是用贵重的稀有材料制作而成,做工细致但工艺较难,甚至价值连城,因此具有永久保存的价值。

在正式场合和社交场合,为了表示对交际活动的重视和对交际对象的尊敬,充分显示个人的气质品格,饰物的质地要选择精良、保守型,不要选择粗制滥造之物,也就是要求饰物的质地和做工俱佳。除此之外,还要注意饰物的质地应相同,要金就金,要银就银,不能各种质地的饰物混杂在一起。

2. 以少而精为佳

饰物对于服装来说处于从属地位,只起点缀的作用,不是多多益善,越华贵、越显眼越好,更不能有意炫耀自己的饰物,而是要本着少而精的原则,点到为止,恰到好处,这样才能画龙点睛。相反,全身披挂、珠光宝气,只能增添俗气。

3. 要与场合、身材、脸形、服装、身份相协调

佩戴饰物是有讲究的,不要盲目地跟着别人学,别人戴什么自己也戴什么,而是要同场合、身材、脸形、服装、身份相协调,以突出个性,显现出自己的气质特征;应该扬长避短,用饰物突出自己的优点,遮掩自己的缺点。

(1)饰物与场合。

在工作、运动或旅游时最好不戴或少戴饰物。只有在交际应酬时佩戴饰物才最合适。佩戴饰物要以适宜为佳。在日常生活、工作和交往时可以佩戴小型的饰物,不宜佩戴粗大型的耳坠、手镯、项链等。晚间佩戴的饰物要精巧细致,甚至要考究一点。白天佩戴的饰物应与服装、脸形、身份等相符。

(2)饰物与服装。

首先,要注意饰物与服装的色彩搭配协调。同色系搭配可以产生相辅相成的效果,对比色系搭配可以达到相得益彰的效果。其次,要注意饰物与服装的价值相匹配,注意档次协调。最后,饰物要同服装的款式相配。宽松式服装可以与粗犷、松散的饰物相搭配,紧身合体的服装则适合与精细小巧的饰物搭配。若上衣领口大可以配长项链,领口小可以配短项链;"V"字领,可以佩戴带挂件的项链;高领衫可以佩戴较长的珠宝项链。

(3)饰物与身材、脸形。

饰物与身材、脸形相协调是佩戴饰物要考虑的基本因素。胖圆形脸的人适合长耳环,忌大而圆的耳环;瘦长形脸的人适合大而宽的耳环,忌长而下垂的耳环。肤色深的人适用浅色耳环,肤色浅的人适用深色耳环。颈部细长者适用短项链,颈部短粗者适用长项链。总之,要符合"反其道而用之"的原则。

(4) 饰物与身份、性别。

职业女性不宜佩戴粗大型、怪异的饰物。由于商务场合以庄重、保守为佳,因此,最好佩戴耳钉,不要佩戴耳环、耳坠。另外,佩戴饰物时要注意性别差异,一般场合女士可以选择多种饰物,而男士最多只戴一枚结婚戒指。而且,场合越正规,男士佩戴的饰物应越少。

(二) 佩戴饰物的方法

1. 戒指

戒指一般戴在左手上,主要是因为右手进行劳作比较多,而左手相对较少。戒指戴在不同的手指上暗示的意义也不相同。通常,拇指不戴戒指;戴在食指上表示求爱、想结婚;戴在中指上,表示正在热恋中;戴在无名指上,表示已经订婚或已经结婚;戴在小指上,表示自己是独身者。一般一只手上只戴一枚戒指,戴两枚或两枚以上的戒指是不适宜的,容易造成意义混乱,使他人不知所措或产生误会。

2. 项链

项链是佩戴于颈部的环形首饰。男女均可以使用,但男士所佩戴的项链一般不宜外露。通常,所佩戴的项链不应多于一条,但可以将一条长项链绕成数圈来佩戴。

项链的粗细应与脖子的粗细成正比。从长度上区分,项链可以分为四种。第一种,短项链,约长40厘米,适合搭配低领上装。第二种,中长项链,约长50厘米,可以广泛使用。第三种,长项链,长60厘米,适合女士使用于所有的社交场合佩戴。第四种,特长项链,约长70厘米,适合女士用于隆重的社交场合佩戴。

3. 耳饰

耳饰具体又可以分为耳环、耳链、耳钉、耳坠等。在一般情况下,它仅为女性所用,并且讲究成对使用,即每只耳朵上均佩戴一只。不宜在一只耳朵上同时佩戴多只耳环。在国外,男子也有佩戴耳饰的,但习惯做法是左耳上佩戴一只,右耳不佩戴。

4. 手镯

手镯即佩戴于手腕上的环状饰物。佩戴手镯,所强调的是手腕与手臂的美丽,因此应慎重佩戴。男人一般不佩戴手镯。手镯可以只佩戴一只,也可以同时戴上两只。佩戴一只手镯时,通常应戴于左手。佩戴两只手镯时,可以一只手戴一个,也可以都戴在左手上。同时佩戴三只及三只以上手镯的情况则比较罕见。

5. 手链

与手镯不同的是,男女均可以佩戴手链,手链应仅佩戴一条,并应戴在左手上。在一只手上佩戴多条手链,双手同时佩戴手链,手链与手镯同时佩戴,一般是不允许的。在一些国家,所佩戴手镯、手链的数量、位置可用以表示结婚与否。手链与手镯均不应与手表同时佩戴于一只手上。

6. 脚链

脚链多为年轻女性所喜爱,主要适用于非正式场合。佩戴脚链一般只戴一条,戴在哪一只脚上都可以。若佩戴脚链时穿丝袜,则应将脚链戴在袜子外面,以便使其更为醒目。

7. 胸针

胸针即别在胸前的饰物,多为女士所用。别胸针的部位多有讲究。穿西装时,应别在左侧领上。穿无领上衣时,则应别在左侧胸前。发型偏左时,胸针应当居右;发型偏右时,胸针应当偏左。穿西装时,胸针的高度应在从上往下数的第一粒、第二粒纽扣之间。

8. 西装配饰

(1) 皮带。

男士皮带有工作时使用和休闲时使用的两种。与西装比较匹配的腰带是带有钢质皮带头的西装皮带。皮带的宽窄要合适,要比较光滑、平整,无明显的图案、花纹。一般来说,皮带的颜色应与鞋子的颜色要统一。皮带结系的最好位置应该是肚脐和髋关节顶部之间的部位。

(2) 皮包。

由于西装口袋不适宜放东西,所以,在商务场合男士应携带一只公文包,将文件、钱夹、名片、手机、笔、本、手表、打火机、钥匙、眼镜等放入包中。公文包以深褐色、棕色皮革制品为上品,切不可随意用布包、塑料口袋等代替。公文包的颜色最好与皮鞋、皮带的颜色相统一。

(3) 手帕。

手帕有两种。一种是随身携带用来擦汗、擦手的。这样的手帕至少备有两块,要每天清洗、熨烫平整,不能使用不洁的、皱巴巴的手帕(目前,开始用纸巾进行代替)。另一种是装饰手帕,折叠成形置于上衣胸前的口袋。手帕要配合领带、衬衫的颜色变化而变化,以增添男士的气质风度(只有装饰作用,没有使用价值)。

(4) 眼镜。

选择眼镜除了根据视力情况之外,还要考虑佩戴者的脸形。需要注意的是,室内或室外正式场合不要戴墨镜,如果患有眼病而不得为之时,应向对方说明。戴墨镜时,墨镜片上不要贴有商标。

(5) 手表。

与西装相配的表主要分为怀表和西装表两种。怀表的使用越来越少,而西装表却越来越多。西装表与运动表、休闲表的最大不同是款式更趋于简约,表面基本没有复杂的图案,颜色比较保守,时钟标示清楚,表身比较平薄,表带的颜色应与其他饰品的颜色相统一。在商务场合和社交场合最好佩戴机械表,不要佩戴潜水表、太空表或卡通表。

(6) 手机。

手机要放在皮包里,不能挂在腰间或放在上衣口袋里。

综上所述,佩戴饰物要点到为止,恰到好处,扬长避短,显优藏拙,突出个性,不能盲目模仿、赶时髦,真正让饰物起到锦上添花的作用。

阅读案例3-4

着装与场合①

2002年,著名表演艺术家程冰如在香港遭遇了着装带给他的窘境。那次境遇让程冰如改变了一成不变的老观念,意识到穿衣服确实不能忽视场合。当时,正在香港的某影星获悉程冰如也到了香港,邀请他出席胞兄的画展,并嘱咐他一定要帮忙"捧场"。程冰如到展厅的时间不早不晚,展厅里的人熙熙攘攘,程冰如深深地感到人们的装束无不异常得体,而自己的一身打扮实在有失体面。

程冰如回忆起当时的情景还感慨不已:"我身边的几位老总穿得都很到位,精致的西装,风度翩翩,头发抹得光亮整齐,整齐的能看得出梳子在头发上划过的一绺绺痕迹。我呢,尽管西服料子不错,也合体,只是在香港穿了一个星期没离身,裤线早没了,上衣的兜盖不知怎么的反了方向,兜口老是张着,领带呢,恰巧又忘了戴。"最糟糕的地方是头和脚。头发乱,因为他从来不抹头油,习惯于早上起床后用梳子随便梳两下就算了。"当时,根根头发都各自为政的在头上横躺竖卧,尤其是脑后'旋儿'旁边的那一绺,高高的蠢着,不照镜子都能'心知肚明'。脚下一双皮鞋更显得寒酸,因为我穿着它已经走了整整一个星期。所以,皮鞋不亮不说,整个都走了形。"

程冰如说他感到了一种不自在,一种被环境隔离开来的不自在。从那以后,

---

① 王文华. 公共关系与商务礼仪[M]. 北京:中国物资出版社,2010,有改动.

程冰如非常注意在不同的时间、不同的场合、不同的环境的服饰穿着和饰物的搭配,使得自己的形象更完美。

六、仪态礼仪

仪态,是指人在行为中表现出来的姿势,主要包括站姿、坐姿、步态等。"站如松,坐如钟,走如风,卧如弓"是中国传统礼仪的要求,而在当今社会中已被赋予了更丰富的含义。仪态能在很大程度上反映一个人的素质、受教育的程度及能够被别人信任的程度。在社会交往中,一个人的行为既体现了他的道德修养、文化水平,又能表现出他与别人交往是否有诚意,更关系一个人形象的塑造,甚至会影响国家、民族的形象。随着对外交往的深入,我们每个人不仅要学会用兼收并蓄的宽容之心去读懂对方的姿态,更要学会通过完善自我的姿态去表达自己想要表达的内容。

(一)表情

表情是内心情感在面部的表现,由人的神经支配。在人际交往中,表情是人们相互交流的重要辅助手段之一。表情传达的感情信息比语言等都要来的巧妙。表情的变化,意味着思想感情的变化。丰富的表情可以表现出快乐、悲伤、愤怒、恐惧、忧郁、焦虑、期待等种种情绪,虽然无声,却可以让人心领神会。表情像是一面映象逼真的镜子,可以真实地反映出人们各自真实的内心世界。

在人际交往中,作为无声语言的表情,不仅引人关注,而且在信息、思想、情感的相互交流中,它的重要程度与仪容、仪态、服饰一样,甚至有时比语言的作用还重要。因此,有人将表情称为人类的第一语言。有的心理学家和行为学家通过研究还发现了一个令人警醒的"信息传递公式",即:信息传递(100%)=表情(55%)+语气(38%)+语言(7%)。这提醒商务人员在人际交往中,要是一边说"欢迎",一边面沉似水,或一边与张三握手,一边去看李四,必定会妨碍人际交往的效果。

不仅如此,表情在一定程度上具有跨民族、跨地区、跨文化的性质。商务人员在人际交往中所应用的表情语言异常丰富,一般来说,认真的眼神和真诚的微笑是商务人员的基本表情。

1. 眼神

在商务交往中,眼神可以表达语言无法表达的含义,恰当地运用眼神可以帮助商务人员提升个人形象,有利于商务交往以及普通的人际交往。

(1)眼神的种类。

眼神主要可以分为两种:一种是看向对方面部的上三角部位,这适合在公务活动中使用;另一种是看向对方面部的下三角部位,这适合在社交场合使用。上三角部位,是指以双眼为下限,以前额为上限。如果看向这个部位会显得严肃认真、诚意十足,很容易掌握谈话的主动权和控制权。下三角部位,是指以双眼为上限,以嘴为下限。如果看向这个部位会显得和蔼可亲,容易使交往对象产生信任感并愿意接近,可以营造良好的社交气氛。

(2) 眼神的许可范围。

当商务人员与交往对象初次相识或者不是很熟悉时,特别是面对异性时,应使自己的眼神完全在许可的范围之内,否则会很失礼。眼神的最大许可范围是以额头为上限,以对方上衣的第二颗纽扣为下限,左右以两肩为限,表示对对方的关注。

(3) 眼神的恰当运用。

商务人员在谈话时,眼神要注视讲话者,注视时间大致是谈话时间的30%～60%;与对方初次见面或刚刚结识时,可以注视对方的时间久一点以示尊重。商务人员要用积极的态度和温和的语气与对方谈话。当对方讲话时,商务人员要认真倾听,注意对方的神情,不能东张西望,经常看表或看天色。商务人员的眼睛看向对方时,转动速度不能太快或太慢,太快给人不庄重的感觉,太慢则给人麻木的感觉。当讲话者停顿并将眼睛看向对方时,则表明可以打断他;当讲话者缄默不语或说错话时,要将眼神转移,否则会令其感觉很尴尬。

在社交场合遇到陌生人时,不要直盯着或者上下打量对方。在比较拥挤的场合不得不与对方直视时,可以使眼神显出茫然、若有所思的样子。恰当地运用眼神还应区分注视对象:如果对方是长辈,眼睛应略微向下,以示恭敬;如果对方是晚辈,眼睛应略微向上,以示关爱;如果对方是平辈,眼睛应平视,以示热情。

2. 微笑

面部表情是商务交往中的一种信息表达形式,是由外部环境和内心机制的双重作用而引起的面部变化,包括面部的颜色、肌肉的收缩与舒展,以及纹路的变化,从而表情达意、感染他人。人的面部表情主要是由眼睛、眉毛和嘴的变化所改变的,主要有直线条、硬线条、曲线条三种类型(如图3-19所示)。直线条,是指眼睛、眉毛和嘴的线条是平行的直线,给人以安静、庄重的感觉。硬线条,是指眼睛、眉毛和嘴的线条是僵硬的直线,给人以生气、愤怒的感觉。曲线条,是指眼睛、眉毛和嘴的线条是圆滑的曲线,给人以和蔼可亲的感觉,即常说的微笑,这种表情温馨、亲切、优美,是商务人员最佳的面部表情。直线条和硬线条由于比较生硬,不易让人接近,所以不应被商务人员采用。

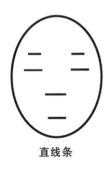  

直线条　　　　　　　硬线条　　　　　　　曲线条

图3-19　面部表情的类型

在商务交往的过程中,商务人员应该力戒憨笑、傻笑等不成熟的笑容,冷笑、苦笑等不诚恳的笑容,大笑、狂笑等不稳重的笑容,取而代之的应该是充满柔和、文雅的微笑。微笑可以表现一个人的修养,是人际交往的"润滑剂"。

亲切、温馨的微笑能让不同文化、不同国度的人迅速缩短彼此的心理距离,创造一个良好的沟通氛围。在社交场合中,商务人员应讲究严肃与庄重,微笑但不能出声。

 阅读案例 3-5

微笑之都[①]

美国有一个城市被称为"微笑之都",它就是爱达荷州的波卡特洛市。该市通过一项法令,该法令规定全体市民不得愁眉苦脸或拉长面孔,否则违者将被送到"欢容遣送站"去学习微笑,直到学会微笑为止。波卡特洛市每年都举办一次"微笑节",可以想象,"微笑之都"的市民的微笑绝不比著名画家达·芬奇的杰作《蒙娜丽莎》的微笑逊色。

世界著名的希尔顿饭店的总经理希尔顿,每当遇到员工时,他都要询问这样一句话,"你今天对顾客微笑了没有?"他指出,"饭店里第一流的设备重要,而第一流服务员的微笑更重要,如果缺少服务员的美好微笑,好比花园里失去了春日的太阳和春风。假如我是顾客,我宁愿住进虽然地毯破旧,却处处可以见到微笑的饭店,而不愿走进只有一流设备而不见微笑的地方。"正是因为希尔顿深谙微笑的魅力,才使希尔顿饭店誉满全球。

(二)站姿

站立是人们在日常交往中一种最基本的举止。站立时不仅要挺拔,还要优

---

① 张丽娟. 现代社交礼仪[M]. 北京:清华大学出版社,2009,有改动.

雅。而站姿则是优美举止的基础。

1. 站姿的基本要领

(1) 头正,双目平视,嘴唇微闭,下颌微收,面部平和自然。

(2) 双肩放松,稍向下沉,身体有向上的感觉,呼吸自然。

(3) 躯干挺直,收腹,挺胸,立腰。

(4) 双臂放松,自然下垂于体侧,手指自然弯曲。

(5) 双腿并拢立直,双膝、两脚脚跟靠紧,脚尖分开呈60°,身体重心放在两脚中间。

以上为标准站姿,在此基础上还可以有所调整,以下介绍适用于不同场合的几种站姿。

2. 几种不同的站姿

(1) 正式场合。

① 肃立。

身体直立,双手置于身体两侧,双腿自然并拢,脚跟靠紧,脚掌分开呈"V"字形。

② 直立。

身体直立,双臂下垂置于腹部。女性将右手搭握在左手四指,左手四指前后不要露出,两脚可以平行靠紧,也可以前后略微错开;男性左手握住右手手腕,贴住臀部,两脚平行站立,略窄于肩宽。直立的站法比肃立显得亲切随和些。

几种常见的站姿如图3-20所示。

图3-20 正确的站姿

(2) 非正式场合。

① 车上的站姿。

在晃动的车(或其他交通工具)上,可以将双脚略分开,以求保持平衡,但开合度不要超过肩宽;重心放在全脚掌,膝部不要弯曲,稍向后挺,即使低头看书,也不要弯腰驼背。

② 等人或与人交谈的站姿。

等人或与人交谈时可以采取一种比较轻松的姿势。脚或前后交叉,或左右开立,肩、臂不要用力,尽量放松,可以自由摆放,头部须自然直视前方,使脊背能够挺直。采用此姿势,重心不要频繁转移,否则会给人以不安稳的感觉。

③ 接待员式站姿。

脚形呈"O"形的人,即使脚后跟靠在一起,膝部也无法合拢,因此,可以采用此种站姿。右脚跟靠于左脚中部,使膝部重叠,这样可以使腿看来较为修长。拍照或短时间站立谈话时,都可以采用此种站姿。

3. 站姿注意事项

站立时,竖看要有直立感,即以鼻子为中线的人体应大体成直线;横看要有开阔感,即肢体及身段应给人舒展的感觉;侧看要有垂直感,即从耳至脚踝骨应大体成直线。男女的站姿亦应形成不同的风格。男子的站姿应刚毅洒脱、挺拔向上;女子的站姿应庄重大方、秀雅优美。

站立时,切忌东倒西歪、耸肩驼背、左摇右晃,两脚间距过大。站立交谈时,身体不要倚门、靠墙、靠柱,双手可以随说话的内容做一些手势,但不能动作太多、幅度太大,以免显得粗鲁。在正式场合站立时,不要将手插入裤袋或交叉在胸前,更不能下意识地做小动作,如摆弄衣角、咬手指甲等,这样做不仅显得拘谨,而且给人一种缺乏自信、缺乏经验的感觉。良好的站姿应该有挺、直、高的感觉,真正像松树一样舒展、挺拔、俊秀。

(三)坐姿

在生活、工作、学习、娱乐、交往中离不开坐姿,坐姿是静态造型,端庄优美的坐姿给人文雅、稳重、自然、大方的美感。

1. 正确坐姿的基本要领

正确的坐姿应上体直挺,勿弯腰驼背,也不能前贴桌边后靠椅背,上身与桌、椅均应保持一拳左右的距离;双膝并拢,不能两腿分开;双脚自然垂地,不要交叉地伸在前,或一前一后,甚至呈"内八字"形。女士的双手应掌心向下相叠或两手相握,放于身体的一边或膝盖之上;头部、颌部、颈部保持站立时的样子不变。坐着谈话时,上身与两腿应该同时转向对方,双目正视说话者。

总体来说,男女的坐姿大体相同,只是在细节上存在一些差别。如女子就座时,双腿并拢,以斜放一侧为宜,双脚可稍有前后之差,换言之,若两腿斜向左方,则右脚放在左脚之后;若两腿斜向右方,则左脚放置右脚之后。这样人从正面看来双脚交成一点,可以延长腿的长度,也显得颇为优雅。男子就座时,双脚可以平踏于地,双膝亦可略微分开,双手可以分置在左右膝盖之上(如图 3-21 所示)。

图 3-21　正确的坐姿

2. 入座礼仪

(1) 入座顺序。

多人一起就座时,入座顺序应遵循以下原则。

① 要让客人、长辈、领导先入座。

② 女士优先入座。

(2) 讲究方法。

① 入座后要坐满椅子的 2/3 并轻靠椅背。

② 任何时候入座、离座,要养成左进、左出的习惯。

③ 要把舒适宽敞的座位让给受尊敬的人。

(3) 姿态得体。

① 入座时要先整理服装,尤其是女士在入座前,要从腰间部位往下进行整理,将裙装稍向前拢。

② 动作幅度不要太大,不低头,不大哈腰。

③ 女士入座后,将双腿夹紧,任何时候双膝不能打开。

④ 侧身与他人交谈时,应尽量把上身侧向对方。

 阅读案例 3-6

仪态的力量[①]

报纸上曾刊登过这样一篇文章,叫《以"礼"服人》,是说一位中考失利的同学上了职业高中,心情一度很苦闷。在一次礼仪课上,老师给大家提出了礼仪要求:入座轻稳莫含胸,腿脚姿势须庄重。双手摆放要自然,安详庄重坐如钟。她勉强照着做了,但奇迹也随之产生了。"当我挺起胸膛,世界仿佛变大了;当我庄重地

---

① 赵永生. 大学生礼仪[M]. 北京:冶金工业出版社,2008,有改动。

举手投足,自己仿佛变得重要了;当我端庄安详地挺身而坐,即使在父母面前,也仿佛每句话都掷地有声。一种从没有过的独立感、尊重感油然而生。我在坐、立、走之间,清晰地感悟到了自己的存在。在此后的日子,我知道自己该做什么。尊严,要靠实力。""新学年开学,师生们写在脸上的庄严与亲切感染了我。要允许别人以貌取人,因为在初次见面开口之前,你只能靠仪表展示自己。这也许正是礼仪教育的真谛"。

仪态属于人的行为美学范畴。它既依赖于人的内在气质的支撑,同时又取决于个人是否接受过规范和严格的体态训练。

(四)走姿

正确的走姿,能体现一种动态美和一个人的风度以及韵味,更能显示出一个人的活力与魅力。每个人都是一个流动的造型体,优雅、稳健、敏捷的走姿,会给人以美的感受,产生感染力,反映出积极向上的精神状态。

1. 走姿规范

正确的走姿应从容、平稳、成直线。因此,良好的走姿应当身体直立、收腹直腰、两眼平视前方,双臂放松在身体两侧自然摆动,脚尖微向外或向正前方伸出,跨步均匀,两脚之间相距约一只脚到一只半脚,步伐稳健,步履自然,要有节奏感。起步时,身体微向前倾,身体的重心落于前脚掌,行走中身体的重心要随着移动的脚步不断向前过渡,而不要让重心停留在后脚,并注意在前脚着地和后脚离地时伸直膝部(如图3-22所示)。

图3-22 正确的走姿

除了上述要求之外,还要注意男女步态风格有别。男步稍大,步伐应矫健、有力、潇洒、豪迈,展示阳刚之美。女步略小,步伐应轻捷、蕴蓄、娴雅、飘逸,体现阴柔之美。

2. 不同场合的走姿

(1)参加喜庆活动,步态应轻盈、欢快,有跳跃感,以反映喜悦的心情。

（2）参加吊丧活动，步态要缓慢、沉重，有忧伤感，以反映悲哀的情绪。

（3）参观展览、探望病人，因环境安谧，不宜出声响，脚步应轻柔。

（4）进入办公场所，登门拜访，在室内这种特殊场所，脚步应轻而稳。

（5）走入会场、走向话筒、迎向宾客，步伐要稳健、大方、充满热情。

（6）举行婚礼、迎接外宾等重大正式场合，脚步要稳健，节奏稍缓。

（7）办事联络，往来与各部门之间，步伐要快捷又稳重，以体现办事者的效率、干练。

（8）陪同来宾参观，要照顾来宾的行走速度，并善于引路。

3. 不正确的走姿

在公共场合，商务人员应该注意避免以下不雅的走姿，以正确的走姿示人。

（1）走路时身体前俯、后仰，或两脚尖同时向内侧或外侧，形成"内八字"或"外八字"，或者双脚距离过大，步子太大或太小，会给人一种不雅观的感觉。

（2）双手反背于背后，给人以傲慢、呆板之感；身体乱晃乱摆，给人以不庄重之感。

（3）步伐过大，频率过高，双手或单手插兜。

4. 行进礼仪

（1）行进中要做到不吃东西，不吸烟。靠右行走，遵循"以右为上"的原则，注意礼让。

（2）引导人员应走在宾客、领导、长者的左侧前方，以便指引。

（3）上下楼梯时，单行行进，最多不超过两个人；若为别人引路，上楼梯时，引导人员走在客人、领导、长者、女士的后面；下楼梯时，引导人员走在客人、领导、长者、女士的前面。

（4）进出电梯时，不相识的人同时乘坐电梯，遵循先来后到、女士优先的原则。若引导客人、领导、长者乘坐电梯，有电梯操作员时，引导人员要主动后进后出；没有电梯操作员时，引导人员要先进后出（便于控制电梯）。

（五）蹲姿

欧美国家的人认为"蹲"这个动作是不雅观的，所以只有在非常必要的时候才蹲下来做某件事情。在日常生活中，蹲下捡东西或者系鞋带时一定要注意自己的姿态，尽量做到迅速、美观、大方。

1. 正确的蹲姿

首先以正确的站姿站好，上体保持直立，目视前方，弯下膝盖，膝盖并拢，臀部向下，双手放于双膝之上或自然垂于体侧。若用右手捡东西，可以先走到东西的左边,右脚向后退半步后再蹲下来。脊背保持挺直,臀部一定要蹲下来,以避免弯腰翘臀的姿势(如图3-22所示)。男士两腿间可以留有适当的缝隙,女士则要两腿并紧,穿旗袍或短裙时需更加留意,以免尴尬。

图3-23　正确的蹲姿

2. 不正确的蹲姿

在公共场合中,商务人员应该注意避免以下不雅的蹲姿,以正确的蹲姿示人。

(1) 当东西掉在地上时,双腿直立,弯腰翘臀去拾物。

(2) 下蹲时膝盖分开。

(六) 上下轿车的姿态

在正常情况下,上车时应扶着车门,把身体放低,臀部先进入车内坐稳,然后将头和身体进入车内,最后将脚收回车厢,身体坐正,面向前方,双膝双脚并拢。下车时应先将外侧的腿移出车门,着地站稳后,臀部离座外移,同时移动另一条腿,双脚着地。若女士穿短裙上车时,应首先背对车门,坐下之后再慢慢地将并拢的双腿一齐收入,然后再转向前方;下车时,应首先转向车门,将并拢的双腿移出车门,双脚着地后,再缓缓地移出身子。

(七) 手势

手势是人们利用手来表示各种含义时所使用的各种姿势,是人们交际时不可缺少的体态语言。手势美是动态美,要能够恰当地运用手势来表达真情实意,就能在交际中展现出良好的形象。

1. 手势的要求

与人交谈时的手势不宜过多,动作不宜过大,更不能手舞足蹈。介绍某人或给对方指示方向时,应掌心向上,四指并拢,大拇指张开,以肘关节为轴,前臂自然上抬伸直。指示方向时上身稍向前倾,面带微笑,自己的眼睛看着目标方向并兼顾对方是否意会到。这种手势有诚恳、恭敬之意,打招呼、致意、告别、欢呼、鼓掌也属于手势的范围,要注意其力度的大小、速度的快慢及时间的长短。在任何情况下,不可以用手指指点自己的鼻尖或用手指指点他人,这含有妄自尊大和教训别人之意。谈到自己时应用手掌轻按自己的左胸,以显得端庄、大方、可信。同样的一种手势在不同的国家或地区有不同的含义,千万不能乱用而造成误解。

2. 常见的手势

(1) 引领的手势。

在各种交往场合都离不开引领动作,如请客人进门、坐下,为客人开门等,都需要运用手与臂的协调动作,同时,由于这是一种礼仪,还必须注入真情实感,调动全身的活力,使心与形体形成高度统一,才能做出美感。

引领动作主要有以下三种表现形式。

① 横摆式。

以右手为例,将五指伸直并拢,手心不要凹陷,手与地面成45°角,手心向斜上方。腕关节微屈。做动作时,手从腹前抬起,至横膈膜处,然后,以肘关节为轴向右摇动,到身体右侧稍前的地方停住。同时,双脚形成右钉子步,左手下垂,目视来宾,面带微笑。这是在门的入口处常用的谦让礼的姿势(如图3-24所示)。

② 曲臂式。

当一只手拿着东西,扶着电梯门或房门,同时要做出"请"的手势时,可以采用曲臂式手势。以右手为例,将五指伸直并拢,从身体的侧前方,向上抬起。然后以肘关节为轴,手臂由体侧向体前摆动,摆到手与身体相距20厘米处停止,面向右侧,目视来宾(如图3-25所示)。

③ 斜下式。

请来宾入座时,手势要斜向下方。首先用双手将椅子向后拉开,然后一只手曲臂由前抬起,再以肘关节为轴,前臂由上向下摆动,使手臂向下成一斜线,并微笑点头向来宾示意(如图3-26所示)。

图3-24 横摆式　　　　图3-25 曲臂式　　　　图3-26 斜下式

(2) "OK"的手势。

拇指和食指合成一个圆圈,其余三指自然伸张。这种手势在西方某些国家比较常见,但应注意在不同的国家其语义有所不同。例如,在美国,这个手势表示"赞扬""允许""了不起""顺利""好";在法国,这个手势表示"零"或"无";在印度,这个手势表示"正确";在中国,这个手势表示"零"或"三"两个数字;在日本、缅甸、韩国,这个手势则表示"金钱"。

(3) 伸大拇指手势。

大拇指向上,在说英语的国家多表示"OK"之意或搭车之意;若用力挺直,则含有骂人之意;若大拇指向下,多表示坏、下等人之意。在我国,伸出大拇指这一动作基本上是向上伸出表示"赞同""好"等,向下伸出表示蔑视、不好等之意。

(4) "V"字形手势。

伸出食指和中指,掌心向外,其语义主要表示胜利(英文"Victory"的第一个字母);掌心向内,在西欧表示侮辱、下贱之意。这种手势还时常用来表示"2"这个数字。

(5) 伸出食指手势。

这个手势在我国及亚洲一些国家表示"一""一个""一次"等;在法国、缅甸等国家则表示"请求""拜托"之意。在使用这一手势时,一定要注意不要用手指指人,更不能在面对面时用手指着对方的面部和鼻子,这是一种不礼貌的动作,且容易激怒对方。

(6) 捻指作响手势。

就是用手的拇指和食指弹出声响,其语义或表示高兴,或表示赞同,或是无聊之举。所以,应尽量少用或不用这一手势,因为其声响有时会令他人感到反感或让他人觉得没有教养,尤其是不能对异性运用此手势,这是带有挑衅、轻浮之举。

3. 交际中应避免出现的手势

在交际场合不能当众搔头皮,掏耳朵,抠鼻孔,揉眼睛,搓泥垢,修指甲,揉衣角,用手指在桌上乱敲,玩手中的笔或其他工具;切忌用手指指指点点。

本章习题

一、实训题

[实训一] 站姿训练

实训内容:练习规范得体的站姿。

实训学时:1学时。

实训地点:实训室。

实训要求:脸部朝外,后背靠墙站立,身体5个部位靠墙,即脚后跟、小腿肚、臀部、后背及后脑勺5个部位贴墙。

[实训二] 行姿训练

实训内容：练习规范得体的行走姿态。

实训学时：1学时。

实训地点：实训室。

实训要求：

(1) 男同学可以选择在胸前或背部绑上一块直木板,以便使行进中上身的挺拔和头部的平抬；女同学可以选择顶书。

(2) 地上画直线。行进中,要求女同学双脚的后脚掌均踩在直线上；男同学双脚的后脚掌均落在各自一侧,而不能踩在直线上。

(3) 行走距离50～100米,每次训练20～40分钟。

[实训三] 综合训练

实训内容：组织"仪容仪表"展示会,选择适合自己职业身份的服装。

实训学时：1学时。

实训地点：实训室。

实训要求：

(1)对着镜子根据自己的脸形为自己进行发型设计。实训小组内成员互相评议打分。

(2)设定职业,根据职业选择相应的服饰,并对比服饰进行适当化妆的修饰。

二、思考题

1. 什么是仪态？仪态主要包括哪些内容？
2. 西装在搭配上有哪些技巧？
3. 着装有哪些重要的原则？
4. 职业女性着装的要求有哪些？

第四章　办公室礼仪

> 办公室虽然空间有限，却是一个大的公众环境，是商务人员处理日常工作的重要场所。在这里，商务人员不但要与同事朝夕相处，还要经常接待客户。因此，商务人员只有掌握和应用好办公室礼仪，规范自己的一言一行，才能创造良好的办公环境和商务交往环境。

一、办公室问候礼仪

在日常的办公室工作中，亲切的问候、恰当的称呼，不仅可以增加同事之间的情感，增强部门的凝聚力，体现个人的综合素质，同时，更有利于组织的团队建设和提高本组织的对外形象。

（一）日常见面的礼仪

同事之间在日常的工作中会经常见面，此时一声亲切的问候，一个甜甜的微笑，不仅可以化解紧张的工作气氛，消除相互间的误会，而且还可以增强同事之间的相互信任，从而营造出一种和谐的气氛。

1. 问候的时机

一般来说，每天早上在办公室第一次遇见同事时，都要面带微笑地说一声"你好""早上好"，再次遇到时一般要点头致意，而不应视而不见。看到前来办事或路过的人也应主动问候，对较熟悉的同事更应保持有礼、和善的态度。恰当的问好不仅是传递一声问候，更是将真诚和友好传达给对方。这不仅有助于建立良好的人际关系，而且也能更好地树立个人形象。

2. 称呼

问候时的称呼应视情况而定。一般来说，上司对下属可以用姓氏加职位或全名等来称呼，有时也可以直呼"小王""小李"等；下属对上司应称姓氏加头衔以示尊重，即使上司表示可以用姓名相称，也只能局限于本组织内部。在公开场合（尤其是商务场合）一般不能直呼姓名，否则会显得不够尊重和正式。对于同事而言，一般可以称呼姓氏加职位或直呼全名。特别要注意的是,对在工作中的已婚女性,应保留其自己的姓名称谓,一般不称"××夫人""××太太",因为职业女性在工作时的身份是她自己,而与其家人无关。

(二)离开办公室的礼仪

离开办公室时,一般应向主管领导说明,询问是否还有其他的事宜,然后再离开。同时,也应向周围的同事致意打招呼,告诉他们自己去做什么、何时回来,这样如果有事或有人来找时,周围的人可以很方便地找到或通知自己。

(三)常用的礼貌用语

在办公环境中,"请""谢谢""对不起"等礼貌用语要多用,并时常挂在嘴边。这小小的举动就可能会使商务人员的人际关系更加和谐、融洽。

二、办公室环境礼仪

办公室既是公共场合,更是办公场所,如果在办公室内创造并保持一个整洁、明亮、舒适的工作环境,容易使人产生积极的情绪,能很快地进入工作角色,工作效率就会提高;反之,情绪低落,则工作效率也就随之降低。

(一)办公室的硬件环境

创造一个有利于工作秩序和工作心情的办公室的硬件环境非常重要。因此,在日常工作中,商务人员应注意以下十三个方面。

1. 保持办公室环境干净、整洁,物品摆放井然有序

在通常情况下,办公桌上应当只摆放手头正在处理的与工作有关的资料。如果商务人员暂时离开座位,应将文件覆盖起来,保密的资料更应注意随时收存。实际上,从办公桌的状态就可以看出商务人员的工作状态。一般来说,任何时候桌面都井然有序的人,工作也会做得干净利落、一丝不苟。

2. 办公室电脑设置得当

办公室里的电脑桌面和屏幕保护图片应当以山水风景画为准,风格健康向上,不要使用与本人工作岗位和职业风格不符的图片。

3. 保持良好的仪态风范

在办公环境走路,姿态应当保持安静、稳重。不要匆匆忙忙走路,也不要慌慌张张做事,更不要一边走路一边大声说笑,以免干扰别人办公。人的心理与行为

有互动作用,心里慌乱则会"手忙脚乱",反过来如果能够保持仪态的稳重有序,内心的慌乱也容易慢慢平息下来。如果没有突发意外情况,一般不允许在工作场所内跑动。在办公场所,要微笑待人、落落大方,坐姿须稳重,不要跷腿或瘫坐于椅子和沙发上,更不要坐或倚靠在桌子、工作台或其他设备上。

4. 控制好声音

一个人如果说话的声音坚定而洪亮,那么在别人看来他是充满自信的,但在办公场合不能大喊大叫;同时,说话时也不能扭扭捏捏,让别人听不清楚。

5. 穿着得体

穿着打扮应当符合本行业、本组织的规范,文明大方,具有职业风范。

6. 乘电梯的礼节

办公场所乘坐电梯,通常是让尊者后进先出。但是,有的时候尊者会走在前面,这时也可由他们先进电梯。

先进电梯的人应当按住电梯里面的"开门"键,直到所有的人都进入后再按"关门"键,主动询问对方去几层并按下相应的楼层键。如果商务人员比客户后进入电梯,那么应当先按住电梯外的"上楼"键或"下楼"键,直到所有的人进入电梯后,商务人员再进入电梯。商务人员也可以用一只手臂挡住电梯门,以免电梯门自动关闭时夹住客户。在电梯这样狭小的空间里,商务人员最好和大家一样面对门站立,还要注意尽量少说话。

电梯停在本楼层的时候,如果商务人员先出电梯,应当在出来之后,按住与电梯升降同方向的按钮,使电梯门不会关闭,等所有的乘客出来之后,再松开按钮。

如果乘电梯的人很多,商务人员无法自己按楼层按钮,则应当请靠近按钮的乘客帮忙按,此时可以说:"劳驾,请您帮我按第×层,谢谢"。

7. 敲门的礼节

如果商务人员的办公室有人敲门,应礼貌地说:"请进",并放下手头的工作起身迎接。同样,在进他人的办公室时,也应在进门之前先敲门。敲门要用力适中,节奏稳定,不急不慢。如果门口装有门铃,应当按门铃而不要敲门。通常门铃只按一次即可,如果无人应答,应当间隔20秒以后再按。开关门时注意不要用力过猛,以免引起他人的不悦。

8. 递接物品时的注意事项

一定要双手递物或接物,以体现出对对方的尊重。如果在特定场合下或东西太小不必用双手时,一般用右手递接物品。另外需要注意的是,在递接物品时不可以尖端对人,如递给客户笔、剪刀、工具等物品时应当自己握住尖端,把安全的一端递给客户。

9. 保护利用好设备

在办公室时要充分考虑他人的需要,不要霸占公用的传真机、复印机、打印机,并爱护这些设备。如果对这些设备不熟悉,则应当先阅读使用说明书。如果同事不忙,也可以向他们请教。千万不能随意乱用或者粗暴地对待这些设备。在设备使用的高峰期不要长时间占用。设备使用完毕后应当调整至常规状态。

10. 言行举止庄重优雅

商务人员每天要按时(最好提前10分钟)上班,进办公室后主动打扫卫生,为全天的工作做好准备。上班路上遇到同事或客户时要互相打招呼问好。如果有尊者来办公室拜访,应当站起来打招呼以示尊重。要学会尊重他人的空间和隐私,不忙的时候也不要随意进入他人的办公室去打扰别人,更不要不顾别人是否有工作要做而一味闲聊。尤其注意不要对别人评头品足。另外,最着重强调的是,在办公室内不要有意无意地传播是非或小道消息,也不要打听他人的年龄、收入等隐私。

11. 办公室用餐的注意事项

不要带具有浓烈气味的食物到办公室来。用餐的时候不能将食品、杂物溅得到处都是,也不能发出很大的响声。如果食物掉在地上,应马上捡起来扔到垃圾桶里。餐后要打扫桌面和地面。用餐时若有客户来访,一定要立刻收起餐具。在办公室内用餐完毕,所用的一次性餐具要立刻处理掉,自己的餐具也应立即清洗干净收好,不要长时间地摆在办公室里。用餐完毕之后还要漱口或刷牙,并整理好仪容仪表。

12. 使用卫生间的礼仪

卫生间的卫生状况往往能直接反映一个组织的员工素质以及管理水平。在使用卫生间时一定要避免出现以下现象:不冲水;弄脏地面;乱扔东西堵塞下水道;不节约使用卫生纸和洗手液;不关门、不敲门;占用卫生间时间过长;不排队。除此之外,在洗手的时候,还应注意不要把水溅出盆外或到处乱甩。

13. 办公室会谈座次安排原则

办公室虽然是一个小小的空间,但也存在着一些不成文的习俗规则,所以,商务人员在办公室会谈座位的安排上应注意以下三点:

(1) 远离门的座位为上座;

(2) 靠近窗子的座位为上座;

(3) 国际惯例是"以右为上",但国内也有"以左为上"的习惯,在实际操作时可以按照具体情况灵活处理(如图4-1所示)。

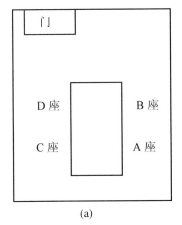 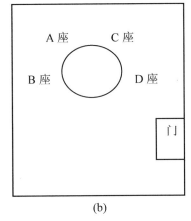

A为上座，其次为B座、C座、D座

图4-1　办公室会谈座次安排

随着办公室环境的不断改进，很多组织已经不再是几个人一个办公房间的状况，而改为众多人在一个大厅里共同办公。这就需要更加注意保持各自办公环境的整洁和资料的保密存放。

（二）办公室心理环境

办公室硬件环境的改善仅仅是提高工作效率的一个方面，而更为重要的往往是软件条件，即办公室工作人员的综合素质，尤其是心理素质。随着工作节奏的加快，人们的工作压力越来越大，心理素质在日常的工作中所起的作用也越来越重要。

在日常工作中，办公室工作人员的心理健康是现代办公室软件建设的核心要素，心理健康与否直接影响工作的环境和效率。办公室成员之间以健康的思维方式考虑问题，以友善的态度对待大家，相互之间就会和谐相处。因此，在办公室内不断提高工作人员的心理健康水平，应从以下五个方面着手。

（1）员工应学会选择适当的心理调节方式，使自己的精神不被"污染"。

（2）领导应主动关心员工，了解员工的情绪变化规律，根据工作情况，采取适当的办法，调节员工的情绪，调动员工的积极性。

（3）工作之余多组织一些文娱体育活动，既丰富了员工的文化生活，又运用积极的方式宣泄了不良情绪。

（4）有条件的组织可以组织建立员工的心理档案，并定期组织"心理检查"，这样可以防微杜渐，避免员工有严重心理问题的产生。

(5)经常组织一些活动,使员工能够保持积极向上、稳定的情绪,掌握协调与控制消极情绪的技巧与方式。

(三)办公室人际关系礼仪

办公室虽然人员不会太多,但也是麻雀虽小五脏俱全,更是一个组织上传下达的枢纽中心。如何处理好方方面面的工作,对办公室工作的顺利开展起着极为重要的作用。

1. 领导与职员相处的礼仪

(1)树立风纪,以身作则。

在办公室里不要谈论与工作无关的事,喜欢谈论家长里短的员工往往不受欢迎。因此,作为一名领导,更要带头不在工作时间谈论与工作无关的事,不要在公开场合驳斥他人。喜欢驳斥别人的领导会给他人留下工作方式简单、粗暴的印象。领导应尽量协助员工完成工作。虽然员工有责任帮助领导完成工作,但如果领导能将一些比较烦琐而困难的工作承担起来,反而会使员工对工作更加认真负责。领导应经常鼓励员工,赞美使员工意识到自己的价值,可以增强员工的自信心。员工做对了,领导马上表扬,而且很精确地指出对方做对了什么,这会使其感到领导与自己一同分享成功的喜悦,员工也会有信心去尝试做更困难的工作。所以,领导的鼓励与表扬一要及时,二要具体、准确。领导应视员工如知己好友,多征询对方的意见,采纳中肯之言,不听信谗言,不居功自傲。

(2)雷厉风行,敢于承担责任。

如果团队出了差错,领导要勇于出面为团队承担责任。如果只是在更高的领导面前推托诿过,就显得领导者欠缺应有的气魄,也不利于团队的团结和发展。

当领导发现员工的工作表现逐渐下滑的时候,作为领导者,应该及时寻找原因。领导应找合适的时间与员工面谈,关切地询问原因,并帮助其改善工作状况。那种不分青红皂白,严厉训斥告诫员工的做法是不可取的。

(3)信息、利益共享。

当领导得到能使集体共同获益的重要信息时,应当让每一位员工同时分享。这样不但能使大家共同获益,同时也树立了自己开明、大气的领导风格。

与此同时,部门领导接到下属的任何邀请后均应尽快答复。如果接受了邀请,就务必到场,而绝对不会接受邀请后又无故失约。否则,不仅会破坏个人的形象,也会有损于组织的声誉。

2. 与同事相处的礼仪

强调团队精神是现代管理的核心理念。团队合作是一种为了达到既定目标所显现出来的自愿合作和协同努力的精神。它可以调动团队成员的所有资源、才智和积极性,为组织注入生命与活力。在现代组织中,要求员工进入团队后能自觉主动地融入其中,并设法确认每个人都了解、接受团队目标,而组织中的工作也公平地分配给了每个人。这需要员工既具备良好的合作精神,在团队协作中表现出色,同时又要掌握好与同事相处的艺术。

(1) 透明竞争,不可玩弄阴谋。

现代的职场虽然竞争激烈,但大家提倡的是透明竞争,愿意与那些工作能力强且志趣相近的同事相处,讨厌那些喜欢搬弄是非、玩弄阴谋的人,更忌讳任人唯亲或拉帮结派的人。更为重要的是,同事每天长时间的共处,需要的是彼此了解、相互帮助、平等竞争,所以职场中切忌抱着与同事是"对手""冤家"的态度,否则不但在组织中难以发展,甚至难以立足。与同事和谐共处的原则是彼此尊重、配合,然后尽量施展自己的才华,在透明竞争中求发展。

(2) 交友有度,不要打听他人的隐私。

现代人的生活方式、思想观念大都比较前卫,有较强的个人观念,自己的私事不喜欢让他人知道。同事比其他的群体更注意捍卫自己的隐私权,所以轻易不要打探同事的家庭、情感等方面的隐私,除非对方主动说起。在现代职场和商务往来中,过分关心别人的隐私是一种没有修养的行为。因此,不论是与同事还是与客户在一起时,需要掌握交友的尺度,工作中的交流、生活上的互助或是一起游玩都是让双方感到高兴的事,但切勿介入他人的隐私。

(3) 不要把个人好恶带入办公室。

每个人都有自己的好恶,但要注意的是,不能将自己的好恶带入办公室。每个人都可能很有个性,都有自己独特的眼光和喜好。也许他人的衣着打扮或者言谈举止不是我们所喜欢的,这时,我们可以保持沉默、不加评论,但不要去指指点点、妄加评论,更不要以自己的好恶当面批评他人。相反,我们的包容可能会赢得他人的尊重与支持。

(4) 寻找相近的兴趣,增加亲密度。

现代职场中的人们普遍懂得激情工作、快乐生活这个道理,在闲暇之时,他们喜欢结伴出去郊游、唱歌等。所以,如果同事之间有相同或相近的爱好、乐趣,大家一起行动,共同分享,这不仅能让自己缓解内心的压力,更有助于培养一种和谐的人际关系,从而在工作中合作得更愉快。

(5) 经济往来,AA制是最佳选择。

由于工作节奏较快,现代人的交往范围往往并不宽泛,同事之间经常会一起聚会、游玩等,从而产生经济上的往来。这时,最好的处理方法就是采用AA制。

如此一来,大家既没有心理负担,经济上也都可以承受。当然,如果同事有高兴的事,执意主动做东,也不要拒绝,不过应该表示祝贺和感谢。

我们常说"善待他人,就是善待自己"。而对于朝夕相处的同事,更应以宽容、文明的方式去相处。这样不仅能使自己以愉悦的心情去投入工作,也能给自己创造融洽、和谐的工作环境。

3. 与领导配合的礼仪

要在工作中求得生存与发展,就必须学会与领导和谐相处、默契配合,这既符合办公室礼仪的需要,又能获得领导的信任、支持、关心和帮助。要做到此,应遵循以下工作礼仪。

(1) 领会领导的意图。

正确领会和贯彻领导的意图是一个合格员工的基本要求。领导的意图很多就蕴含在文件、批示或口头指示之中,要靠员工去理解、去体会。因此,作为员工,一定要用心理解、勤于总结,争取恰当地领会领导的布置和意图。如果确实没有弄清楚的,还需要进一步向领导询问、请教,切忌不懂装懂、凭空想象,这样反而会违背领导的意图,从而给自己带来更多的麻烦,使工作无法顺利开展。

(2) 按时完成领导指派的工作。

接受领导指派的任务尤其是重要事项时,一定要问明白要达到的效果和完成的时限,当在期限内完成了领导指派的工作后,一定要及时汇报完成情况。

(3) 及时向领导汇报工作进展。

从领导那里接到任务之后,要做到一结束就立即报告,而如果是长期的工作,则应该在中途报告进展情况。如果能主动在中途报告工作经过和进展情况,则可以让领导随时掌握进度,以便更好地完成工作。

(4) 为领导分忧。

能够在工作中协助领导把事情办好,这是所有的领导都喜欢的下属。遇到领导有棘手的事情,员工应及时帮忙;遇到领导工作中或决策中有失误,应及时提醒、善意参谋,不能袖手旁观。

(5) 只听不传。

在面对多个领导的情况下,必须协调和处理好上下左右的关系,而这其中一条重要的原则就是"只听不传"。也就是说,有碍于领导之间团结的话,只可倾听不能言传。

处理好与领导之间的关系,是在职场和商务活动中获得成功的重要手段。与领导融洽相处,个人的才能就会逐渐为领导所赏识,工作起来也就会更加得心应手。

(6) 理智地对待批评。

如果领导错怪了你，不要在公开场合与其反驳或针锋相对。合适的做法是找个恰当的时机向其解释真实的情况；当领导大发雷霆时，不要试图马上解释，要知道，暂时接受之后，很快就会有机会解释清楚的。

（四）与长辈相处

对于刚刚走上工作岗位的大学毕业生来说，长期处于学校的环境中，头脑中更多的是书本知识的积累，而长辈们有着丰富的实践经验，从他们那里无疑可以学习到很多知识和技能，同时，长辈们所拥有的经验会让年轻人少走很多弯路，从而更快捷地通向成功。

与长辈共事时，作为晚辈不要笑话长辈的落伍和保守，应该尊重长辈，并多向他们请教。

 阅读案例 4-1

小李为何没有被录用

毕业生小李被推荐到 A 公司实习。在处理一份出口单据时，小李与他的师傅产生分歧。小李固执地将书本知识搬来，殊不知书本知识在应用中产生了变通。师傅一再耐心解释，可小李就是听不进去，最后竟然和师傅吵了起来。这次冲突使该公司领导对小李的印象大打折扣。最后的结果是，小李没有被该公司录用。

此案例说明，年轻人在工作上缺乏经验，应谦虚地向他人学习，自己有不同的想法，可委婉地提出，心平气和地与他人交换意见，要避免小李的做法，将职场变为战场，自己的职业生涯还未正式开始便遭遇挫折，付出了惨痛的代价。

（五）与客户相处

在办公室内与客户相处，待客必须是热诚而有效率的。当有客户来访时，应当热情、微笑地问候，言语和态度都显示出诚恳、友好之意；当客户以电话告知将要来访时，接听的声音也应真诚而愉悦。会客区域内应随时保持整洁，同时放置组织的一些参阅资料，如产品目录、简报等。无论对方是其他单位的主管人员或是普通工作员，都应以礼相待，让客人有"宾至如归"之感。

（六）与异性相处

男女由于性别的差异，导致社会角色、心理状态、做事风格都有很大的区别。

在工作中,男女各有优势,如果与异性能够相处愉快,工作的效率一定会更高;如果相处糟糕,首先影响的就是工作。因而在相处中,同事之间要注意互相辅助、互相帮助,发挥各自优势,这样才能事半功倍。

值得注意的是,在工作中,男女同事在交往时要避免过于亲密,要把握好交往尺度,不可以把工作以外的私人感情带到办公室,否则,会给工作带来不必要的麻烦。此外,要不断增强防范意识和自我保护的能力,努力建立一种健康、积极的异性同事关系。

三、办公室礼仪禁忌

办公室其实就是一个小社会,特别是在一个人员相对集中、成员性格各异的办公室内,如何在一进入之初就赢得大多数人的好感,并尽快融入其中,从而营造良好的人际关系呢?在现实的办公室生活中,一定要注意以下礼仪禁忌。

(一)忌相互推诿、推卸责任

实际上,每个人都可能会犯错,领导应该容忍员工犯错,同事之间也应相互体谅。无论犯了什么样的错,通常只要勇于承认、愿意负责,都能博得大家的谅解甚至尊敬。重要的是能否由错误中归纳出对的方法,下次不再重蹈覆辙。

(二)忌情绪不佳、牢骚满腹

工作时应该保持积极的情绪状态,即使遇到挫折、受些委屈,也要积极地调整自己,而不要牢骚满腹、怨气冲天。这样做的结果只会适得其反。

(三)忌零食与香烟不离口

女士大都爱吃零食,且以互换零食表示友好。只是在工作时要注意场合,尤其在和他人谈话和接听电话时,嘴里不可以嚼东西。而一些以吸烟为享受的男士,在公共场合尤其是办公室也应注意尊重他人,不能不顾他人的感受随意吸烟。

(四)忌拉帮结派、互散小道消息

办公室内切忌私自拉帮结派,形成小圈子,这样容易破坏办公室的团结,引起他人的对立情绪。更不应该充当所谓的消息灵通人士四处散布小道消息,这样不但他人会疏而远之,久而久之更会失去他人的信任,从而影响工作。

(五)忌高声喧哗、旁若无人

办公室是公共场合,无论是对同事还是对来访的客户,有什么事应平心静气、

有条有理地讲,皆不能高声喧哗、旁若无人。同样,在办公室,如果每个人都尽力注意维护自己的公众形象,则可以带动他人一起维持文明的环境。

(六)忌用势利的眼光看待他人

在办公室,大家都乐于与光明正大、诚实正派的人相处。那种人前人后两张面孔,领导面前办事积极主动、充分表现自己,而在同事或下属面前推三阻四、拒人千里之外的人是最不受欢迎的。长此以往,自身的境遇和发展也必然会受到影响。

(七)忌奇装异服

办公室内不要穿着过于休闲、运动或奇特的服装。在办公场合,无论是穿衣还是言谈举止,都应与周围的环境和谐、融洽,而不能脱离办公环境。

四、办公室电话礼仪

电话是人们在社会交往中使用最频繁、最重要的沟通渠道,是人们在工作中和生活中不可缺少的交际工具。尤其在办公室,商务人员不仅要熟练地掌握使用电话的技巧,更重要的是要掌握打电话及接听电话的礼仪,维护本组织及自己的"电话形象"。

(一)打电话的礼仪

在办公室打电话一般有两种情况:一种是打电话联系相关业务;一种是打电话下达通知。

1. 打电话联系相关业务

拨打电话的流程管理如图4-2所示。

(1)联系业务时应考虑何时去电话对方更方便。有的人希望一上班就来这样的电话,以便能有较长的时间安排或做其他的事情。而有的人则希望在忙完了一天的主要工作后再来这样的电话,因此,商务人员打电话时应依据经验做出判断。如果想定期和对方进行业务联系,应征询对方定在哪一天、哪一个时间段更为方便。这样做,既能使对方能从容地讨论业务,同时也是一个礼仪问题。一般在电话中要说明打电话的目的以及需要多长的时间。在具体打电话时要再询问一下对方接听电话是否方便。如果不得不在对方不方便的时候去打搅,应当先表示歉意并说明原因。要注意的是,打单位电话应避开快下班的时间,打家庭电话应避开早晨太早、午睡及晚上太晚的时间。

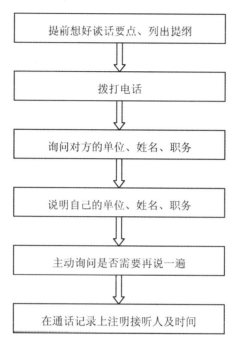

图 4-2　拨打电话的流程管理

（2）在电话机旁一般要备有常用电话号码表和适宜作电话记录的笔和纸。重要电话及内容较多的电话,可以事先拟好谈话要点,考虑好通话内容,理顺说话的顺序,也可以事先写在纸上。在进行商务通话时,要把本方的意见分为几个部分,每个部分之间稍作停顿,使对方能及时做出反应。通话开始时应扼要说明通话目的和存在的问题,提出可供选择的方案,指出双方的分歧所在,最后稍加归纳,解决问题。通话中可以根据提纲上所列要点讲完一条勾掉一条,以避免分心或遗漏。

（3）电话拨通后,应先说一声"您好",然后问一声"这里是××单位吗?",得到明确的答复后,再自报家门"我是××单位×××",然后报出自己要找的人的姓名。如果他人代接的,等要找的人来时还要再报一次自己的单位和姓名。若对方告知要找的人不在时,切不可一下就挂断电话,而应说:"谢谢,我过会儿再打"或"如方便,麻烦您转告××"以及"告诉他回来后给我来个电话,我的电话号码是×××"等。

（4）若电话号码拨错了,应向对方表示歉意,说一声"对不起,我拨错号了"。放下话筒前核实一下对方的电话号码,以免再次拨错。

（5）打电话时,声音不要太大也不要太小,说话要富于节奏,简明扼要,吐字清晰,声音自然,表达要清楚。切忌说话矫揉造作或含含糊糊、吐字不清。与此同时,对方没有听清的地方要耐心地重复一遍或两遍。打电话结束时,应以"再见"结束通话。

(6) 如果对方暂时不方便接听电话,商务人员若想留言请对方回电话,要请对方记下自己的电话号码,即使对方是熟人,双方经常通话,也要告诉对方回电的电话号码。同时别忘了告诉对方回电话的合适时间,记住这一点尤为重要。如果对方是在外地,则最好说明自己将于何时再打电话,请其等候,以免让对方打长途来找自己。

(7) 通话时要用心听,最好边听边作记录。在电话中交谈可能有听不清的时候,所以应特别注意集中注意力,思想不能开小差。切不可边打电话边和身边的人交谈,这是很不礼貌的行为。不得不暂时中断通话时,应向对方说:"对不起,请稍等一会"。

(8) 通话中若有人进来找自己,可示意请此人先坐下等候。否则,可以向对方说:"对不起,请稍等"后,简短和来人说两句后继续通话。如可说:"等我打完这个电话后再和你谈"。如果办公室有客人时电话铃响了,可以暂时不接或者向客人说明情况并表示歉意后再接电话。

(9) 适时结束通话。办公电话不宜时间过长,应简明谈完相关业务后礼貌地结束通话。这时可以把刚才谈过的问题适当重复和总结一下,如"我将在星期五中午前告诉您最后的结果"等。最后应说几句客气话,如"很高兴和您交谈""谢谢您打来电话",以显得热情、亲切。放话筒的动作要轻,话筒没放稳前不能对刚才交谈的内容进行评论,以免被对方听到后产生负面影响。

2. 打电话下达通知

打电话下达通知是办公室日常工作中不可缺少的一部分。如何准确无误地把相关事宜通知下去是日常工作能够顺利开展的基础。打电话下达通知时,应该按以下程序做好工作。

(1) 设计一个专门下达通知的电话记录簿(如图4-3所示,要详细记录接听人的姓名、部门、时间以及下达通知的主要内容等)。

(2) 通知下达前要将具体的通知内容理顺好,要言简意赅。

(3) 通知下达后,重点内容要再叙述一遍。

去电单位(姓名)		通话人	
接听人		通话时间	
去电内容:		通话结果与处理意见	
备注:			

图4-3 拨打电话记录簿

(二) 接电话的礼仪

对于打电话的人来说,主动权掌握在自己的手里,而对接电话的一方而言则可能是一种干扰,但即使电话铃响时商务人员可能正在忙于其他的工作,也尽量不要让打电话的人意识到这一点。相反,应该让对方听起来感觉你很专业。因为接电话时做到有礼貌、讲效率,不仅会为自己而且也会为组织树立起良好的形象和信誉。

1. 接听得体

一般电话铃声一响,就应及时接起电话,先问好,然后报出单位和姓名,如"您好!这是××公司××部门。我是××,您是哪里,您贵姓,请问您有什么事需要我的帮助吗"等。电话中应答得体,就像见面时的热情握手一样,能给人留下良好的印象。

2. 应答得体

接电话时,商务人员应做到时刻有所回应,说些"是""好"之类的话语与对方相呼应,让对方感到你在认真听讲,同时不要轻易地打断对方的说话。

3. 转接得体

如果对方找的不是你,那么应礼貌地请对方"稍候"。找到听电话的人后,要对来接听电话的人简要介绍一下来电话的人,以免来电话的人再次重复;如果找不到听电话的人,应明确告诉对方此人不在,同时提示对方是否需要你提供帮助,如"有什么需要我转告吗"等;如果需要把电话打到别的部门、科室,可以说:"您要找的人在××部门,电话号码是×××"等。

4. 做好记录

若来电是上级主管部门下达的通知,则需要记录在办公室专门使用的电话记录簿(如图4-4所示),记录完毕后,最好重复核对一遍,以免遗漏。最后整理好记录,随后将通知传达到相关人员,以免耽误事情。

来电单位		通话人	
接听人		通话时间	
去电内容:			
备注:	通话结果与处理意见		

图4-4 来电话记录簿

5. 中断得体

如果暂时不便谈话,应明确说明,并表示稍候再回电话或以后再详细说明。方便的话可以说明回电话的准确时间以便对方等候。接电话时,如果中途有事,必须中断通话走开一下,一般时间不应超过 30 秒,而且应具实告诉对方并请对方谅解。

6. 注意语调语气

用清晰愉快的语调接听电话能显示出说话者的职业风度和可亲的性格。使用电话时,由于缺乏直观形象,对方无法看到说话者的衣着、眼神、表情和手势,只能靠听觉对说话者做出判断。在说过"您好"并自报姓名后,说话者是热情还是心不在焉全都会通过说话的语气语调表露出来。因此,电话中说话应稍慢而清晰,语调要平稳,注意措辞,说话时要面带微笑,使声音听起来更为热情。

7. 应避免通电话时和旁边的人交谈

即使拿起话筒还没有问候时,也不要与旁边的人说话。通电话时,如果有人有急事来找,应先对着话筒说:"对不起"。如果为了回答对方的提问需向其他人请教时,可以说一声"请让我核实一下"。如果通话中遇到线路出现问题应尽快处理,可以建议对方稍后再打或自己过一会给对方打过去。

8. 先后得当

若正在通话恰好又有电话打进来,一般原则是谁先来电话谁优先。如果不得不请先来者"持机稍候"时,其等候时间不宜太长,记下第二位来电人的留言后应立即回来。如果确实有必要中断正在进行的通话(如领导有急事找),可以先向对方表示道歉,简短说明理由,并保证尽快回电。

9. 挂机得体

通话完毕,应等对方挂机后再挂较好。不要对方话音未落,就挂断电话。挂电话的声音不要太响,以免让人产生粗鲁无礼之感。

(三)电话礼仪的注意事项

电话的正确使用,不仅可以反映出一个组织的企业文化形象,而且也是工作良好开始和维护的延续。因此,在电话的使用过程中应注意以下九个问题。

1. 妥善处理电话留言

一般来说,对电话留言须在一小时内给予答复,否则,就有可能丧失一次商业机会。如果回电话时恰遇对方不在,一定要留言,表明你已经回过电话了,要让对方知道你诚恳负责的态度,这是最基本的礼仪。如果确实无法亲自回电,也要托付他人代办。

2. 准时等候约定的回电

如果约定某人某时回电话,届时一定要打开手机或在办公室等候。有事需离开办公室时,务必告诉同事自己返回的准确时间,以防有人打来电话他们无从对答。

3. 电话的声音礼仪

接打电话,双方的声音是一个重要的社交因素。双方因不能见面,仅凭声音进行判断,个人的声音不仅代表自己的独特形象,也代表了组织的形象,所以打电话时必须重视声音的效果。第一,要尽可能说标准的普通话,这样不仅便于沟通,而且普通话是最富有表现力的语言。第二,要让声音听起来充满表现力,使对方感受到说话者是一位精神饱满、全神贯注、认真敬业的人,而不是萎靡不振、灰心丧气的人。声音要亲切自然,不要拿腔拿调,让人听了不舒服。第三,说话时要面带微笑,微笑的声音富有感染力,可以使对方有一种温馨愉悦的感觉。

4. 处理好他人的电话

若同事未及时给他人回电话,对方再次来电话催问时,要热情接待,请对方再次留言。可能的话,也可以代为解决问题。

5. 电话中断后的处理

通话时线路如果突然中断,此时,拨打电话的一方应重拨,而接听方则应等待一会儿后方可离开。重拨电话越早越好,接通后应先表示歉意。

6. 打断他人电话后的处理方式

如果走进别人的办公室时,其正好在与人通话,应轻声道歉并迅速退出,否则就是失礼。如果通话时间不太长,所谈也并非什么保密的事,接电话的人也许会示意你坐下稍候,此时应尽可能坐在一旁等待,但决不可出声干扰。只有当接电话的人请你就所谈问题发表意见时才可插话。如果确有急事非马上打断正在打电话的人,只能将要谈的问题写在便条上放在他的眼前,然后退出。

7. 恰当消除误解

当对方发脾气时,要任其发泄,尽量为其消气。与正在发火的人通电话,可以向他复述一遍他所抱怨的问题,以示对他的理解,这有助于消除他的怒气。可能的话,最好为其解决问题;要是自己确实无能为力,也可以说明原因,建议对方另找相关的人去好好谈谈。

8. 不要脱离主题

当对方的注意力不集中或说话脱离主题时,应有礼貌地把问题引上正题,也可以趁其停顿的间隙把问题加以归纳。当然,要是此人是一位重要的客户,那就要尽量耐心地倾听。

9. 提高通话效率

为了提高通话效率,在接电话前最好准备好做记录的纸和笔。如果在自己很忙的时候突然有人打来电话,不妨适当加快谈话,但不能离开主题,最后应以几句话总结对方的要求。这时对方并不知道你的情况,所以在接电话时不妨向对方直言自己正忙,这样做也不失礼仪。如果当时的确很忙而又深知来电话的人短时间内无法说完,则可以告诉对方自己迟些时候会回电话,这样对双方都比较合适,而且不失礼貌。

 阅读案例 4-2

总经理为何生气

老丁身材较胖,从电视广告中得知"迷你甩脂机"的减肥效果非常好,昨天,他不顾太太的反对,打电话给电视购物中心买了一部。晚上一试,根本感觉不到广告中所说的效果,想退又退不了,太太埋怨了一个晚上,今天早上一睁眼,就又开始唠叨,老丁的心情糟糕极了。谁知早晨一上班,财务部就打了几次电话,催他签名确认上个月的单据,这使老丁更加心烦。突然,桌上的电话铃又响了,他以为又是财务部的催促电话,心里很生气,抓起电话就说:"催什么催,你们要扣工资就扣吧,有什么了不起的,别来电话烦我。""啪"的一声摔了电话,他就坐到一旁生闷气去了。过了一会,电话铃又响了,旁边的同事拿起电话,脸色突然大变,对他说:"老丁,刚才的电话是总经理打来的,现在他让你到他的办公室去一下。总经理好像很生气。"

(四)收发传真的礼仪

传真机是远程通信方面的重要工具,因其方便快捷,可以部分取代邮递服务,因而在现代商务活动和社会生活中使用的越来越多。传真件也是一种被普遍认可的文书形式。起草传真时应做到简明扼要、文明有礼。传真机的使用非常普及,也有其独特的使用规则。

由于传真机的特殊性,要求在使用传真机时应注意以下七个问题。

(1) 如有可能,在发传真之前,应先打电话通知对方,因为很多单位是几个部门共用一台传真机,如果不事先通知的话,信件就可能会被耽搁或因别人不知道是谁的信件而被丢入垃圾箱。

(2) 传真机有自动和手动两种方式。手动方式需要接听传真电话的人给发送传真的人一个"开始"的信号,在听到"嘀嘀"的长音后再开始传真文档。自动方式不需对方进行人工操作,拨通传真电话,在几声正常电话回音之后,就会自动出现"嘀嘀"的长音,此后就可以开始传真文档。

(3) 正式的传真必须有封面,封面页一般较为正式。发急件时应在封面页注明,因为有的大公司定时分批发送公函和信件,若不标明急件,就容易被耽误。封面页上还应注明传送者与接收者双方的单位名称、人员姓名、日期、总页数等,如此接收者可以一目了然。

（4）未经事先得到许可,不应传送太长的文件或保密性强的材料。由于传真机所用纸张的质量不高,印出的字迹可能不太清楚,若要长久保存应将传真件进行复印。如果接收者需要原件备案,则应在传真后将原件用商业信函的方式寄送。

（5）私人事情未经请示最好不要使用公用的传真机,因为传真纸、电费、碳粉、机器耗损等均是附加成本,没有任何单位会喜欢员工使用传真机办私人的事情。

（6）公共传真机的保密性不高,任何刚好经过传真机旁边的人都可以轻易看到传真纸上的内容,所以传真件不能确保完全保密,因此若是较私密的事务,最好不用传真传达。

（7）书写传真件时,在语气上和行文风格上应做到清楚、简洁。传真信件时须用写信的礼仪,如称呼、签字、敬语等均不可缺少,尤其是信尾签字不可忽略,这不仅是礼貌问题,而且只有签字才代表这封信函是经发信者同意的。

（五）收发电子邮件的礼仪

电子邮件是一种重要的通信方式,因其方便快捷、通信信息量大、费用低廉,因而应用越来越广泛,尤其是国际通信交流和大信息量交流更是优势明显。商务人员对待电子邮件同样要讲究礼仪。

1. 书写发送电子邮件

电子邮件的发送,不仅要规范,更要注重邮件的保密性和语言的规范性。

（1）发送电子邮件时,要尽量避免使电子邮件携带计算机病毒。因此,如果没有反病毒软件实时监控,发送电子邮件前务必要用杀毒程序杀毒,以免把带有病毒的电子邮件发给对方。在没有把握时,不妨用贴文的方式代替附加文档。

（2）虽然是电子邮件,但是写信的内容与格式应与平常的书信一样,称呼、敬语不能少。

（3）注意网上的保密工作。不要将单位的账号、个人的私人存款账号或密码等写在电子邮件中,有时网络并不安全。

（4）与文字信件一样,书写电子邮件,语言要简略,写完后检查一下有无拼写错误和不必要的话,并按照正式的格式书写。因为电子邮件很可能变成打印出来的正式文件供对方研读。写完后还要审查核定所用字号的大小,太小的字号不仅收件人看起来费力,也显得发件人粗心和不礼貌。

（5）多址同步传递（即以同一封电子邮件传给不同的人）时,一般电子邮件只需在收件人栏将不同的电子邮件地址之间用逗号分开,重要的电子邮件应以秘密副件的方式传递,如此,收件人只会看见电子邮件的内容,而不会知道其他收件人的信息等,否则有可能会给他人带来麻烦。

(6)写电子邮件时最好在主题栏写明主题,以便让收件人一看就知道来信的要旨。

(7)一般不要只发附件而将正文栏空白,除非是因各种原因重发的电子邮件,否则不仅不礼貌,还容易被收件人当作垃圾邮件处理掉。

(8)重要的电子邮件可以发送两次,以确保能发送成功。发送完毕后,发件人可以通过电话等询问是否收到邮件,通知收件人及时接收并阅读。

(9)要尽快回复来信。如果暂时没有时间详细阅读电子邮件,应先简短回复,告诉发件人已经收到电子邮件,有时间会详细阅读。

2. 接收电子邮件

接收电子邮件时安全问题很重要,随着信息通信技术的发展,人们在享用便利的人际往来、工作往来方式的同时,也承担着相应的风险。在接收电子邮件时,来历不明的电子邮件必须谨慎对待,如果有条件,最好请专业的工程技术人员来处理,以免计算机感染病毒,使得重要文件丢失。

五、接待礼仪

迎来送往是日常接待中最常见的礼仪活动,是社会交往接待活动中最基本的形式和重要环节,是表达主人情谊、体现主人礼貌素养的一个重要方面,特别是迎接礼仪得体与否会给来宾留下深刻的第一印象。

(一)接待的原则

无论是单位还是个人在办公室接待来访者时,都希望来访者能乘兴而来满意而归。为了达到这一目的,在接待过程中一定要遵循平等、热情、礼貌、友善的原则。

在社会交往活动中,不论单位的规模大小、级别高低,不论关系远近、地位异同,都应一视同仁、以礼相待、热情友善。这样才能赢得来访者的尊重,从而达到沟通信息、交流感情、广交朋友的目的。

就接待的准备而言,应注意以下两个方面。

1. 全面考虑,周到安排

(1)时间。

作为接待者,无论是因公接待还是接待朋友,都要记清来访者来访的具体时间。接待者要在来访者到达之前做好各方面的准备工作。如果来访者事先没有通知,不期而至,接待者无论工作多么繁忙,也应立即停下手上的工作热情待客。

(2)场所。

接待场所即我们通常说的会客室。在客人到达前接待者要根据具体情况把会客室精心收拾一番。一般情况下应先打扫卫生,摆放一些鲜花,适当准备一些水果、饮料、茶具等。如果是商业会谈或其他公务会谈,还应准备一些文具用品和可能用上的相关资料,以便使用和查询。总之,会客室的布置应遵循整洁、美观、方便的原则。

(3)接站。

来访者到来之前,接待者要了解客人是乘坐什么交通工具而来。如果是带车来访,那么就在单位门口做好准备即可;如果是乘坐汽车、火车、飞机、轮船而来,就应做好接站准备。接站时若单位有车应带车前往车站、码头或机场等候,同时还要准备一块接客牌,上面写上"迎接×××代表团"或"迎接×××同志"等字样。迎接时要举起接客牌,以便来访者辨认。妥善做好这些工作,能给来访者以热情、周到的感觉,不至于因环境不熟、交通不便给来访者带来困难和麻烦。

(4)食宿。

接待者为来访者安排食宿时,首先要了解来访者的生活习惯;其次要尽力而为,不铺张浪费。

(5)规格。

接待的规格要根据来访者的具体情况进行安排,同时要根据不同的规格,安排主要的接待人员。这些工作都要在来访者到来之前做好准备,否则来访者来时就会造成没人照应的尴尬场面。

(6)服饰仪表。

做到仪表整洁、美观是对社会和对他人的尊重。如果一个人的服饰不符合一定场合的要求,还有可能引起误会,因此接待者对自己的服饰、仪表要作恰当的准备,不能随随便便。特别是夏季更应注意,不要穿背心、短裤、拖鞋接待来访者。古今中外,人们都把主人的仪表整洁与否同是否尊重客人直接联系起来。

(7)致辞。

欢迎词是迎接来访者时使用的问候语言,一般情况下不需做出书面准备,但见到来访者时要说"欢迎您的到来""欢迎您指导工作""欢迎光临"之类的话。对于一些隆重的接待,则要准备一些简短的书面欢迎词。另外,一般在重要的公务接待中还要准备一些欢迎标语,以示对来访者的尊敬。

2.了解来访者,做到心中有数

作为接待者,必须对来访者的情况有详尽的了解才能做到心中有数,搞好接待工作。要了解来访者主要是弄清其来访的目的、性别、人数、职务级别,以便有的放矢地做好准备。通过了解来访者的人数、性别和是否夫妇同行等具体情况,便于接待者安排交通工具和住宿,以防准备不足从而造成接待不周;对职务级别的了解则便于接待者做出相应规格的接待。

(二)迎客礼仪

迎客是接待中的重要礼仪之一。它不仅显示出主人的热情与友好,更能给来宾以愉快、受重视的感觉。一般来说,其礼节规范有以下三个方面。

1. 会面

"出迎三步,身送七步"是我国迎送客人的传统礼仪。接待客人的礼仪要从平凡的举止中自然地流露出来,这样才能显示出接待者的真诚。客人在约定的时间按时到达,接待者应提前去迎接。见到客人,接待者应热情地打招呼,主动伸手相握,以示欢迎,同时要说"您路上辛苦了""欢迎光临""您好"等寒暄语。若客人提有重物应主动接过来,但不要帮着拿客人的手提包或公文包。对长者或身体不太好的客人应上前搀扶,以示关心。

2. 乘车

上车时,接待者应为客人打开车门,让客人由右边上车,然后自己再从车后绕到左边上车。车内的座位,后排的位置应当让位高者坐(后排二人座,右边为尊;后排三人座,中间为尊,右边次之,左边再次),晚辈或地位较低者坐在司机旁边的座位。如果是主人亲自开车,则应把司机旁边的位置让给位高者,其余的人坐在后排。在车上,接待者应主动与客人交谈,同时还可以把本地的风土人情、旅游景点等介绍给客人。车到地点后,接待者应先下车,为客人打开车门,请客人下车。

3. 入室

下车后,接待者应走在客人的左边或者走在主陪人员与客人的后面。到会客室门口时,主陪人员或接待者应打开门让客人先进,并将室内最佳的位置让给客人。同时,还要按照礼仪把客人介绍给在场的有关人员。

(三)待客礼仪

良好的待客之礼体现出接待者的修养与素质。下面从四个方面来介绍待客礼仪。

1. 让座与介绍

如果是长者、上级或平辈,应请其坐上座,接待者坐在一旁陪同;如果是晚辈或下属,则请其随便就座。

如果客人是第一次来访,应该向在场的有关人员介绍一下客人,并互致问候。然后沏茶或拿出水果、糖果等招待客人。如果请客人吃东西,应问客人是否要洗手;如果请客人吃西瓜、瓜子等带皮或带壳的食物,应准备好盛放瓜子皮、果皮的盘子和毛巾。

2. 敬茶

无论是在办公室等商务场合还是在家庭中待客,为客人敬茶是待客的重要内容。待客人坐定,应尽量在客人的视线之内把茶杯洗净,即使是平时备用的洁净茶杯,也要再用开水烫洗一下。要用开水泡茶,若没有开水,应立即烧煮少量以应急需,并要给客人打声招呼,请其稍等片刻。切忌用温开水泡茶,使茶叶浮集于杯口,这样既不雅观,又会使客人不愿饮用。

茶杯要轻放,以免茶水泼洒出来,弄得茶几上到处是水,这样既显得尴尬,又会影响整体气氛;如果茶水泼在客人的身上,就会更加难堪。

端茶也应注意礼节,应双手给客人端茶。对有杯耳的杯子,通常是用一只手抓住杯耳,另一只手托住杯底,把茶水送给客人,随之说一声"请您用茶"或"请喝茶"。切忌用五指捏住杯口的边缘往客人的面前送,这样敬茶既不卫生,又不礼貌。

斟茶的动作要轻、要缓和,同时注意不要一次性斟得太满,从而既给客人又给自己带来不便。若凉茶较多,应倒去一些再斟上。斟茶应适时,客人谈兴正浓时不要频频斟茶。客人停留时间较长时,茶水过淡,应重新添加茶叶冲泡,重泡时最好用同一种茶叶,不要随意更换品种。

3. 交谈

谈话是待客过程中的一项重要内容,是关系接待是否成功的重要一环。第一,谈话要紧扣主题。来访者和接待者双方的会谈是有目的的,因此谈话要围绕主题,不要离题太远。如果是朋友之间的交流,要寻找双方都感兴趣的话题,不要只谈自己的事情或自己关心的问题,不管对方是否愿意听或冷落对方。第二,要注意谈话的态度和语气。谈话时要尊重他人,语气要温和适中,不要出言不逊,也不要强词夺理、得理不饶人。第三,会谈时要认真听对方讲话,不要东张西望地表现出不耐烦的表情,应适时地以点头或微笑做出反应,不要随便插话。要等对方谈完后再发表自己的看法和观点,不能只听不谈,否则,也是对别人不尊重的一种表现。

4. 陪访

陪访是接待过程中一种常见的礼仪。在陪同客人参观、访问、游览时,要注意:首先,要在接待计划中事先安排,提前熟悉情况,以便向客人做详细的介绍;其次,要遵守时间,安排好交通事宜;最后,陪同时要热情、主动,掌握好分寸。

(四)送客礼仪

送客是接待的最后一个环节,如果处理不好将影响整个接待工作的效果。送客礼仪,重在送出一份友情,具体来说要注意以下两个方面。

1. 婉言相留

无论接待什么样的客人,当客人准备告辞时,一般都应婉言相留。分手时应充满热情地招呼客人"慢走""走好""再见""欢迎再来""常联系"等。

2. 送客有道

如果将客人送至门口,应在客人的身影完全消失后再返回。另外,送客返身进屋后,应将房门轻轻地关上,不要使其发出声响。那种在客人刚出门的时候就"砰"地关门的做法是极不礼貌的,并且很有可能会因此使客人产生误会,断送掉客人来访期间培养起来的所有情感。

本章习题

一、实训题

[实训一] 办公室相关礼仪训练

实训内容:3个同学一组,分别模拟两种情景(1人扮演外部打入电话者,1人扮演接听电话者,1人扮演相关的业务主管,随后相互调换角色)。

第一种情景:接听电话(接听外部下达通知的电话,接听外部业务电话)。

接听电话者在接完电话后,整理好记录,找相关的业务主管阅批后再进行处理。

第二种情景:打电话(打电话下通知,打电话对外进行相关的业务联系)。

按照事先准备好的内容摘要,打电话下通知,同时做好记录。打电话对外联系业务要注意语言的使用。

实训学时:1个学时。

实训地点:实训室。

实训要求:按照课堂讲解和演示要求,掌握不同身份、不同职位的人所要掌握的相关礼仪。

[实训二] 办公室接待训练

实训内容:3~5个同学一组,其中1人扮演公司总经理,1人扮演公司秘书(或接待人员),1人扮演来宾的主要负责人,1~2人扮演随从人员(其中有一位女性)。从来宾下车、引导来宾进入接待室、敬茶、交谈等环节(也可以加入握手、名片的交换等相关礼仪)进行训练,掌握好办公室礼仪。

实训学时:1个学时。

实训地点:实训室。

实训要求:按照课堂讲解和演示要求,掌握不同身份、不同职位的人所要掌握的相关礼仪。

二、案例题

小李是某师范学院教务处秘书,她和学院12个系的教学秘书不仅工作配合到位,而且还建立了良好的私人友谊。这天,她在办公室打电话给地理科学系,告知该系的教学秘书小吴赶快过来取学院《关于提高教师课时费的决定》和《大学英语四、六级考试报名的通知》等文件和材料。之后,小李又询问小吴的孩子感冒是否好了,"还打点滴吗""晚上咳嗽得还厉害吗""爱吃什么我给他买些"……接着她一直握着话筒,查寻到其他各系的电话号码后通知相关事项。其中,通知到中文系时是张主任接的电话,他向李秘书询问教务王处长在吗,他想就近期普通话测试工作中存在的问题和王处长商议解决的办法。李秘书告诉张主任王处长在,但他现在正在和外校同志商讨联合办学事宜,等会谈结束她会请王处长打电话给张主任。其后,李秘书在办公室坐等各系教学秘书前来领取文件和相关教学资料。

请问:

根据案例提供的信息,请按照电话礼仪标准判断李秘书在办公室打电话过程中的合理之处和失礼之处,并说明理由。

提示:

(1)李秘书在办公室谈公事不应过多涉及私事,通话前应将各系的电话号码查出记准,不应一直握着话筒查询电话号码。

(2)李秘书回答中文系张主任的用语符合电话礼仪的基本要求。

三、思考题

1. 营造整洁的办公环境应注意哪些问题?
2. 在工作中,如何与你的同事搞好关系?
3. 在工作中,如何配合你的领导进行工作?
4. 电话礼仪中应注意哪些事项?
5. 接待的准备工作有哪些?
6. 待客的礼仪有哪些?

第五章　通用商务礼仪

> 在商务活动中，商务人员不可避免地要与他人进行多方面的沟通与交流，而在与他人进行交往的过程中，握手、递名片、交谈、致意和道别、拜访、打电话等都是常见的环节，也都有其通用的礼仪规范，商务人员掌握好这些礼仪规范，才能树立良好的自我形象，给人以专业、高效的印象，商务活动也才能更顺畅、更高效地进行。

一、握手的礼仪

握手是在相见、离别、恭贺或致谢时相互表示情谊、致意的一种礼节，双方往往是先打招呼，后握手致意。同时，握手也是世界大多数国家通行的相互见面和离别时的礼节，是社会交往和商务交往中常见的礼节。

（一）握手的标准方式

标准的握手方式是行至距握手对象1米处，双腿立正，上身略向前倾，伸出右手，四指并拢，拇指张开与对方相握。握手时用力要适度，上下稍晃动3～4次，随即松开手，恢复原状（如图5-1所示）。对于久别重逢的朋友、熟人或者熟悉的客户，握手的力度可以大一些、时间长一些，还可以同时伸出左手握住对方右手的手背。与他人握手时，要专注、热情、友好、自然，面带笑容，目视对方的双眼，同时向对方表示问候。

图5-1　握手的标准方式

(二)握手应掌握的要素

1. 握手的力度

握手应当稍许用力,但以不握痛对方的手为限度。一般情况下,握手不必用力,握一下即可。男士与女士握手时不能握得太紧,西方人往往只握一下女士的手指部分,但老朋友可以例外。

2. 握手的先后顺序

握手的先后顺序为:男女之间,男士要等女士先伸手后才能握手,若女士无握手之意,只需点头或鞠躬致意;宾主之间,主人应先伸手,以示欢迎;长幼之间,年幼的要等年长的先伸手;上下级之间,下级要等上级先伸手,以示尊重。多人同时握手切忌交叉,要等别人完成握手后再伸手;也可以只跟相近的几个人握手,向其他的人点头致意或微微鞠躬就行。为了避免尴尬场面的发生,在主动和人握手之前,应想一想自己是否受对方欢迎,如果已察觉到对方没有要握手的意思,点头致意就可以。

在商务场合,握手时伸手的先后次序主要取决于职位、身份。而在社交、休闲场合,它主要取决于年龄、性别、婚否。

而在接待来访者时,这一问题需特别注意。当客人抵达时,应由主人首先伸出手来与客人相握;而在客人告辞时,应由客人首先伸手与主人相握。前者是表示"欢迎",后者则表示"再见"。这一次序如果颠倒,就容易让人发生误解。

应当强调的是,上述握手时的先后次序并非一成不变。如果自己是长者、年长者或领导,而晚辈、年轻者或下级抢先伸手时,应立即伸出自己的手进行配合。

3. 握手的时间

握手时间的长短可以根据握手双方的亲密程度灵活掌握。初次见面者,一般应控制在3秒钟以内,切忌握住异性的手久久不松开。即使同性之间握手,时间也不宜过长。但是,握手的时间过短,会被人误认为傲慢冷淡、敷衍了事,因而要掌握好握手的时间长短。

4. 握手的场合

握手的场合包括:遇到较长时间没见面的熟人时;在比较正式的场合和相识的人道别时;迎接或送别来访者时;拜访他人后,在辞行的时候;被介绍给不认识的人时;别人给予一定的支持、鼓励或帮助时;表示感谢、恭喜、祝贺时;对别人表示理解、支持、肯定时;向别人表示慰问时;向别人赠送礼品或颁发奖品时。

5. 握手的禁忌

握手时不要戴手套或墨镜,另一只手也不能放在口袋里。只有女士在社交场合可以戴着薄纱手套与人握手。握手时不宜发表长篇大论,过分客套也不合适,这会让对方感到不自在,自然大方就好。特别要注意的一点是,要避免交叉握手。与阿拉伯人、印度人打交道时,切忌用左手与他人握手,因为他们认为左手是不洁的。此外,还需要注意的是,除了长者或女士以外,坐着与人握手是不礼貌的。在任何情况下,拒绝对方主动要求握手的举动都是无礼的,但手上有水或不干净时应谢绝握手,同时必须向对方解释清楚并致歉,以免产生误会。

我们还可以通过表5-1来更直观地了解握手的原则与注意事项。

表5-1 握手的原则与注意事项

原　　则	注意事项
"尊者决定"原则	年长者与年幼者握手,应由年长者首先伸出手来;长辈与晚辈握手,应由长辈首先伸出手来;老师与学生握手,应由老师首先伸出手来
"女士优先"原则	女士与男士握手,应由女士首先伸出手来
"已婚主动"原则	已婚者与未婚者握手,应由已婚者首先伸出手来
"职位、身份高"原则	职位、身份高者与职位、身份低者握手,应由职位、身份高者首先伸出手来
"顺时针"原则	如果在餐桌上或围坐在大厅时,可以按顺时针的方向握手
"由近及远"原则	在平辈的朋友中,可以由近及远进行握手

握手可以反映一个人的修养和态度。有时我们从与对方握手的一瞬间就可以感觉到对方是热情还是冷淡,是谦恭还是傲慢,是自信还是自卑,是真心实意还是敷衍了事。所以,握手时的一些礼仪应引起商务人员的重视。握手的礼仪,说到底就是尊重,尊重别人,也尊重自己。握手是现代人广泛通用的国际社交礼仪,是表达人与人之间交流的一种方式,也是拉近人际关系沟通的第一步。

有这样一个关于握手的故事:某公司准备聘请一位市场部主管,对应聘人员的要求特别高,待遇当然也相当高。应聘者经过面试、笔试、口试的层层严格挑选,符合条件的只有两位,而这两位应聘者的条件旗鼓相当,最后公司总裁决定亲自面试他们。在总裁办公室,他很客气地和两位应聘者一一握手、问好,语重心长地告诉两位应聘者一位好的主管首先要有健康的身体,其次要有很好的亲和力和向心力、很高的工作热情和强烈的责任心。因为这不是一项单纯的工作,不但要面对外面,还要面对手下将近两千名的员工。总裁注意观察了两位应聘者的神情,前者一脸严肃,后者则显得稳重自信。

当然,总裁最终选择了稳重自信的后者。总裁向大家道出的理由非常简单:与前者握手的时候发现他的手是冰凉的,而且有气无力,这表明他的身体不够好,而且容易紧张,显得不够自信;而当与后者握手的时候,虽然只是很短的两三秒钟,但是他握手果断、有力,他的健康、自信也通过手表达得很清楚了。

由此可见,握手不仅仅是礼节,而且还是热情、责任、诚恳的表现,更是拉近人际关系、使人迈向成功的第一步。因而,初次见面的握手可能会给他人留下深刻的印象,因此,无论是去见一个人,还是去办一件事情,乃至去应聘一份工作,我们都应该诚恳地伸出手来拉近距离、把握机会,这也是现代人的基本社交礼仪。

 阅读案例 5-1

郑瑞是某公司的经理,有一天,他被邀请去参加一场晚宴,此次晚宴的规模巨大,聚集了职场上的许多成功人士。在宴会上,郑瑞被朋友介绍给一位曹女士。为了表示自己的友好,他先把手伸出去想与曹女士握手,可是曹女士居然没有任何的反应,还在与一旁的朋友说说笑笑。郑瑞觉得非常的尴尬,觉得手不能再缩回去,撑了大概20多秒,那位曹女士还是不配合,后来他一着急说了声"蚊子",然后转手去打莫须有的蚊子。这种场面让周围的人都不禁捏了把冷汗。郑瑞也是满脸通红地离开了。

在社交场上,握手是最普遍的礼仪,商务人员在职场上要懂得握手的相关礼仪,充分显示自己的修养与对对方的尊重。

 握手小贴士

1. 握手时不能东张西望、漫不经心,这是对受礼者的不尊重。
2. 注意握手的先后顺序,晚辈、下级、男士、客人不要主动上前握手问候。
3. 握手要掌握时间和力度。一般情况下,握一下即可,不要太用力。
4. 男士与女士握手时,用力要轻一些,一般应握女士的手指;时间要短一些,切忌握住不放。
5. 女士假如不打算与向自己首先问候的人握手,可以欠身致意或点头微笑,不要置之不理或扭身而去。
6. 不要用湿手或不干净的手与人握手。
7. 握手前要脱帽和摘手套。若实在来不及脱手套或正在工作来不及洗手,要向对方表示歉意。
8. 正常情况下,不要坐着与人握手。
9. 不要多人交叉握手或者跨门槛握手。
10. 与多人相见,握手的时间应大体相等,不要给人以厚此薄彼的感觉。

二、名片的礼仪

在商务场合互相交往,其中名片是不可缺少的,工作中的名片就相当于一个人的第二个"身份证",因此如何用好名片,展示出的不仅是个人的形象,更关乎组织的形象。名片的信息比较详尽,又具有简便、易携带等特点,所以便于人与人之间的交往与联系。实际上,名片就是一个人自我介绍的载体,在递送名片的同时也是在告诉对方自己的详细信息。当一个人踏上职业旅途时,设计及印制名片是首要任务。精美的名片会给人留下深刻的印象,发送名片也有一定的学问。要注意的是,在亚洲一些国家和地区,在商务活动中互赠名片是一种必需的程序;而在另外一些国家,特别是在美国,在确认有必要时才互赠名片。因此,在英文当中,名片并非"Name Card",而是"Business Card",只有确有必要,才会互留名片。

(一)名片的制作

1. 名片的材质

(1)使用的材料要适宜。

名片最好使用卡片纸,如果出于节约、环保的考虑,用再生纸甚至打印纸也可以。名片本身就是个载体,只要能把信息印清楚,不容易丢失、折损,清晰可辨即可。换言之,在制作名片时,不要故弄玄虚,使用一些怪异、昂贵的材料。若有人为了突出个性,使用木片、真皮、塑料等制作名片,在商务活动中,这样不但不雅观,而且也不易携带和使用。一般来讲,名片还是用传统的卡片纸来做更符合名片制作的习惯,而且简便、清晰、易携带。

(2)名片的尺寸要得当。

名片的尺寸是有讲究的,一般来说,名片的规格是一般是5.5厘米×9厘米,太大不容易存放携带,太小则显得小气且不易辨认。需要注意的是,在国际商务活动中,许多人用的名片比国内通用的名片大一点,是6厘米×10厘米。

(3)名片的色彩要简洁。

名片包括标记、图案和徽记等内容,其色彩最好要控制在3种之内。颜色多于3种会给别人一种杂乱无章的感觉。实际上,名片最好只有两种颜色,即纸是一种颜色,字是一种颜色,如果单位有徽记的话,可以再加一个徽记,这样既显得简洁大方,又能很好地行使名片的功能,以免让杂乱的色彩喧宾夺主。此外,纸张最好选择浅色,就是天然质地的那种白色或者浅灰色、浅蓝色、浅黄色等浅色,这样印上深色的字就显得比较美观、大方。

2. 名片的内容

商务活动中所用的名片,其内容往往有三大项,每个大项又有3个小点。第一大项的内容一般放在名片的左上角,这个位置叫作归属,也就是所属单位。它一般包括三个要点:一是所属单位的全称;二是所在的部门,如销售部、广告部、公关部、财务部等;三是单位标志,也就是单位的徽记,即企业的标志。第二大项的内容则印在名片的正中间,这是名片最重要的内容,叫作称谓。称谓又包括姓名、职务和学术或技术职称等。这里有两个问题需要注意:如果对方所递的名片上没有头衔的话,不要另行询问;如果头衔很多的话,则印上一两个主要的即可,无须太多。第三大项的内容一般印在名片的右下角,即联络方式。它包括以下三点:详细的地址、邮政编码和办公室电话。随着通信方式的日益多元化,名片有时候也印上移动电话和电子邮箱的地址(如图5-2所示)。在实际生活和商务交往中,名片的设计多样、制作美观,往往不一定完全符合上述每条,但万变不离其宗,清晰易辨、让接受名片的人一目了然,始终是制作和交换名片的目的。值得注意的是,随着社会的发展,人们对名片的要求也有所改变,名片的发展趋势却是日趋简洁,名片上只印名字、职务、联系方式等信息的情况已不少见。此外,在国际商务活动中,中文和外文在名片上要各印一面。

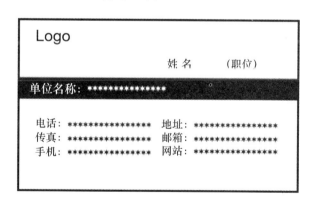

图 5-2 名片的内容

(二)名片的交换

1. 名片的索取

在一般的场合中,不提倡主动索要名片,但是在商务场合中,多要一张名片可能就多一份商机。索要名片有三种方式。第一种方式是主动把名片递与对方。将欲取之,必先予之,想索要别人的名片,其实最省事的办法就是把名片递给对方。第二种方法是可以明确索取,但这种方法一般用在相熟的人之间。第三种方法可以讲究一下策略,如在商务场合想索要某人的名片时,可以说:"我知道您是

××方面的专家,我听过您的讲座,非常受启发,不知以后能否有机会向您请教"等比较委婉的话,如果对方有意,那就会递与名片。交换名片实际上是一个博弈的过程,如果能做到进退有方,就能很好地掌握索取名片的艺术。

2. 名片的发放

当把名片递与他人时,也要讲究礼仪。即职位低的人先把名片递给职位高的人,男士先递给女士,晚辈先递给长辈,下级先递给上级,主人先递给客人。二要循序渐进。一种是常规的做法,即按照职位的高低进行。当不知道对方的职位时,可以采取第二个规则,即由近而远,谁离得近先给谁。如果就座的是个圆桌,发送名片时一般就要顺时针方向旋转。

3. 名片的交换

在商务场合,名片是商务人员进行自我介绍的简便方式。交换名片的顺序一般是"先客后主,先低后高"。像发放名片一样,当与多人交换名片时,应按照职位的高低或是由近及远的顺序依次进行,切勿跳跃式地发放,以免令对方有厚此薄彼之感。递送名片时应将名片所示正面面向对方,双手奉上。眼睛应注视对方,面带微笑,并大方地说:"这是我的名片,请多多关照"等。名片的递送应在介绍过程完毕之后,在尚未弄清对方的身份时,不应急于递送名片,更不要把名片随便散发。处在一群彼此不认识的人当中,最好让他人先发送名片。名片的发送可以在刚见面或告别时,但如果自己即将发表意见,则应在说话之前将名片发送给周围的人,以方便大家认识自己。应当谨记的是,无论是参加私人餐宴还是商业餐宴,名片皆不能于就餐时发送。

(三)名片的发送与接受规则

1. 发送名片应注意的事项

若想适时地发送名片,使对方接受并收到较好的效果,应注意以下事项。

(1)除非对方要求,一般不要在年长的主管或上级面前主动出示名片。

(2)对于陌生人或巧遇不熟悉的人,不要在谈话中过早地发送名片。因为这种热情一方面会打扰别人,另一方面有过分推销自己之嫌。

(3)不要在一群陌生人中到处传发自己的名片,这会让人产生误会,反而不受重视。在商务活动中尤其要有选择地传发名片,才不致使人误解发送名片的人的主要意图。

(4)把名片递给他人的时候,一般的做法是拿着名片的两个上角双手递与或者用右手递给他人,左手递名片在很多国家是不被接受的做法。

2. 接受名片要注意的问题

(1)要起身迎接,并双手接过名片。名片印的是对方的名字,对名片的重视就是对名片主人的重视。

(2) 接受名片后要表示谢意。

(3) 接受别人的名片后,一定要及时地回赠对方。如果未携带名片,可以跟对方说明一下(如说"下次给您"等),以给对方一个交代。

(4) 接受对方递过来的名片时,应双手去接。拿到对方的名片后,应认真阅读对方的姓名、职务、单位,再注视一下对方,以示尊重,这样也能将名片与人联系起来,以便更快地认识对方。有不认识的字应马上询问,不能拿着对方的名片玩弄。

(5) 接受名片后要把对方的名片收藏到位。第一,现场收藏,若同时收到多张名片,应将名片依次叠放在桌上,名片的顶端冲着相应的人,字的正面对着自己;或者把对方的名片拿过来之后放在自己的名片包或上衣口袋里。第二,过后收藏,回去后将名片放在办公室的抽屉里或专门的地方,这样也便于以后查找或使用。

(四) 名片的管理

名片在商务场合的用途很重要,但是不少人却有过这样的经历:参加一次商务活动之后,名片收到了一大把,往办公室里随手一放,就忙别的去了。日积月累,手里的名片不少,而当急于寻找一位客户或朋友的名片时却东找西翻,就是找不到对方曾留下的名片和联系方式。由此看来,收到名片后对名片的管理十分必要。

1. 接受名片后应适当的联系

当与他人在不同的场合交换名片后,商务人员应详尽地记录与对方会面的人、事、时间等。活动结束后,应回忆一下刚刚认识的重要人物,记住对方的姓名、职务、行业等。必要的话,第二天或两三天之后,主动打个电话或发封电子邮件,向对方表示相识的高兴之情或者回忆相互认识时的愉快细节,让对方加深对自己的印象和了解。

2. 对名片进行分类管理

商务人员既可以对名片的主人按地域进行分类(如按省份、城市等),又可以按行业进行分类(如教育、媒体等),还可以按人脉资源的性质进行分类(如同学、客户、专家等)。

3. 养成经常翻看名片的习惯

商务人员在工作的间隙翻看一下整理好的名片档案,给对方打一个问候的电话或发一个祝福的短信等,可以让对方感觉到对他的关心与尊重。

4. 定期对名片进行清理

商务人员应定期对手边所有的名片与相关信息资源作一次全面的整理,依照重要性及相互联系的概率等将其分成三类,即长期保留的名片、暂时保留的名片和确定不要的名片。确定不要的名片要即时进行销毁处理。

在商务交往中,名片是人脉管理中的重要资源。使用和管理好自己和他人的名片,能让商务人员的人脉资源得到扩展,从而助自己的事业一臂之力。

 阅读案例 5-2

小王到手的订单为何会飞走

小王是一家公司的业务员,他的业务能力很强,但是做事情有些大大咧咧,不太注意细节。有一次,他去拜访公司的一位大客户,这位客户想在小王的公司订购一大批产品。

到了客户那里之后,接待人员将小王领到总经理办公室,说明来意之后,小王想把自己的名片给对方,但是他找遍公文包,找来找去也没有找到。

后来,小王终于在包的夹层中找到了一张皱巴巴的名片,上面还写有一些字,他随手就递给了总经理。谈了一会,总经理借口出去一下,回来的是总经理的秘书,他告诉小王总经理临时有事情出去了,让小王先回去。随后,小王再联系该公司,对方的态度就冷淡了下来,就这样到手的订单又飞走了。后来,小王才知道这位总经理觉得小王如此粗心,不仅是对他本人的不尊重,还觉得小王所代表的公司在产品细节上肯定也存在问题。

作为职场的一员,名片就是第二个"身份证",直接代表了人们的身份和形象。正确使用名片会起到提升个人形象的作用,使用方法不正确则有可能损害个人甚至组织的形象。案例 5-2 中的小王就是因为对自己的名片使用不当致使订单流失。

三、交谈的礼仪

交谈活动是商务活动的核心,任何成功的谈判一定是一次圆满的交谈。而在圆满的交谈活动中,遵守交谈礼仪毫无疑问具有重要地位。因此,在交谈活动中,商务人员必须讲究并严格遵守交谈的礼仪。

交谈是以两个人或几个人之间的谈话为基本形式,进行面对面的学习讨论、沟通信息、交流感情的言语活动。它是表达思想及情感的重要工具,是人际交往的主要手段。交谈的礼仪,是指人们在交谈活动中应遵循的礼节和应讲究的仪态。孔子在《论语》中说"言之不文,行之不远",意即谈话一定要符合一定的礼仪规范。

在现代社会中,人与人的交流是通过接收对方传递的信息,并通过主观对客观信息的接收、评价而产生的一种心理反应,能产生人与人之间的某种关系和信息交流的作用。因此,在人际交往尤其是在商务交往中,商务人员不能只从自身出发,想说什么就说什么,想怎么说就怎么说,而应遵守一定的礼仪规范,才能达到双方交流信息、沟通心灵的效果。在商务交往中,对商务人员的口才有很高的要求,不一定要伶牙俐齿、妙语连珠,但应具有良好的逻辑思维能力、得体的语言表达能力。交谈能否得体,是商务人员待人接物是否得当的直接体现。

(一)交谈的作用

1. 交谈是建立良好人际关系的重要途径

顺畅、愉悦的交谈是连接人与人之间思想感情的桥梁。俗话说:"良言一句三冬暖,恶语伤人六月寒",这说明交谈在人际交往中的作用是举足轻重的。一个人善于交谈就能广交朋友,为自己带来更多的发展机会,为社会增添和谐。反之,我们也不难看到不少人因话不得体,伤害了亲友、得罪了客户。

2. 交谈是交流思想、学习知识、增长才干的重要手段

善于同有思想、有修养的人交谈,就能学到很多有用的知识,即"与君一席谈,胜读十年书"。英国文豪萧伯纳也曾说过:"你我是朋友,各拿一个苹果,彼此交换,交换后仍各有一个苹果;倘若你有一种思想,我也有一种思想,相互交流思想,那么,我们每个人就有两种思想了"。由此可见,广泛地交谈还可以交流信息,深化思想,增强认识问题、处理问题和解决问题的能力。

因此,掌握交谈的礼仪要求,提高交谈的语言艺术,对于商务人员提高工作水平和工作效率也具有极其重要的作用。

(二)交谈的形式

在不同的场合下,交谈有多种形式,下面介绍五种常见的形式。

1. 寒暄

寒暄即仅为了融洽气氛用来应酬的话语。人们初相逢之际所打的招呼、所问的安好都是寒暄的类型。

寒暄的主要功能与用途,往往是在人际交往中用来打破僵局,缩短人际距离,向交谈对象表达自己的敬意或是借以向对方表达乐于与其结交之意。因此,在与他人见面之时,若能选用适当的寒暄语,往往会为双方进一步的交谈做良好铺垫。反之,在本该与对方寒暄几句的时刻反而一言不发、冷淡相待,既是无礼的表现,又会给双方今后的交往带来障碍。

当被介绍给他人之后,也应当跟对方进行寒暄,否则,通常会被理解为不想与其深谈或不愿与其结交。碰上熟人,更应当与其寒暄一两句,若视若不见,则尤其显得失礼。

寒暄语不一定具有实质性内容,且可长可短,需要因人、因时、因地而宜,它应具备简洁、友好与尊重的特征。比较常见的寒暄方式大致有以下三种类型。

(1) 问候型。

问候型寒暄语归纳起来主要有以下三种。一是国际上通行的表现礼貌的问候语,如"您好""早上好""节日好"等,这些是随着对外交往的日益增多,受国际大环境的影响而普及、流行开来的问候用语。二是由于各国的风俗千差万别,很多的问候用语也带有鲜明的地域特色,如在中国,人们常以"吃了吗""去哪儿啊""看上去气色不错"等表达关切问候之意;而在西方国家,这样的问候会让人不知所措甚至尴尬异常,西方人之间大都是以天气等作为寒暄的话题,如"今天天气不错""你的衣服真漂亮"等。三是根据交谈对象的年龄、职业等的不同,给予恰当的问候,如对儿童可以问几岁了"或者"上几年级了",对老师可以说"今天有课吗",对记者则可以说"听说您最近很忙,又有重量级稿件要发表吧"等。

(2) 攀谈型。

在人际交往中,只要彼此留意,就不难发现彼此之间有着这样或那样的"亲""友"关系,如"同乡""同事""同学"甚至远亲等沾亲带故的关系。在初见面时,略为寒暄,攀认某种关系,就可能使得双方有一见如故之感,由此立即转化为建立交往、发展友谊的契机。在商务活动中,商务人员要善于寻找契机,发掘双方的共同点,从感情上靠拢对方,有时,适当的攀谈型寒暄语往往也会给商务交往带来意外惊喜。

(3) 仰慕型。

仰慕型问候语是对初次见面者尊重、热情有礼的表现,如"久仰大名""早就听说过您""您的大作我已拜读,受益匪浅""您比我想象得更年轻""您的气质真好,您是做什么工作的""您设计的公关方案真好"等。

寒暄语的使用应根据环境、条件、交谈对象以及双方见面时的情境和感受来选择与调整,并没有固定的模式,只要见面时让人感到自然、亲切就好。寒暄应态度真诚、语言得体,对不同的人应使用不同的寒暄语。

2. 自我介绍

人与人之间相处,第一印象往往非常重要。如何以介绍为桥梁,与他人建构起良好的关系,这是非常关键的。在商务交往中,商务人员若能正确地利用自我介绍,不仅可以扩大自己的交际范围、广交朋友,而且有助于自我展示、自我宣传,在交往中消除误会、获得友谊等。

自我介绍主要有以下四种形式。

（1）简捷式。

简捷式自我介绍适用于某些公共场合和一般性的社交场合，这种自我介绍最为简洁，往往只包括姓名一项即可，如"您好，我叫××""您好，我是××"等。

（2）工作式。

工作式自我介绍适用于工作场合，包括本人的姓名、供职单位及其部门、职务或从事的具体工作等，如"您好，我叫××，是××外贸公司的业务员""我叫××，在××公司的公关部工作"等。

（3）交流式。

交流式自我介绍适用于在交往活动中，表达希望与交往对象进一步交流与沟通的意愿。大体包括自我介绍者的姓名、工作、籍贯、兴趣及与交往对象的某些相熟的关系等，如"您好，我叫××，在××外贸公司上班。我是××的老乡，都是××人""我叫××，是××的同事，也在××大学××系，我教××"等。

（4）礼仪式。

礼仪式自我介绍适用于讲座、报告、演出、庆典等一些正规而隆重的场合。礼仪式自我介绍包括姓名、单位、职务等，同时还应加入一些适当的谦辞、敬辞，如"各位来宾，大家好！我叫××，我是××公司营销部经理。我代表本公司热烈欢迎大家光临我们的展览会，希望大家……"等。

在做自我介绍时要注意以下事项。

（1）时间适宜。

要抓住时机，在适当的场合进行自我介绍，对方有空闲而且情绪较好，又有兴趣时，这样就不会打扰对方。自我介绍还要简洁，尽可能节省时间，以30秒左右为佳。同时，为了节省时间，进行自我介绍时，还可以利用名片、介绍信等加以辅助。

（2）态度得当。

进行自我介绍，态度一定要自然、友善、亲切、随和，应落落大方、彬彬有礼。既不能唯唯诺诺，又不能虚张声势、轻浮夸张。语气要自然，语速要正常，语音要清晰。

（3）内容真实。

进行自我介绍，要实事求是，切忌自吹自擂、夸大其词。

3. 称赞和感谢

在商务活动中，懂得称赞和感谢别人的人容易获得他人的好感，从而为商务交往赢得先机。但是,称赞与感谢都有一定的技巧,如果不遵守这些技巧,不但达不到沟通感情、促进交往的效果,而且可能会显得虚伪。如赞美别人"您今天穿这件衣服比上次那件好看多了""去年您拍得那张照片显得真年轻"等都是不恰当的称赞。前者有可能被理解为"上次穿的衣服不好看",后者则可能是被理解为"现在一点也不年轻了"。

称赞和感谢别人要把握分寸,需注意以下三个问题。

(1) 要诚挚中肯。

如夸一位40岁左右的女士"显得真年轻"是可以的,但要说"看上去也就20出头"就太做作了。不带真诚的赞美,不但不会使人愉悦,反而会让人感到虚假、不自在,甚至招致他人的反感。

(2) 要因人而异。

如男士喜欢别人称赞其幽默风趣、风度翩翩,女士则渴望被称赞年轻漂亮,老年人乐于别人欣赏自己的知识丰富、身体保养得好,孩子则愿意大人表扬自己聪明懂事。因而,适当地道出他人内心期望获得的赞赏,就会拉近彼此的距离。

(3) 要注意场合。

如果是在严肃的谈判场合,突然对对方来一句"您显得真年轻",可能会让气氛变得尴尬,从而影响谈判的进行。因而,并非任何场合的赞美都会让人心旷神怡。

感谢有时也是一种赞美。在商务活动中,一句简短的"谢谢"往往能赢得更多的回报。不过,感谢他人也要分场合,有些应酬性的感谢可以当众表达,但若要显示认真而庄重的话,最好在他人不在场时专门表达。另外,也可以表达一下感谢的理由,如"谢谢您耐心的解答""感谢您提供了这么好的服务"等。

4. 争执与辩论

在商务交往中,即使在某些正式的谈判中,交往各方为了维护各自的利益,难免会针锋相对,也就是我们所说的争执与辩论。而在商务活动的争辩中要遵循的首要原则就是"以礼为先",特别要注意以下三个方面。

(1) 语气要沉稳、果断。

老子的《道德经》中说"大音希声",即真正的道理并不在于声音的大小。争辩不是争吵,再高的声调也无助于在争辩中占得优势,在商务场合更是如此。即使是争辩也应讲话舒缓有致,做到以理服人,而不应强词夺理、得理不饶人。

(2) 讲话要简洁、明了。

漫无目的的高谈阔论并不代表能言善辩,有时反而会被对方抓住把柄,让自己陷入被动的局面。相反,有一说一,能用最简洁的话讲明白复杂的道理才是善辩的行家里手。

(3) 一定要以事实为依据。

在争辩时，一定要"摆事实，讲道理"，尤其是在商务谈判中，与对方就某一利益问题展开磋商时，要讲明事实，以理服人，而不能一味空谈。

与此同时，若要在争辩中占得先机，大体有以下三种争辩的方法：一是证明对方的论据不真实，不能支持其论点；二是从对方论证的过程中找出漏洞；三是直接证明对方的观点不正确。

5. 拒绝与道歉

拒绝与道歉也是商务活动中不可避免的谈话方式。尽管拒绝他人可能会使双方有暂时的尴尬，但"当断不断，必受其乱"，拒绝也是一门艺术，该拒绝时一定要以适当的方式表达出来，以免给工作带来被动。

当然，拒绝也要讲究方式方法，生硬的拒绝同样会使自己成为不受欢迎的人。从技巧上来说，拒绝可以采取直接拒绝、婉言拒绝、回避拒绝、沉默拒绝等方式。

一是直接拒绝，即拒绝之意直接讲出来。此时需要注意的是，应当直接将拒绝的理由讲明白，同时向对方表达谢意和歉意。如在商务活动中对方要赠予贵重礼品，此时商务人员可以直接拒绝，但应以恰当的态度表达出来："对不起，我们公司有规定，这么贵重的礼品我不能收，谢谢您的美意"等。

二是婉言拒绝，也就是用温和委婉的语言表达拒绝之意。与直接拒绝相比，间接拒绝更易被人接受。

三是回避拒绝，也就是面对难以回答的问题时，避实就虚，暂时搁置此事，过后对方自然明白此中之意。

四是拒绝沉默，即面对对方难以回应的问题时，不立即予以回答，即以沉默应对之。

(三) 交谈的原则

不论是哪一种交谈方式，都应遵循以下六个原则。

1. 真诚坦率

交谈双方的态度要认真、诚恳，即认真对待交谈的主题，坦诚相见、直抒胸臆，明白地表达各自的观点和看法。有了真诚坦率的态度，才能有融洽的交谈环境，从而为交谈成功奠定基础。西方有一句格言："出自肺腑的语言，才能触动别人的心弦"，也就是说人与人之间的思想交流和信息沟通贵在"诚"字。只有用自己的真情激发起对方感情的共鸣，交谈才能取得理想的效果。与人交往之中，坦诚是心与心之间最好的桥梁。

2. 互相尊重

交谈是双方思想、感情的交流,是双向活动。要想取得满意的效果,就必须顾及双方的心理需求。交谈的双方无论地位高低、年纪大小和辈分高低,在人格上都是平等的,所以,谈话时要把对方作为平等的交流对象,在心理上、用词上、语调上体现出对对方的尊重。谈到自己时要谦虚,谈到对方时要尊重。同时,要尽量使用敬语和谦语,以显示个人的修养、风度和礼貌,切不可盛气凌人、自以为是、唯我独尊。

3. 神情专注

在交谈时,双方都应专注认真,正视对方。谈话中的语气、语态、神色、动作、表情都要表现得专心致志、聚精会神,并适当使用一些表示认同的语气和态度的用语,如"啊""是吗""那太好了"等,以烘托、渲染交谈的气氛,激发对方的谈兴。交谈中切忌东张西望、似听非听。

4. 慎言多思

在交谈中,讲话者必须顾及对方的情感和因自己的谈吐而激起的反应。只有在交谈中做到谦虚礼让,多听少讲,先听后讲,考虑成熟后再说,才可以减少交谈中的失误。

5. 相互交流

交谈是双向交流,而不是一方发表演说。因此,在交谈中要有平等的谈话态度,即使自己对某一问题掌握了权威的材料或有独到的见解,也应多用商量的口气说话,以增加对方的参与意识,缩短彼此的距离,切忌给人留下夸夸其谈、居高临下、自以为是的印象。要注意交流,多给别人说话的机会,这不仅是对对方的尊重,同时也给自己一个思考的余地。

6. 因人而异

人们的言语交流总是有对象的,在交谈中"有的放矢",善于因人而异,才能获得良好的交谈效果。与人交谈时要注意以下四点:一是语速、音量因交谈对象的年龄而异;二是遣词用句要根据交谈对象的文化程度和性格特点而异,根据交谈的内容,有的应讲究风度、增加文采,有的则宜朴实通俗、贴近生活;三是谈话的语气也应根据交谈对象的不同目的而有所变化;四是根据交谈对象的善谈与否,调整自己谈话的节奏。

(四)交谈的技巧

1. 要言之有物

交谈的双方都想通过交谈扩大交流、加强沟通、拓宽视野、提高水平,因此,交谈要有观点、有内容、有内涵、有思想,空洞无物、缺乏实质内容的交谈是不会受人欢迎的。没有材料和事实做依据,再动听的语言也会显得苍白乏味。因而,交谈要言之有物,正确反映客观事物,恰当地揭示客观事理,贴切地表达思想感情。

2. 要言之有序

即要根据讲话的主题和中心设计好讲话的次序,安排好讲话的层次,使得交谈有逻辑、有条理。如果谈话没有中心,语言支离破碎,想到哪里就说到哪里,容易让人产生一种杂乱无章的感觉。所以,交谈时要想清楚先讲什么、后讲什么,思路要清晰,内容有条理,布局要合理。

3. 要言之有礼

交谈时要讲究礼节礼貌,讲话者的态度要谦逊,语气要友好,内容要适宜,语言要文明;听话者的态度要专注,注意力要集中,不要做其他的事情。这样就会形成一个相互信任、气氛和谐的交谈环境,从而为交谈获得成功奠定良好的基础。

(五)倾听的学问

谈话是双向的,有谈也有听。倾听别人谈话与谈话一样也要讲究技巧和艺术。因此,倾听别人谈话时要注意以下四个方面。

1. 要虚心

高明的听众是善于向别人请教的人,他们能够用一切机会博采众长、丰富自己,而且能够留给别人彬彬有礼的良好印象。听话者为了表明对讲话者所谈内容的关心、理解和重视,可以适时发问,提出一两个对方擅长而自己又不熟悉的问题,请求讲话者更清晰地进行说明或解答,这样做往往会令讲话者受到鼓舞,使得气氛更加融洽。

2. 要耐心

有时一个普通的话题,讲话者已知甚多,但对方却仍兴趣多多、谈兴甚浓,出于对对方的尊重,也应保持耐心,尽量让对方把话讲完,不要轻易打断或插话,也不要反驳对方。如果确实需要插话或打断对方的谈话时,应先征得对方的同意,如用商量的口气说一声"请等一等,让我插一句""请允许我打断一下"或"我提个问题好吗",这样既可以转移话题又不失礼貌。

3. 要专心

听人谈话应目视对方,全神贯注,用心倾听对方的谈话。如果听话者一时没有听清或没有理解讲话者的谈话,不妨请对方解释其谈话的意义,同时专心倾听,这样不但能使听话者自己的思路更加明确,也使讲话者觉得听话者听得很专心,从而使得谈话的气氛更加融洽。

4. 要细心

听人谈话还要有足够的敏感性。要注意听清对方话语的内在含义和主要思想观点,不要过多地考虑对方的谈话技巧和语言水平,更不要纠缠于细枝末节的问题。

最后,还要有呼应配合。当讲话者谈吐幽默时,听话者的会心的笑声会增添讲话者的兴趣;当说到紧张处时,听话者屏住呼吸会强化气氛;当讲到精彩处时,则可以报以掌声。当然,听话者的表情与反应要与谈话者的神情和语调相协调,以免让谈话者觉得大惊小怪,给其留下不好的印象。听话者还应随时利用听话的间隙,将谈话者的观点与自己的看法作比较,谈谈自己的观点、意图,从而让谈话的气氛更加融洽和谐。

 阅读案例 5-3

小王求职失败与成功的原因是什么

小王拥有会计和国际贸易双学士学位,毕业时,他想找一份专业对口的工作,加之自身英语基础不错,他选择了到外贸公司做外销员。小王先后做了几家公司的外销员,但每次均在试用期内,用人单位就中止了与他的劳动合同。几番挫折之后,小王再次来到人才交流中心时,引起了人才交流中心顾老师的注意。经过观察及与小王进一步的沟通,顾老师发现,小王的性格比较内向,不善于言谈,人际交往能力较差,显得缺乏信心,但对数字比较敏感,办事认真细心,于是顾老师就推荐了一些统计和出纳方面的岗位让小王去面试。小王接受了顾老师的建议。不久,就有一家公司录用了小王,聘请他担任"计划统计"一职。小王很快适应了新的工作,做起来得心应手,自己感觉也相当得轻松舒畅,并顺利度过了试用期,得到了用人单位的肯定。

 礼貌用语小贴士

1. 称姓名——贵姓、尊姓大名、芳名(对女性)。
2. 称年龄——高寿(对老人)、贵庚、芳龄(对女性)。
3. 请人提供方便、帮助——借光、劳驾、有劳您。
4. 请别人提意见——请指教、请赐教。
5. 请别人原谅——请包涵、请海涵。
6. 问候——您好、早安、午安、晚安。

7. 告别——再见、晚安、祝您愉快、祝您一路平安。

8. 应答——不必客气、没关系、这是我应该做的、非常感谢、谢谢您的好意。

9. 道歉——请原谅、打扰了、实在对不起、请不要介意。

四、致意和道别的礼仪

致意是一种常用的礼节,表示问候之意,通常用于相识的人之间在各种场合打招呼或被别人引见、拜访时作为见面的礼节。礼貌的致意会给人一种友善的感觉,也会拉近人与人之间的距离。

(一)致意的形式

向对方致意表示问候时,表情应和蔼可亲,表达出诚心诚意之情。若面无表情或精神萎靡不振,会给人以敷衍了事的感觉,起不到致意应达到的效果。具体来说,致意的方法有以下四种。

1. 招手致意

招手致意时,一般不必出声,动作如下:全身直立,面带微笑,目视对方,略微点头;手臂轻缓地由下而上,向侧上方伸出,可以全部伸直,也可以稍有弯曲;致意时伸开手掌,掌心向外对着对方,指尖指向上方;手臂不要向左右两侧来回摆动。只需将右臂伸直,掌心朝向对方,轻轻摆一下手即可。这种方式适于向距离较远、不便说话的熟人致意。

2. 点头致意

点头致意适于不宜交谈的场所,如在会议、会谈进行中,与相识者在同一场合见面或与仅有一面之交者在社交场合重逢,都可以点头表示问候。点头致意的方法是头微微向下一动,幅度不用太大。

3. 欠身致意

欠身致意即全身或身体的上部微微向前一躬,这种致意方式表示对他人的恭敬,其适用的范围较广,对熟悉或不太熟悉之人,在商务场合以及办公室内外都可以使用。

4. 脱帽致意

与朋友、熟人见面时,若戴着有帽檐的帽子,则以脱帽致意最为适宜。即微微欠身,用右手脱帽,将其置于大约与肩平行的位置,同时与对方进行目光交流。

致意时动作要自然、文雅,一般不要在致意的同时向对方高声叫喊,以免妨碍他人。致意的动作也不可以马虎,而必须认认真真,以充分显示出对对方的尊重。

 致意小贴士

1. 男性先向女性致意。不管男女,年轻者均应首先向年长者致意,下级应先向上级致意。两对夫妇见面时,女性先互相致意,然后男性分别向对方的妻子致意,最后男性互相致意。
2. 在街上打招呼,三四步远是最好的距离。男士可以欠身或点头,如果戴着帽子应摘下。与人打招呼时,忌叼着烟或把手插在衣袋里。
3. 女性在各种生活场合中,均应主动微笑点头致意,以示亲和。
4. 在饭店等室内场合遇到相识的亲友,应友好地点头致意。
5. 有人向自己致意时,一定要还礼答谢。

(二)道别的礼仪

1. 挥手道别

挥手道别是人际交往中常用的手势礼仪,采用这一手势的正确做法是:身体站直,不要摇晃和走动;目视对方,不要东张西望,眼看别处;可以用右手,也可以双手并用,不要只用左手挥动;手臂尽力向上前伸,不要伸得太低或过分弯曲;掌心向外,指尖朝上,手臂向左右挥动;用双手道别,两手同时由外侧向内侧挥动,不要上下摇动或举而不动。

2. 真诚挽留

当客人准备告辞的时候,一般都应真诚地挽留。不论是朋友来访,还是业务上的往来,当对方告别时,作为东道主,一定要热情相送。无论是谁来访,无论对方如何客气地表示不需相送,都要送对方一段,并且要在客人的身影完全消失以后再返回,否则,当客人走完一段再回头致意时,发现主人已经回去,印象会大打折扣。同时,送客人返身回屋后,应将房门轻轻关上,不要使其发出太大的响声。那种等客人刚出门时就"砰"地关上大门的做法是极不礼貌的。对远道而来的客人,则要事前为其买好车票或船票,并送客至车站、码头并等车、船开动消失在视野以外后再返回。尤其不要表现得心神不宁或频频看表,以免客人误解成主人催他赶快离开。

为了表达对客人及客人的同事、亲人等的友好感情,给他们以一定的精神扶助,临别时,主人可以请客人代表自己向其家人或同事问好,如"请代向令尊令堂大人问好""请代向其他的同事问好"等。

五、拜访的礼仪

在商务活动中,商务人员免不了要对客户进行拜访,以沟通感情、增进合作。此时,更需要严格遵守礼仪规范,主要涉及以下五个方面。

(一)要依据约定行事

在商务交往中,应尽量避免前往拜访对象的私人居所进行拜访。在约定具体时间时,通常应当避开节假日、用餐时间、过早或过晚的时间,以及其他一切会令对方感到不方便的时间。

(二)要践约守时

践约守时不只是为了讲究个人信用,提高办事效率,同时也是对拜访对象表示尊重的表现。万一因故不能准时抵达,务必要及时通知对方,必要的话还可以将拜访另行改期。在这种情况下,一定要记住向对方郑重其事地表示道歉。

(三)要进行通报

进行拜访时,倘若抵达约定的地点之后,未与拜访对象直接见面或是对方没有派员在此迎候,则在进入对方的办公室或私人居所的正门之前,有必要先向对方进行一下通报。

(四)要登门有礼

登门拜访切忌不拘小节。当主人开门迎客时,务必主动向对方问好,互行见面礼节。倘若主人一方不止一人之时,则对对方的问候与行礼在先后顺序上要合乎礼仪惯例。标准的做法有二种:其一是先上后下;其二是由近而远。在此之后,在主人的引导下,进入指定的房间,切勿擅自闯入,在就座之时,要与主人同时入座。倘若自己到达后,主人处尚有其他的客人在座,应当先问一下主人自己的到来是否会影响对方。在涉外场合,拜访更是应多加注意,为了不失礼仪,在拜访外国友人之前还应随身携带一些备用的物品,主要有纸巾、擦鞋器、袜子与爽口液等,简称为"涉外拜访四必备"。此外,还应"入室后四除去",即是指入室后应脱掉帽子、墨镜、手套和外套。

（五）要适可而止

从总体上讲，应当具有良好的时间观念，在拜访他人时，一定要注意在拜访对象的办公室或私人居所里进行停留的时间长度，不要因为自己停留的时间过长，从而打乱对方的既定日程。在一般情况下，礼节性的拜访，尤其是初次登门拜访，应控制在 15~30 分钟。最长的拜访也不宜超过两个小时。有些重要的拜访往往需由宾主双方提前议定拜访的时间和长度。在这种情况下更要严守约定，不可以单方面延长拜访时间。自己提出告辞时，虽然主人表示挽留，仍须执意离去，但要向对方道谢，并请主人留步、不必远送。在拜访期间，若遇到其他重要的客人来访或主人一方表现出不耐烦之意，应当机立断，适时地告辞。

 拜访小贴士

1. 到达拜访地点后，如果与拜访对象是第一次见面，应主动递上名片或进行自我介绍，对熟人可以握手问候。

2. 如果拜访对象因故不能马上接待，应安静地等候。有抽烟习惯的人，要注意观察该场所是否有禁止吸烟的警示。如果等待时间过长，可以向有关人员说明情况，并另定时间，不要显现出不耐烦。

3. 与拜访对象的意见相左，不要争论不休。对拜访对象提供的帮助要致以谢意，但要注意分寸。

4. 谈话时要开门见山，不要海阔天空、浪费时间。

5. 要注意观察拜访对象的举止表情，适可而止。当拜访对象有不耐烦或为难的表现时，应转换话题或口气；当拜访对象有结束会见的表示时，应立即起身告辞。

六、电话的礼仪

电话既是现代人公认的便利的通信工具，又是商务活动中沟通交流的重要方式。在日常工作中，使用电话的语言很关键，它往往直接影响一个组织的声誉；在日常生活中，我们通过电话交谈也能粗略地判断对方的人品、性格。因此，商务人员掌握正确、适宜的电话礼仪是非常必要的。

（一）固定电话

接听电话不能太随便，要讲究必要的礼仪和一定的技巧。无论是打电话还是接电话,商务人员都应做到大方自然、语调热情、声量适中、简明扼要、文明礼貌。一般来说,接听电话有以下五个环节应特别注意。

1. 及时接听电话

一般来说,在办公室里,电话铃响5遍之前就应及时接听,电话铃响5遍后才接听一般应道歉说:"对不起,让您久等了"。如果受话人正在做一件要紧的事情不能及时接听,代接的人应代为解释。如果既不及时接电话,又不表示道歉,就是极不礼貌的行为。

2. 确认对方的身份

对方打来电话,一般会自己主动进行自我介绍。如果没有进行自我介绍或者接电话者没有听清楚,就应该主动询问:"请问您是哪位,我能为您做什么?您找哪位?"。但是,不少人习惯的做法往往是拿起电话就说:"喂!哪位?"这在对方听来既陌生又没有亲和力,缺少人情味。一般来说,接到对方打来的电话,拿起听筒应首先进行自我介绍:"您好!我是××"。如果对方找的人在旁边,应说:"请稍等。"然后,用手掩住话筒,轻声招呼对方要找的人接听电话。如果对方要找的人不在,则应该告诉对方,并且问:"需要留言吗,我可以帮您转告"。

3. 讲究接听艺术

接听电话时,应注意使嘴和话筒保持4厘米左右的距离。要把耳朵贴近话筒,仔细倾听对方的讲话。一般来说,在结束通话时,应由拨打电话的一方先挂断电话,然后另一方再轻轻地把话筒放好。不论是拨打电话的一方,还是接听电话的一方,皆不能"啪"的一下把电话扔回原处。

4. 调整好心情

当我们打电话给某个单位时,若电话刚一接通就能听到对方亲切、热情的招呼声,心里一定感到很愉快,对该单位也有了较好的印象,双方的对话就能顺利展开。同样,当商务人员拿起电话听筒的时候,一定要面带笑容、声音愉悦。亲切、温情的声音会使对方马上产生良好的印象。如果绷着脸,态度生硬,声音也会变得冷冰冰,让对方产生拒人千里之外的感觉。

5. 要做好认真、清楚的记录

对于对方的谈话可以做必要的重复,重要的内容应简明扼要地记录下来,如时间、地点、联系事宜、需要解决的问题等。

在办公场所,无论是接打电话,以下四种行为要尽量避免。

(1) 接打电话的时候不能吸烟、嚼口香糖;说话时,声音不宜过大或过小。

(2) 要选好时间。打电话时,若非重要的事情,要尽量避开受话人休息、用餐的时间,而且最好不要在节假日打扰对方。

（3）要掌握通话时间。打电话前，最好先想好要讲的内容，以便节约通话时间，不要现想现说，也不可以"煲电话粥"，通常一次通话不应长于3分钟。

（4）用语要规范。通话之初，应先进行自我介绍，不要让对方"猜一猜"。请接电话者找人或代转时，应说"劳驾"或"麻烦您"，不要认为这是理所应当的。

（二）移动电话

在移动电话越来越普及的今天，用手机来联系业务、交流工作已是普遍现象。在使用移动电话时，也应遵循以下四个原则。

（1）不要在医院或者机场使用移动电话，以免影响医院或机场的电子设备的正常运转。

（2）打电话时，要注意有些地方是不允许使用移动电话的。如加油站，一些餐馆、酒吧、剧院、电影院以及火车行李站都禁止使用移动电话。

（3）当不使用移动电话时，一定锁住相关按钮，以防意外拨打他人的电话或诸如"119""110"等特殊的电话号码，给他人或社会带来不必要的困扰。

（4）在地铁、公共汽车等公共场合接打移动电话时不能旁若无人，甚至大声说笑、喧哗，实际上这是不讲公德的表现。

阅读案例 5-4

秘书和前厅经理的失误

A大学王教授打长途给B市一个四星级饭店，告知同意酒店方面的邀请，明天飞抵该市为饭店员工讲课，并请饭店方面到机场接一下。该饭店秘书小齐接了电话，只是满口答应，却没问清王教授的行程的具体时间。当王教授走出机场时，左右环顾，并没有看到接站人员，静等了十几分钟仍无人前来，王教授只好叫出租车去饭店。王教授前往总台登记，问起总台是否知道他前来，前厅经理说知道并已安排好了。王教授很奇怪，询问怎么没有来接站。前厅经理连忙道歉，说当时秘书小齐忘了询问王教授飞机抵达的时间，而当时客人很多，他安排好了王教授的住房后，也把接站的事给忘记了。

那么，秘书小齐和前厅经理的失误在什么地方？

 接打电话常用礼貌用语小贴士

1. 您好！这里是××公司××部（室），请问您找谁？
2. 我就是，请问您是哪一位……请讲。

3．请问您有什么事？（有什么能帮您的？）

4．您放心,我会尽力办好这件事。

5．不用谢,这是我们应该做的。

6．××不在,我可以替您转告吗？（请您稍后再来电话好吗？）

7．对不起,这类业务请您向××部（室）咨询,他们的号码是……,××不是这个电话号码,他（她）的电话号码是……

8．您打错电话了,我是××公司××部（室）……没关系。

9．您好！请问您是××单位吗？

10．我是××公司××部（室）的××,请问怎样称呼您？

11．请帮我找××,谢谢！

12．对不起,我打错电话了。

13．对不起,这个问题……请留下您的联系电话,我们会尽快给您答复,好吗？

七、书信的礼仪

书信是一种向特定对象传递信息、交流思想感情的应用文书。在实际生活中,每个人都会经常使用到这种文书,如传统的书信、柬帖、启事以及现代的传真、特快专递、电子邮件等。这些书信形式包含着丰富的礼仪内容,具有浓厚的文化色彩。随着网络通信的发展,虽然传统书信在我们的日常生活中的应用大为减少,但在正式场合尤其是国际交流的场合,书信仍是来往的必要形式。

（一）中文信函的格式

中文信函由称谓、正文、敬语、落款及时间四个部分组成。

1．称谓

称谓应在第一行顶格写,后加冒号,以示尊敬。称谓应遵循长幼有序、礼貌待人的原则,选择得体的称呼。

2．正文

正文是信函的主体,可以根据对象和所述内容的不同,灵活地采用不同的文笔和风格。正文一般由以下四个方面的内容组成。

（1）问候语。问候语要单独成行,以示礼貌,如"您好""近好""节日好"等。

(2) 先询问对方的近况和谈论与对方有关的情况,以表示对对方的重视和关切。

(3) 回答对方的问题或谈论自己的事情和打算。

(4) 简短地写出自己的希望、意愿或再联系之事。

3. 敬语

敬语即写信人在书信结束时对对方表达祝愿、勉慰之情的短语,多用"此致""即颂""顺祝"等词紧接正文末尾。下一行顶格处,用"敬礼""×安""安康"等词与前面相呼应。

4. 落款及时间

在书信的最后,写上写信人的姓名和写信日期。署名应写在敬语后另起一行靠右的位置。一般写给领导或不太熟悉的人的书信,要署上全名以示庄重、严肃;如果写给亲朋好友的书信,可以只写名而不写姓;署名后面可以酌情加上中国传统文化中的启禀词,如对长辈用"奉""拜上",对同辈用"谨启""上",对晚辈用"字""白""谕"等词。

(二) 中文信封的格式

信封上应依次写上收信人的地址、姓名、邮政编码及寄信人的地址、姓名和邮政编码。邮政编码要填写在信封左上方的方格内,收信人的地址要写得详细无误,字迹工整清晰。发给机关、团体或单位的书信,要先写地址,再写单位名称。收信人的姓名应写在信封的中间,字体要略大一些。在姓名后空二三字处写上"同志""先生""女士"等称呼,后加"收""启""鉴"等字样。

寄信人的地址、姓名要写在信封下方靠右的地方,并尽量写得详细周全一些。最后填写好寄信人的邮政编码(如图5-3所示)。

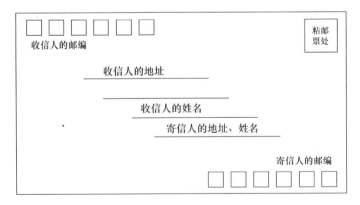

图5-3 中文信封的格式

在书写信封时,为了表示郑重之意,往往要加上启封辞和缄封辞。

1. 启封辞

启封辞是请收信人拆封的礼貌语词,它表示写信人对收信人的感情和态度。所以,在正式的书信中应该精心选择运用启封辞。一般来说,对高龄尊长用"安启""福启"等;对普通长辈用"钧启""赐启""道启"等;对平辈,则可以依照收信人的职业、性别等不同,在"启"字之前加适当的修饰词,如对军人用"勋启",对教师用"文启",对女士用"芳启"等,对晚辈一般用"启"或"收启"即可。

2. 缄封辞

缄封辞表现的是写信人在封信时的感情和态度,给长辈写信宜用"谨缄";对平辈用"缄"即可;对晚辈一般用"手缄"。在不需要感情色彩的书信中,只用一个"缄"字即可。

(三)英文书信的格式

在商务活动,涉外信函也是经常使用的业务联系方式,英文信函在格式上与中文信函有些差别。

1. 斜排式(缩行式)

这种排列的要领在于信头、结束语、签名和发信人的姓名都靠右或偏右,而封内地址和称呼则靠左边,如果以上任一要素要分行排列时,后行要比前行缩入2个(或3个)英文字母;正文每段开始要缩入5个英文字母,段与段之间要空一行。这种形式讲究匀称美观,是传统的排列范式,目前只有少数英国人喜欢使用。

2. 正排式或垂直式、齐头式

这种排列的要领在于每个要素都从左边开始排列,每一行都不向右缩入,因而整封信的左边成一垂直线,右边参差不齐。这种形式虽然打字时方便省事,不需考虑左边缩入,但不够匀称美观,所以使用它的人不多。

3. 改良式或混排式

这种排列集上述两种形式之所长,封内地址和称呼排在左边,但每个要素分行时每行都不向右缩入;正文每段开始缩入5个英文字母,而段与段之间可以不空行。这种形式兼顾方便省事与匀称美观,因此,它是目前极为流行的英文书信范式(如图5-4所示)。

(四)英文信封的格式

在交付邮寄的国际信函的信封上,收信人的姓名、地址和邮政编码应写在信封正面的中央偏右下方;寄信人的姓名、地址和邮政编码则应写在信封正面的左上方或信封背面的上半部。书写的具体顺序应是姓名、地址、邮政编码、国名。书写地址时应自小而大,与国内的写法相反。另外,书写时应尽量使各行文字左右对齐(如图5-5所示)。

Koffit Trade CO.,Ltd.
15 Western Avenue,Shanghai China
Telephone:+8602'8865XXXX
Fax:+3602l 8865XXXX
Email:Koffit@A-Z.com.cn

ST/KL
25 January 2015
Mrs Orith Williams
Willisms Treding Co.,Ltd
28 Hunter Avenue Denver,CO 80206
USA
Re:Delayed arrival of your new glasses
Dear Irith,
Thank you for your letter of 24 January.
　　…
　　………
　　………

Yours sincerely.

Shirly Tesien

SEIRLEY TAYLOR
Manager of Sales Department

图 5-4　改良式或混排式

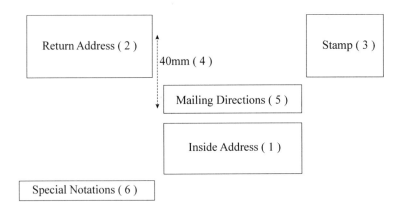

(1)收信人的地址;(2)寄信人的地址;(3)邮票;(4)地址与信封上边缘留空约40毫米;
(5)邮寄指示,如 By Air Mail;(6)特别注意事项。

图 5-5　英文信封的格式

八、互赠礼品的礼仪

商务赠礼所表达的是一种职业联系,既是友好的、礼节性的,又是公务性的。在与客户交往中,礼品既可以成为增进彼此感情的"敲门砖",又可以作为告别礼(如图5-6所示)。这类礼品一般不必刻意迎合收礼人的兴趣与爱好,只要与收礼人的地位、作用相符就行。

图 5-6　礼品

(一) 礼品的选择

1. 实用很关键

商务礼品是广告促销、传播品牌、树立企业形象最直接的广告。合适的礼物既表达了心意,又让对方不自觉地接受了"广告",从而达到宣传或促销的效果。

一般来说,印有企业标识的办公用品类作为礼品最受欢迎。新颖并且实用的其他礼品也颇受推崇。

2. 创新很重要

商务礼品要考虑创新,而且要有一定的档次。在商务活动中,商务人员经常会得到不同企业派送的同样的或者是同类的礼品,而能够摆在办公桌上的肯定是那些制作精美而档次又很高的礼品。

3. 质量要保证

高质量的耐用礼品肯定会使对方保存得更长久,多花一点钱来提高礼品的质量,那么送出的礼品也就能够在更长时间内发挥它的作用。

礼品送得恰当、合适,体现了商务人员或一个企业的素质和品位。选择礼品时还要因人而异:一要投其所好,根据收礼人的实际需求选择礼品;二要量力而行,不应为满足对方的需求而超出个人或企业的经济承受能力。此外,还要尊重对方的禁忌,包括私人禁忌、民族禁忌、宗教禁忌和职业禁忌。西方人对礼品更倾向于实用,一束鲜花、一瓶好酒、一盒巧克力、一块手表,甚至一同游览、参观等都是上佳的礼品。

(二) 赠送礼品的礼仪

大凡送礼的人都希望自己所送的礼品能寄托和表达对收礼人的祝愿,然而,如果赠礼不当,非但达不到这种目的,反而会事与愿违。因此,认真研究和把握赠礼的基本原则是送礼活动得以顺利进行的重要前提条件。

1. 把握好轻重

通常情况下,礼品的贵贱厚薄往往是衡量交往的诚意和情感程度的重要标志。然而,礼品的贵贱厚薄与其物质的价值含量并不总成正比。就礼品的价值含量而言,礼品既有其物质的价值含量,又有其精神的价值含量。"千里送鹅毛"的故事在我国妇孺皆知,被标榜为礼轻情意重的楷模和学习典范。

2. 掌握好时机

就送礼的时机而言,及时、适宜是最重要的。中国人讲究"雨中送伞""雪中送炭",即十分注重送礼的时效性,因为只有在最需要时得到的才是最珍贵和最难忘的,也是最有价值的。

3. 了解送礼的禁忌

就礼品本身所引发的直接后果而言,由于民族、生活习惯、生活经历、宗教信仰以及性格、爱好的不同,不同的人对同一礼品的态度并不相同,因此在赠送礼品时要把握住投其所好、避其禁忌的原则,在这里尤其强调要避其禁忌。禁忌是一种不系统的、非理性的、作用极大的心理倾向和精神倾向,对人的活动的影响强烈。因此,馈赠礼品前一定要了解收礼人的喜好,尤其是禁忌。

在赠礼时还有以下三个方面需要注意。

1. 礼品的包装

精美的礼品包装既能提升礼品的价值,又能引起收礼人的兴趣及好奇心理,从而令双方感到愉快。好的礼品若没有精美的包装,不仅会使礼品逊色,使其内在价值大打折扣,而且还易使收礼人轻视礼品的内在价值,从而无谓地折损了由礼品所寄托的情谊。

2. 赠礼的场合

赠礼场合的选择十分重要,尤其那些出于酬谢或有特殊目的的馈赠,更应注意赠礼场合的选择。只给一群人中的某一个人赠礼是不合适的。那会使收礼人有受贿之嫌,不但给双方带来尴尬,而且会使没有受礼的人有受冷落和受轻视之感。只有能表达特殊情感的特殊礼品,方可在公众面前赠予。

3. 赠礼时的态度

中国人送礼时总会过分谦虚地说"一点薄礼,不成敬意"等,在正式的商务场合,这种做法最好避免。在对所赠送的礼品进行介绍时,应该表达和强调的是自己对收礼人所怀有的好感与情意,而不是强调礼物的实际价值。

(三) 接受礼品的礼仪

1. 大方接受

接受礼品时,应起身站立,面带微笑,神态自若,双手相接,并表达感谢之意。双手接过礼品后,如果条件允许,不妨直接拆开包装欣赏一番,并再次向送礼者致谢,随后将礼品置于显眼、适当之处;如果当时不便打开欣赏,应在致谢后直接置于合适之处,过后拆看时再向送礼者致谢。

2. 婉言拒收

一般情况下,不应当拒绝接受他人的赠礼。如果觉得送礼者别有所图,应明示自己拒收的理由,态度要坚决、方式要委婉。拒收礼品应当场进行,最好不要接受后再退还。如果确因特殊原因难以当场退还,也可以采取收下后再退回的办法。退还礼品还要保证礼品的完整性,不要拆启封口后或者试用过之后再退还。在商务活动中,退还礼品时,可以附上专门致谢的函件,并说明退还的理由。

(四) 赠送礼品的禁忌

特别要注意的是,不同的国家对礼品涉及的数字、颜色、图案等有诸多忌讳,在商务赠礼时也应特别注意。东方人把"4"视为预示厄运的数字,而对"9""7""5""3"等奇数和"108"等数字颇为青睐,对"9"及"9"的倍数尤其偏爱。在选择礼品的颜色时,白色虽有纯洁无瑕之意,但中国人比较忌讳,因为在中国,白色常是悲哀之色和贫穷之色;同样,黑色也被视为不吉利,是凶灾之色、哀伤之色;而红色则是喜庆、祥和、欢庆的象征,受到人们的普遍喜爱。而日本人则忌讳狐狸和獾等图案。在欧美人当中,送礼除了忌讳"13"和"星期五"这些公认的灾难之数之外,大多数欧美国家在礼品上的忌讳是较少的。

本章习题

一、实训题

[实训一] 致意、握手、交换名片、交谈、道别等礼仪训练

实训内容:3个同学一组,身份设置为2人是同一公司的职员,分别为经理和秘书,另一人是到公司前来洽谈业务的客户,模拟客户到达公司后3人之间进行的致意、握手、交换名片、交谈、道别等动作场景。

实训学时:1个学时。

实训地点：实训室。

实训要求：按照课堂讲解和演示要求，掌握握手、致意、交换名片、交谈、道别等场合中的礼仪要求。

［实训二］　英文求职信写作练习

实训内容：2个同学一组，身份设置为1人是某外贸公司经理，需招聘一名涉外秘书，而另一人是求职者，模拟求职者写一封英文求职信，并以外贸公司经理的身份写一封通知应聘者面试的回信。

实训学时：1个学时。

实训地点：实训室。

实训要求：按照课堂讲解和演示要求，掌握英文书信的格式要求。

二、案例题

［案例一］

北京甲文化传播公司邀请外地几名重要的客户到公司进行考察，这几天正好在北京某剧场上演一部由知名导演执导的话剧，而且该剧口碑极好。公司老板认为，邀请这几位客户观看话剧既是高雅有品位的活动，又符合客户的业务专长。于是公司安排公关部经理邱女士陪几位客户到该剧场观看这部话剧。话剧开始后，剧情发展到高潮处时，观众席上鸦雀无声，大家都在凝神观看，突然邱女士的手机铃声响起，她接起电话并与对方谈论起正在观看的话剧剧情，其声音在整个剧场中显得格外刺耳，表演者、观众和客户的情绪都受到了影响。

请问：

邱女士的做法有何不妥？试分析她的做法可能给公司带来的影响？

提示：

（1）邱女士在公众场合未将手机调至静音。

（2）邱女士不应在剧场打电话，在带来噪声的同时也干扰了他人观看话剧。

［案例二］

由于受国际金融危机的影响，A外贸公司2014年的业绩大幅下滑，往年较为丰厚的年终奖在这一年只能大打折扣。召集员工开会时，公司赵经理神情悲观、态度冷淡地说："看今年国际经济的这种发展形势，要出现转机还不知要到什么时候,我们公司今年虽然比不上往年,好歹还有年终奖可发,到明年的这时候公司存不存在还两说呢"。底下的员工则窃窃私语:"就这么点钱还好意思发啊,不但和以前没法比,和其他的公司比也太少了。这点奖金过年都不够。"

请问:

赵经理和员工的讲话存在哪些欠妥之处?假设你是该公司的经理或员工,你会如何表现?

提示:

作为上司,赵经理不应在公开场合的谈话中流露出悲观的情绪,这样会降低员工的士气。

二、思考题

赠礼时,尤其向外国宾客赠送礼品时应注意哪些事项?

第六章　通用会务礼仪

> 会议是必不可少的一项商务活动。更好地组织会议或者参加会议,使其更加高效、务实,能为商务活动带来更多的商机。无论是会议的组织者还是参与者,把握好会务礼仪,无疑会事半功倍。

一、工作会议礼仪

工作会议的对象主要是本单位、本行业或本系统的人员。对于工作会议来说,礼仪着重包括会议纪律、会风、效率、分工及准备几个方面。

(一)纪律要求

1. 遵守时间

不管是参加本单位还是其他单位的会议,都必须遵守会议礼仪,其中最重要的就是要树立正确的时间观念。需谨记的一点是,应比规定的开会时间提前5~10分钟到达会场。等开会时间已到,甚至会议已经开始才不紧不慢地进入会场的做法是极为不妥的,这样不仅破坏了会议秩序,对其他的参会者造成影响,而且也是对其他人的不尊重。

2. 注意形象

作为工作会议,像公安、检察、交通等行业都有制服或工作服,在参加这些行业的工作会议时应该穿着工作装。而没有制服的行业也应该遵循服饰礼仪,不能穿着休闲装参加正式的工作会议。

3. 维护会场秩序

开会期间,参会者应该表现出认真听讲的姿态。参加工作会议说到底是在工作,认真听讲的姿态不仅表现出个人的工作态度,也是对发言者的尊重。趴着、胡乱涂画、低头打瞌睡、接打电话、来回走动以及和邻座交头接耳的行为,不但会扰乱会议秩序,而且也是极不礼貌的表现。在开会的过程中,参会者应尽量不要进进出出,在会场这种高度聚焦的场合,稍有动作便会引起大家的注意,有损自己和单位的形象。

(二)端正会风

需要明确的是,工作会议是工作的一个环节,所以工作会议应简捷、高效,会议过多、过长有时并不能解决真正的问题。如果会风不端正,不仅会降低工作效率,还会养成办事拖拉、逢事必开会的不良习惯。因而,端正会风不妨从控制会议长度和改进会风两个方面入手。

1. 控制会议长度

控制会议长度即对会议的数量、规模、经费、时间、地点都要做出明确的规定。会议的组织者应认真制定会议的审批、经费使用额度、管理权限的相关规定,并由专人严格监督执行。

2. 改进会风

会风能够反映出一个单位及其领导的工作作风。会议过多、会期过长,甚至讲究排场气势,都是不良风气。改进会风,就需要做到以下两个方面:

(1)摒弃形式主义,有具体、明确的内容再组织会议,开会应解决具体问题;
(2)限制会议数量,这对于杜绝文山会海、提高会议效率是非常有效的方式。

(三)提高效率

1. 改进会议方式

对于一般性会议,可以召开无会场会议,如运用信息化设备——电视、电话、互联网等开会,这样既可以大幅度节约会议成本,又可以提高工作效率。

2. 集中主题

每次会议的主题应该明确,既方便讨论、方便执行,又能使解决问题具有很强的针对性。

3. 控制时间和内容

对于会议的起止时间、发言时间、讨论时间,事先最好要有明确的规定,并且严格照此执行。

4. 领导示范

会风的端正、效率的提高、领导的示范是必须的,如和自己无关的会议,不应该参加;要准时参加会议,并严格遵守会议礼仪;提倡无会场会议;带头控制发言时间等。

(四)明确分工

一般来说,与会人员包括组织者、参会者、会务人员。其中,组织者的职责是反映问题、提出方案、确认参会人员、会议主持、决议责任落实。

参会者是组织者请来解决问题的,其职责应该是:参会之前充分了解会议召开的背景,了解问题核心,带着自己的意见参会;会上充分地表达自己的想法,如果认同会议决议,会后就要坚决执行。

会务人员辅助组织者组织筹备会议,其职责包括确定会议时间、地点、参会人员等,此外,会务人员还应协助组织者做好会议记录。

(五)会前准备

会议成功的前提是当会议开始的时候,参会者都能按时到达会议地点,会议材料到位,投影设备等都能正常运转。这就要求会议组织者事前要做好充分的准备工作。

(1) 根据会议内容,确定参会人员名单,打电话协调时间,预订会议室。

(2) 发送会议通知,进一步明确参会人员、时间、地点。

(3) 会议通知发出之后,可以打电话确认参会人员是否收到了通知及能否准时参加。

(4) 会议前适当的时间,如开会之前 10 分钟或更长时间,再通过电话或其他的方式提醒参会者。如果参会者是从外地赶来的,则更应提前一段时间进行提醒。

(5) 在主席台前摆放好名签,以便在主席台就座的参会者按名签对号入座。关于会议主席台座次的安排应遵循以下原则。

① 主席台座次排列,应以主要负责人为中心,然后按职位高低的顺序一左一右依次排列(按照中国的传统,以中心人的左方为上,若在台下看,即为右方)。若主席台上的人员为双数,则中心为两人,左方为位高者,次者居右,然后再按一左一右的顺序依次排列。应注意的是,在商务场合尤其是国际商务场合,奉行"以右为上"的原则,应根据会议的具体情况,合理安排座次。

② 如果召开的是政府部门会议,几位领导同时上主席台,通常按机关排列次序排列,同时要灵活掌握,不要生搬硬套。如对一些德高望重的前辈也可以适当往前排,而对一些较年轻的领导可以适当往后排。另外,对应邀前来的上级单位或兄弟单位的来宾,也不一定完全按职位高低来排,通常应掌握的原则是:上级单位或同级单位的来宾,其实际职位略低于主人一方领导的,可以安排在主席台适当位置就座。这样既体现出对客人的尊重,又使主客都感到较为得体。

③ 对主席台上的参会者届时能否出席会议,会务人员在开会前务必要逐一落实。若临时有变化,应及时调整座次、名签,防止主席台上出现名签差错或空缺的

情况。还要注意的是,名签应在会前逐一落实、认真填写,谨防出现错别字。

④ 会前发放会议材料,并调整好投影仪及话筒等设备,留出故障排除时间。

⑤ 会议时间到了之后参会者是否到齐,应该到而没到的参会者要及时打电话催促其尽快参会。

阅读案例 6-1

座次的风波

M分公司要举办一次重要会议,请来了总公司总经理和董事会的部分董事,并邀请当地的政府要员和同行业重要人士出席。在会议开始时,贵宾们进入了会场,总公司领导和当地政府要员在就座的位次上相互礼让,在预订的会议开始时间过了20分钟后,大家才在谦让中就座完毕。

 会场布置的要素小贴士

1. 横幅:一般悬挂于来宾入口处、酒店大堂或是会议主席台上方,以作欢迎和明示主题之用。

2. 指示牌:指示标志对于来宾们迅速地找到会场位置很重要。

3. 胸牌:不同颜色的胸牌有助于区分会场人员的身份,更加容易识别和协调会场人员。

4. 签到处:协助主办方提供签到或咨询以及办理入住手续。

5. 会场主背景板:注明会议主题及主办机构的信息,更好地体现会议的专业性。

6. 舞台:根据会议的需要搭建,具体尺寸及高度视会场情况而定。

7. 主席台、演讲台:置于主持人或发言人的前方,可以布置鲜花。

8. 其他装饰:比较复杂的会场往往还需要其他的很多装饰及布景(如气球、布艺、展示制作等)。

二、洽谈会礼仪

商务活动中所进行的洽谈又称商务谈判,是最重要的商务活动之一。

商务洽谈一向被视为一种利益之争,是有关各方为了争取或维护自己的切身利益而进行的争取各方多赢的博弈。因此,在商务洽谈中,若欲"克敌制胜",就必须讲究洽谈的策略。与此同时,也应当看到,绝大多数正式的商务洽谈,其本身就是按照一系列约定俗成的礼仪和程序进行的庄重的会晤,因而凡是正规、正式的商务洽谈都是很注重礼仪的。在商务洽谈中,正确的态度应当是:既要讲策略,又要讲礼仪。倘若只讲策略而不讲礼仪,或是只讲礼仪而不讲策略,都会影响商务洽谈的成功。

一般来说,洽谈会礼仪主要体现在洽谈会的准备、洽谈会的组织及洽谈的方针等几个方面。它们相辅相成、不可分割,共同决定洽谈会的成功。洽谈会礼仪主要涉及以下三个方面的问题。

(一)洽谈会的准备

洽谈会的具体形式可谓多种多样。不管商务人员面对的是何种形式的洽谈,都有必要做好充分的准备,以求有备无患。

1. 洽谈时应遵循的原则

(1)客观的原则。

客观的原则即在准备洽谈时,所占有和运用的资料要客观,决策时的态度也要客观。资料要客观,是要求作为洽谈者的商务人员尽可能地取得真实而准确的资料,不要以道听途说或是虚假的资料作为自己作决策时的依据,以免给自己的工作造成被动,反而得不偿失。

(2)反复推敲的原则。

反复推敲的原则的含义有两点:第一,准备洽谈的洽谈者应当对自己的谈判方案预先反复推敲、精益求精;第二,准备洽谈的洽谈者应当将自己提出的谈判方案预先报请上级主管部门或主管领导审查、批准,为洽谈的进行定下基调、打下基石。

虽说负责洽谈的洽谈者拥有一定的授权,在某种特殊的情况下可以"先斩后奏",但是这并不等于说洽谈者在洽谈中可以随意决断。在洽谈之前,洽谈者应对自己的谈判方案进行预审,这样既可以减少差错,又可以群策群力、集思广益,使谈判方案更加完善。

(3)自主的原则。

所谓自主的原则,是指洽谈者在准备洽谈时,以及在洽谈进行的过程中,要充分发挥自己的主观能动性,要相信自己、依靠自己,在合乎规范与惯例的前提下,力争做到以"我"为中心,使自己在洽谈中掌握主动权。

坚持自主的原则,既可以调动洽谈者的积极性,使其更好地有所表现,又可以争取主动权或是变被动为主动,使洽谈者在洽谈中为自己争取到有利的局面。

(4) 多赢的原则。

多赢的原则,是指洽谈者在准备洽谈时,以及在洽谈进行的过程中,在不损害自身根本利益的前提下,应当尽可能地为洽谈对象着想,主动为对方保留一定的利益。

有经验的洽谈者都清楚,最理想的洽谈结局绝不是"你死我活"甚至"鱼死网破"式的斗争,而应当是有关各方的利益和要求都得到了一定程度的兼顾,即达成一定程度的妥协。在洽谈中,洽谈者为对手留下余地,不但有助于与对手保持良好的合作关系,而且会使商界同人对自己或所在单位刮目相看,为以后的长远发展打下良好的基础。

2. 洽谈的策略

首先,洽谈者应当知己知彼。有经验的商务洽谈者常用的一句话就是"知己知彼,百战不殆"。在洽谈之前,若能对洽谈对象有所了解,并就此有所准备,则在洽谈中就能够扬长避短、避实就虚,从而做到以"我"为中心,取得更好的成绩。

对洽谈对象的了解,应集中在:在洽谈对象中,谁是真正的决策者或负责人;洽谈对象的个人信息、谈判风格和谈判经历;洽谈对象在政治、经济以及人际关系方面的背景情况;洽谈对象的谈判方案;洽谈对象的主要商务伙伴、竞争对手,以及彼此之间的相互关系等。

其次,洽谈者应当熟悉谈判程序。洽谈的经验需要积累,若不注意积累,洽谈者在对可能遇到的局面一知半解的情况下仓促上阵,往往会铩羽而归。因此,在洽谈前,洽谈者一定要多下苦功夫、多作案头的准备工作,尤其是要精心细致地研究洽谈的常规程序及如何灵活变化,做好应付各种局面的预案,以便在洽谈中能够胸有成竹、处变不惊。

洽谈的过程是由洽谈"七部曲"一环扣一环、一气呵成的。它们是指探询、准备、磋商、小结、再磋商、终结以及洽谈的重建七个具体的步骤。在其中的每一个具体步骤上都有自己特殊的"起、承、转、合",都有一系列的台前与幕后的准备工作要做,并且需要当事人具体问题具体分析,随机应变。

最后,洽谈者应当熟悉洽谈策略。在进行洽谈时,总的指导思想应该是平等、互利,但是这并不排斥努力捍卫或争取己方的利益。事实上,任何一方在洽谈中的成功,不仅要凭借实力,更要依靠对洽谈策略的灵活运用。

(二) 洽谈会的组织

进行洽谈之前,组织者应预备好洽谈的场所、布置好洽谈的座次,并且以此来体现组织者对于洽谈的重视以及对于洽谈对象的尊重。

1. 商务洽谈会的地点

洽谈会的地点应通过协商确定,主要的方式有四种:客座洽谈,即在洽谈对象所在地进行洽谈;主座洽谈,即在本方所在地进行洽谈;客主座轮流洽谈,即在洽谈双方所在地轮流进行洽谈;第三地点洽谈,即在不属于洽谈双方或任何一方的地点进行洽谈。

2. 商务洽谈会的礼仪策划

如果担任东道主,在洽谈会的台前幕后要恰如其分地运用场地环境、迎送仪式、款待规格,以及根据洽谈对象的特点或需要安排的特别项目,如安排参观、访游等,以赢得信赖、理解与尊重。一般来说,主随客便、主应客求、主顺客俗是洽谈会礼仪策划的重要原则。需要特别注意的是,许多国外的客人、客商不赞成礼仪安排中的铺张,如过于丰盛的宴会、豪华的旅游等,这是应该注意的。

3. 商务洽谈人员的座次安排

小规模洽谈会或预备性洽谈会,一般不必拘泥于与会人员的座次问题。在正式的洽谈会上,应通过安排与会人员的座次来体现对洽谈者身份的重视和礼遇。举行双边洽谈时,应使用长桌子或椭圆形桌子,宾主应分坐于桌子两侧。若桌子横放,则面对正门的一方为上,应属于客方;而背对正门的一方为下,则属主方。若桌子竖放,则应以进门的方向为准,右侧为上,属于客方;左侧为下,属于主方(如图 6-1 所示)。举行多边洽谈时,为了避免失礼,按照国际惯例,一般以圆桌为洽谈桌。

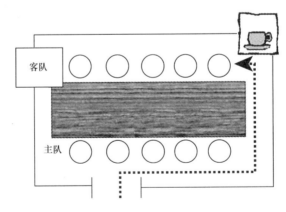

图 6-1 双边洽谈的座次安排

在洽谈时,各方主谈人员应在本方一边居中而坐。其余人员则应遵循以右为上的原则,依照职位高低分别在主谈人员的两侧就座。若需要翻译人员,则应安排其就座于主谈人员的右侧。为了避免失礼或疏漏,组织者应在会前理清参会人员的情况,为参会人员制作席签,按预定座次放置在洽谈桌上,起导示作用。

(三)洽谈的方针

1. 要真诚待人

真诚待人就是要求洽谈者在洽谈会的整个过程中,无论遇到什么情况,应始终如一地对自己的洽谈对象讲究礼貌,时时、处处、事事表现得宠辱不惊,对对方保持真诚的敬意。这样,无疑会给对方留下良好的印象,而且在今后的进一步商务交往中,还能发挥潜移默化的功效,即所谓"你敬我一尺,我敬你一丈"。

调查结果表明,在洽谈会中,能够面带微笑、态度友好、语言文明礼貌、举止彬彬有礼的人,有助于消除洽谈对象的反感、漠视和抵触心理。因此,在洽谈桌上,保持"绅士风度"或"淑女风范",有助于赢得洽谈对象的尊重与好感。

2. 要遵章守纪

在商务洽谈中,利益是各方关注的核心。对于任何一方来说,大家讲究的都是"趋利避害"。在不得已的情况下,则会"两利相权取其大,两害相权取其轻"。虽然如此,在洽谈会上,既要为利益而争,更需谨记遵章办事。唯有如此,才能确保通过洽谈获得预期的利益。

在实践中,一些人特别讲究人情世故,因而也喜欢在洽谈中予以体现,殊不知这在商务洽谈中是不可取的。因为人情归人情,商务归商务,任何有经验的洽谈者都是不会在洽谈会上让情感战胜法律和理智的。

3. 要平等相待

洽谈实际上是观点各异的各方经过种种努力,从而达成某种程度上的共识或一致的过程。换言之,观点有异才需洽谈,所以如果离开了平等协商这一前提,成功的洽谈便难以进行。

在洽谈会上,要做到平等协商,就要以理服人。要进行洽谈,就要讲道理。在商务洽谈中,讲理才是硬道理,只有以理服人,才能说服对方,让己方占得先机。

4. 要求同存异

在任何一次正常的商务洽谈中,都没有绝对的胜利者和绝对的失败者。相反,有关各方通过洽谈,多多少少都会获得或维护自身的利益,也就是说,大家在某种程度上达成妥协,彼此都会取得"山重水复疑无路,柳暗花明又一村"的效果。

5. 要争取双赢甚至多赢

之所以反复地强调这一点,是因为最理想的洽谈结局是相关各方达成了大家都能够接受的妥协。说到底,洽谈的目的就是要使有关各方通过洽谈,都能够互利互惠、双赢甚至多赢。

在商务交往中,洽谈一直被视为一种合作或为合作而进行的准备。因此,一场商务洽谈最圆满的结局,应当是洽谈的所有参与方都能各取所需,获得更大的利益。也就是说,商务洽谈的目的并非分出输赢,讲究利益共享、双赢甚至多赢才是目的。俗话说:"山不转水转",把商务洽谈视为"一锤子买卖",争取自己的大获全胜和洽谈对象的彻底失败,则必将危及与对方的进一步合作,给个人甚至单位的未来发展带来隐患。

因此,洽谈者在参加洽谈会时,必须争取的结局应当是既利己又不损人。在现代社会中,由于经济的全球化,各个经济体之间很多时候都是血脉相连的,因此,商务活动中最讲究的是伙伴、对手之间的同舟共济,而不是过河拆桥、你死我活式的竞争。自己所获利的利益,不应当建立在有害对手或伙伴的基础上,而是应当彼此互利。对于这种商界的公德,洽谈者在洽谈中务必遵守。

6. 要公私分明

在洽谈会上,洽谈者在处理己方与对方之间的相互关系时,必须做到人与事分离,各自分别而论,对于两者之间的界限不能混淆。

同理,洽谈者在洽谈会上,对"事"要严肃,对"人"要友好。对"事"不可以不争,对"人"不可以不敬。同时,"君子爱财,取之有道",将此应用于洽谈之中也是合情合理的。这可以使洽谈者谨记,要想在商务洽谈之中尽可能地维护己方的利益,减少己方的损失,就应当在洽谈的方针、策略、技巧上下功夫,从而名正言顺地在洽谈会上获得成功。

三、新闻发布会礼仪

新闻发布会亦称记者招待会,是一种主动传播各类相关的信息,谋求新闻媒体对某一社会组织或某一活动、事件进行客观而公正的报道的有效的沟通方式。简言之,新闻发布会就是以发布新闻为主要内容的会议。在报纸、电视、网络等传播媒体日益发达的今天,不论是在政务活动还是在商务活动中,发布会都是传播信息、有效沟通的方式。

对于商务活动而言,举办新闻发布会是企业联络、协调与新闻媒体之间相互关系的一种最重要的手段,也是宣传自己、展示自身形象的最佳时机。新闻发布会的常规形式是:由一个或几个有关的单位出面,将相关的新闻记者邀请到一起,在特定的时间里和特定的地点举行一次会议,宣布某一消息、说明某一活动或者解释某一事件,争取新闻媒体对此进行客观而公正的报道,并且尽可能地争取扩大信息的传播范围。按照惯例,当主办单位在新闻发布会上进行完主题发言之后,与会的新闻记者还可以在既定的时间里围绕发布会的主题进行提问,主办单位须安排专人回答提问。

(一)新闻发布会的准备

新闻发布会礼仪,是指有关举行新闻发布会的礼仪规范。新闻发布会礼仪至少应当包括会议的筹备、媒体的邀请、现场的应对、善后事宜四个主要方面的内容。

1. 会议的筹备

筹备新闻发布会,要做的准备工作很多。其中,最重要的是要做好主题的确定、时空的选择、人员的安排、材料的准备等具体工作。材料的准备又包括发言提纲、辅助材料,如图表、照片等。

2. 媒体的邀请

在新闻发布会上,新闻记者自然是主要参与者之一。主办单位在事先考虑邀请新闻媒体时,必须根据发布会的主题有所选择、有所侧重。否则,如果开的是经济类的新闻发布会邀请的是文化类媒体,往往难以达到所需的效果。

3. 现场的应对

在新闻发布会正式举行的过程之中,往往会出现这样或那样的确定和不确定的问题。有时,其至还会有难以预料的情况或变故出现。要应付这些问题,确保新闻发布会的顺利进行,除了要求主办单位人员齐心协力、密切合作之外,最重要的是要求代表主办单位的主持人、发言人要善于沉着应变、把握全局。

4. 善后事宜

新闻发布会举行完毕之后,主办单位一般要在一定的时间之内对其进行一次认真的评估,总结经验,找出不足,做好善后工作,主要包括:第一,要了解新闻媒体的反应;第二,要整理保存会议资料;第三,针对新闻发布会的效果,酌情采取相应的应对措施。

(二)新闻发布会的策划

为了更好地在目标公众的心目中树立一个良好的形象,改变或形成公众对企业某一方面的看法,有必要审视新闻发布会的策划技巧问题。

1. 选准时机

一般来说,是否召开新闻发布会应取决于其是否值得召集各地的新闻记者跋涉而来。新闻记者得到的不应该只是趣味性的故事,还应该包括一些重要信息。

在商务活动中,适于召开新闻发布会的时机包括:企业及其产品或服务已成为某一公众关注问题的一部分;企业或其成员已成为众矢之的;新产品上市;企业人员重大调整、扩大生产规模、取得最新纪录的销售业绩等。

不过,上述所谓的"合适时机"也可能成为"不合适时机"。事实上,很多的新闻发布会办得很是枯燥或琐碎,无法达到预期的效果。因而,当企业决定是否举办新闻发布会时,首先应对照下列问题或内容进行检查:

(1) 一篇新闻通稿或声像资料带(附带事件简介、背景材料)是否完全可以为新闻记者提供其所需的、媒介受众喜欢的故事;

(2) 让新闻记者亲眼看到或试用某一新产品时,是否可以给一篇新闻通稿增加些什么;

(3) 企业高层管理者或董事会成员公开露面是否能为企业提高凝聚力或可信度;

(4) 能否提供给新闻记者在别处得不到的新闻;

(5) 是否存在其他有效向新闻记者传递信息的途径;

(6) 企业新闻发言人能否有效传递信息并经受住提问的考验。

2. 筹划与"彩排"

俗话说:"有备无患。"对于组织传播而言,信息必须经过精心处理并使其准确地抵达特定公众。一般来说,新闻发布会举办之前,主办单位进行一两次系统化培训是必要的,这样可以预见到发言人是否称职、哪些方面还有所欠缺。

3. 选择合适的新闻发言人

代表政府或企业形象的新闻发言人对公众认知会产生重大的影响。若新闻发言人的表现不佳,其所代表的组织形象无疑也会令人不悦。此外,新闻发布会也是同新闻媒体交流的一次好机会,值得珍惜。

新闻发言人一般应具备以下三个方面的条件。

(1) 有效传播与沟通能力是第一位的要求,涉及知识面、清晰明确的语言表达能力、倾听的能力及反应力、外表(包括身体语言)。

(2) 执行原定计划并加以灵活调整的能力。

(3) 职位很重要,新闻发言人应该在单位身居要职,有权代表单位讲话。

4. 确定日期

新闻发布会确定在哪一周的哪一天、哪一时刻召开很重要。这就要求主办单位首先要考察清楚目标公众在哪一个时间是最容易获知某种新闻消息。

一般来说,星期一不适合举办新闻发布会,因为新闻记者往往忙于总结上周的工作、计划本周的工作;周五也不宜选择,因为很多人正考虑着如何过周末,因而周二至周四通常较合适。此外,主办单位还要确认不会有其他更重要的新闻,以避开突发性事件等。

5. 邀请

主办单位邀请新闻媒体时一般不宜采用电话邀请的方式,而应采用信函邀请的方式。如果新闻媒体离主办单位所在地不远,可以将邀请函亲自送去。需要注意的是,邀请函不要送得太早,否则可能会被埋没于文件堆里,但也应给对方留出反应的时间。主办单位的公关人员可以电话询问一下邀请函是否如期送达、对方是否与会等。

还应指出,在填写新闻发布会邀请函时应注意考虑谁会对本次新闻发布会的内容感兴趣。如新闻只对商业报刊记者有价值,那就只邀请商业报刊的媒体;如果是医疗新闻,那就邀请医疗报刊、医疗节目的记者等。

6. 新闻通稿与背景材料

每次新闻发布会主办单位都应提供新闻通稿和背景材料,以便新闻记者能在会议涉及的问题之外挖掘新闻事件、扩大报道范围。新闻通稿最好提前发给新闻记者,这意味着当记者一来签到时就能拿到它,可以一边听一边翻看。背景材料的设计要便于快速阅读,勿冗长拖沓。

一般来说,背景材料应包括以下内容:

(1)新闻发布会涉及的新闻时间的要点;

(2)组织发展简史;

(3)技术手册——如果新闻发布会的目的是为了推介一种新产品或新机器;

(4)新闻发言人个人介绍及照片;

(5)其他如通信卡、名片等供记者、编辑日后用来联系。

7. 房间设置

新闻发布会所用的房间大小主要取决于与会的摄影记者,电视摄影记者比报刊摄影记者所占用的空间要大,在安排地点时应视具体情况而定。

(三)新闻发布会的进行

一般新闻发布会的进行步骤如下:第一步,主持人宣布开会;第二步,主持人介绍应邀参加会议的领导和主要的发言人;第三步,新闻发言人发言;第四步,说明记者提问时间、提问规则等;第五步,宣布提问开始,并指定提问记者;第六步,宣布提问时间到,提问结束;第七步,组织参观或宴请。

在新闻发布会的举行过程中,往往会出现各种问题,甚至会有难以预料的情况或变故出现。要应付这些难题,确保新闻发布会的顺利进行,特别要求主持人、新闻发言人在新闻发布会举行之际牢记以下四个要点。

1. 要注意外表的修饰

在新闻发布会上,代表主办单位出场的主持人、新闻发言人是主办单位的代言人。有鉴于此,主持人、新闻发言人对于自己的外表,尤其是仪容、服饰、举止,一定要事先进行认真的修饰。

按照惯例,主持人、新闻发言人要化必要的淡妆,发型应当庄重大方。男士身着深色西装套装、白色衬衫、黑袜黑鞋,并且打领带;女士则宜穿单色套裙、肉色丝袜、高跟皮鞋。服装必须干净、整洁,一般不宜佩戴首饰。在面对新闻媒体时,主持人、新闻发言人都应该举止自然而大方。

2. 要注意相互配合

不论是主持人还是新闻发言人,在新闻发布会上都应保持一致的口径,避免出现言行不一致、相互拆台的现象。当新闻记者提出的某些问题过于尖锐或难于回答时,主持人要设法转移话题,以便不使新闻发言人感到难堪。而当主持人邀请某位新闻记者提问之后,新闻发言人一般要给予对方适当的回答。即使被问到不便回答或是敏感的问题时,新闻发言人也应以委婉、艺术的方式来告知对方,而不应置之不理或是怒目相向。

要想真正做好相互配合,就要做到分工明确、彼此支持。主持人要做到的主要工作是主持会议、引导提问,新闻发言人要做到的则主要是介绍信息、答复提问。有时,在重要的新闻发布会上,为了慎重、周到起见,主办单位往往会安排数名新闻发言人同时出场。若新闻发言人不止一人时,应事先进行好内部分工,否则,可能会出现有时没人说话,有时抢着说话的情况。

3. 要注意恰当地运用语言艺术

新闻发布会上主持人、新闻发言人的言行都代表主办单位。所以,他们必须言行谨慎,对自己的讲话高度重视。

第一,要简明扼要。不管是发言还是答问,都要条理清楚、重点集中,让人既能一听就懂又难以忘怀。卖弄口才、口若悬河却答非所问的主持人和新闻发言人是不受欢迎的。

第二,要提供新闻。新闻发布会自然要有新闻发布。新闻发言人要针对新闻媒体的特点,满足对方在获取新闻信息这一方面的要求,在讲话中善于表达自己的独到见解。

第三,要生动灵活。在讲话之际,主持人和新闻发言人的语言是否生动、话题是否灵活,往往会直接影响现场的气氛。面对冷场或者气氛紧张的局面,主持人和新闻发言人生动而灵活的语言往往可以使其化险为夷。因此,适当地采用一些幽默风趣的语言、巧妙的典故也是必不可少的。

4. 要文雅周到

新闻记者大都见多识广,加之又是有备而来,所以他们在新闻发布会上经常会提出一些尖锐而棘手的问题。遇到这种情况时,新闻发言人能答则答,不能答则应当巧妙地避实就虚或是直接说无可奉告。无论如何,都不要给人以狡辩的感觉,甚至粗鲁地打断对方的提问。

四、茶话会礼仪

与洽谈会、新闻发布会等类型的商务性会议相比,茶话会是商务色彩较淡、社交色彩较浓的一种集会。它是为了联络老朋友、结交新朋友而具有对外联络和招待性质的社交性集会。参加者可以不拘形式地自由发言,并且备有茶点。茶话会一般不排座次,至少座次安排不会过于明显。一般来说,在辞旧迎新之际、重大决策和重大活动前后、遭遇危难挫折之时等都是召开茶话会的良好时机。

从表面上来看,茶话会主要是以茶待客、以茶会友,但实际上它的重点往往不在"茶"而在"话"。就内部茶话会而言,可以融洽内部关系,增强团队的凝聚力;如果是联谊性质的茶话会,不但能起到加深友谊、增强互信的作用,往往还能带来令人意想不到的商机。而茶话会礼仪的具体内容主要涉及茶话会的主题、与会者的邀请、时空的选择、茶点的准备、座次的安排、茶话会的基本议程及发言等方面。

(一)茶话会的主题

茶话会的主题是指茶话会的中心议题。在一般情况下,茶话会的主题大致可以分为以下三类。

1. 以联谊为主题

以联谊为主题的茶话会是平日所见最多的茶话会。它的目的是联络和加深主办单位同与会人员的友谊。在这类茶话会上,宾主通过叙旧与答谢,往往可以进一步增进相互之间的了解,密切彼此之间的关系。除此之外,它还为与会人员提供了一个扩大交际圈的良好契机。

2. 以娱乐为主题

以娱乐为主题的茶话会主要是指在茶话会上安排一些文娱节目或文娱活动,并且以此作为茶话会的重要内容。这一主题的茶话会主要是为了活跃现场的局面,增加热烈、欢庆的气氛,调动与会人员参与的积极性。与联欢会有所不同的是,以娱乐为主题的茶话会所安排的文娱节目或文娱活动往往不需要事前进行专门的排练,而是以现场的自由参加与即兴表演为主。它不必刻意追求表演的高水平,而是强调重在参与。

3. 以专题为主题

所谓以专题为主题的茶话会,是指在某一特定的时刻或为了某些特定的问题而召开的茶话会。它的主要内容是主办单位就某一专门问题收集反映、听取某些专业人士的见解,或者是同某些与本单位存在特定关系的人士进行对话。召开此类茶话会时,尽管主题既定,仍倡导与会人员畅所欲言。为了促使会议进行得轻松而活跃,有些时候茶话会的主题允许宽泛一些,与会人员的发言也可以更轻松,不必拘泥于茶话会所定的专题。

(二) 与会者的邀请

主办单位在筹办茶话会时必须围绕主题来邀请来宾,尤其是确定好主要的与会人员。来宾可以是本单位的顾问、社会知名人士、合作伙伴等各方面人士。在一般情况下,茶话会的主要与会人员大体上可以被分为以下三种情况。

1. 本单位人员

这类茶话会一般称为内部茶话会,具体来说,就是以本单位人员为主要与会人员的茶话会,其主要目的是沟通信息、通报情况、听取建议、奖励先进。

2. 本单位所聘的专家顾问

以本单位所聘的专家顾问为主要与会人员的茶话会,意在表达对有助于本单位的专家、学者的敬意和谢意。举办此类茶话会,既有答谢的意味,同时也可以就本单位内部还存在的问题进行进一步的咨询,以便日后更好地开展工作。

3. 合作伙伴

合作伙伴,是指在商务往来中与本单位存在一定联系的单位或个人。这种以合作伙伴为主要参与者的茶话会,通常能表达相互间的情谊,加深彼此的理解与信任,因此这类茶话会也可以称作联谊会。

茶话会的来宾名单一经确定,应立即以请柬的形式向对方发出正式的邀请。按照惯例,茶话会的请柬应在召开半个月之前被送达或寄达至被邀请者,而被邀请者可以不必答复。

(三) 时空的选择

恰当的时空选择是茶话会取得成功的重要条件。辞旧迎新、周年庆典、重大决策前后、遭遇危难挫折的时候都是召开茶话会的良机。

就具体时间来说,根据国际惯例,举行茶话会的最佳时间一般是下午四点,有的时候亦可安排在上午十点左右。需要说明的是,在具体操作时,也可以打破陈规,以与会人员尤其是主要与会人员的方便与否及生活习惯为准。

茶话会的时间长度到底多长为宜,在实际操作中并没有具体的规定,一般由主办方灵活掌握、随机应变。也就是说,茶话会往往是可长可短的,关键是要看现场有多少人发言、发言是否踊跃。如果把时间限制在1～2个小时,效果往往会更好一些。

按照惯例,适合举行茶话会的场地主要有:一是主办单位的会议厅;二是宾馆的多功能厅;三是包场营业性茶楼或茶室。在选择举行茶话会的具体场地时主办单位要周密考虑,兼顾与会人数、经费预算、交通安全、服务质量等问题。

(四)茶点的准备

众所周知,茶话会是重"说"不重"吃"的,虽然为与会人员所提供的茶点应当被定位为配角,但在此方面也要考虑周详。茶话会不上主食,只提供茶点和饮料。主办单位在进行准备时需要注意的是:对于用来待客的茶点要尽量准备好的品牌,还要注意照顾与会人员的不同口味;在茶话会上向与会人员所供应的点心、水果或地方风味小吃,品种要适合、数量要充足,并要方便拿取,同时还要配上擦手巾。一般来说,中国人习惯喝绿茶,而在欧美红茶则更受欢迎。按照惯例,在茶话会举行后不必再举行聚餐。

(五)座次的安排

从总体上来讲,在安排与会人员的具体座次时,必须和茶话会的主题相适应,可以采取下面的三种方法。

1. 环绕式

所谓环绕式排位,也就是不设立主席台,把座椅、沙发、茶几等摆放在会场的四周,不明确座次位置的高低,让与会人员在入场后自由就座。这一安排座次的方式,与茶话会的主题最相符,也最流行。

2. 自由式

这类座次安排常见于在室外举行的茶话会。主办单位将座椅、沙发、茶几等四处自由地组合,甚至可以由与会人员根据个人的要求而随意安置,这样就容易创造出一种宽松、惬意的社交环境。但是,这种茶话会对室外条件的要求颇高,因而也比较少见。

3. 圆桌式

圆桌式排位指的是在会场上摆放圆桌,请与会人员在圆桌的周围自由就座。圆桌式排位又分两种形式:一是仅在会场中央安放一张大型的椭圆形会议桌,请全体与会人员在其周围就座;二是在会场上安放数张圆桌,请与会人员自由组合。

(六) 茶话会的基本议程

相对而言,茶话会的议程在各类正式的商务性会议中是最简单、最随意的。一般来说,茶话会的基本议程主要包括以下四项。

第一项,主持人宣布茶话会开始。之后,主持人还应对主要与会人员略加介绍。主持人宣布开始前,茶话会的组织者应确认参加人员是否都已到位。

第二项,主办单位的主要负责人讲话。讲话应以阐明这次茶话会的主题为中心内容,还可以代表主办单位对全体与会人员表示欢迎和感谢,并且请大家一如既往地给予理解和支持。

第三项,与会人员发言。茶话会的环境应以轻松、愉悦为主,为了确保与会人员能够畅所欲言,主办单位通常事先不对发言者进行指定和排序,也不限制发言的具体时间,而是提倡与会人员自由地进行即兴式的发言。一个人还可以多次发言来不断补充、完善自己的见解和主张。

第四项,主持人总结。茶话会接近尾声时,主持人作简略总结后便可以宣布茶话会结束。

(七) 茶话会的发言

现场发言在茶话会上举足轻重。假如没有人发言或者是与会人员的发言不够踊跃,都会使茶话会的气氛受到影响。而茶话会的现场发言成功,重点在于主持人的引导得法和与会人员的发言得体。

1. 主持人要引导得体

在茶话会上,主持人所起的作用往往不只是主持会议,更重要的是要求其能够在现场审时度势、因势利导地引导与会人员发言,并且有效地控制会议的全局。在大家争相发言时,应由主持人决定孰先孰后;当无人发言时,应由主持人引出新的话题,使与会人员找到新的发言点,或者由其恳请某位与会人员发言;当与会人员之间发生争执时,应由主持人出面调解。在每位与会人员发言之前,可以由主持人对其略作介绍。在发言者发言的前后,应由主持人带头鼓掌致意。如果有人发言严重跑题或言辞不当,则还应由主持人出面转换话题。

2. 与会人员发言时必须得体

与会人员在要求发言时可以举手示意,但同时也要注意谦让,不要与他人进行争抢。不论自己有何见解,冒昧地打断他人的发言都是失礼的行为。在进行发言的过程中与会人员要口齿清晰、语速适中、神态自然、用语文明。在发言的内容上应注意：肯定成绩时，一定要实事求是，力戒阿谀奉承；提出批评时，态度要友善，切勿夸大事实。与其他的发言者意见不合时，要注意谦让，并且一定要注意保持风度。

五、展览会礼仪

在日常生活中，人们所接触最多的商务性会议大概非展览会莫属了。所谓展览会，主要是指为了介绍参展单位的业绩，展示参展单位的成果，推销参展单位的产品、技术或专利，而以集中陈列实物、模型、文字、图表、影像资料供人参观了解的形式所组织的宣传性聚会。展览会在商务交往中往往发挥着重大的作用，不仅具有很强的说服力、感染力，可以现身说法打动观众，为主办单位广交朋友，而且还可以借助于个体传播、群体传播、大众传播等各种传播形式，使主办单位的有关信息广为传播，提高其知名度和美誉度。正因为如此，几乎所有的企业都对展览会倍加重视，踊跃参加。在现代经济体系中，展览会活动已成为经济活动的重要方式之一。在一些区位条件优越的城市中，展会经济甚至成为当地经济增长的重要推动力。

如著名的香港会议展览中心是世界上最大的展览馆之一，也是亚洲第二大的会议及展览场馆，用于大型会议及展览。广州琶洲国际会展中心是目前亚洲最大的会展中心，主要以展览、展示、表演和大型集会为主要使用功能。

在一般情况下，展览会主要涉及展览会的分类、展览会的筹备与参展单位的注意事项三个方面，现分别对其介绍如下。

（一）展览会的分类

展览会是一个覆盖面很广的基本概念，它又可以分为许多的具体类型。要开好一次展览会，首先必须确定其具体类型，然后再进行相应的定位。

从不同的角度来看待展览会，往往可以对其进行不同标准的划分。按照目前所通行的会务礼仪规范，划分展览会不同类型的主要标准有以下七种。

1. 展览会的目的

这是划分展览会类型的最基本的标准。依照这一标准，展览会可以分为宣传型展览会和销售型展览会两种类型。

顾名思义，宣传型展览会显然意在向外界宣传，介绍参展单位的成就、实力、历史与理念。

而销售型展览会则主要是为了展示参展单位的产品、技术或专利，以此来招徕顾客、促进生产与销售。通常,人们又将销售型展览会直截了当地称为展销会或交易会。

2. 展览品的种类

根据展览品具体种类的不同,展览会可以分为单一型展览会与综合型展览会。

单一型展览会往往只展示某一大的门类的产品、技术或专利,只不过其具体的品牌、型号、功能有所不同而已,如化妆品、汽车等。因此,人们经常会以展览会具体展示的某一门类的产品、技术或专利的名称来对单一型展览会进行直接冠名,如化妆品展览会、汽车博览会等。在一般情况下,单一型展览会的参展单位大多数是同一行业的竞争对手,因此这种类型的展览会不仅会使其相互之间的竞争更为激烈,而且对于所有的参展单位而言,可谓为一场公平的市场考试。

综合型展览会又称混合型展览会,它是一种包罗万象、同时展示多种门类的产品、技术或专利的大型展览会。与单一型展览会相比,综合型展览会所侧重的主要是参展单位的综合实力。

3. 展览会的规模

根据具体规模的大小,展览会可以分为大型展览会、小型展览会和微型展览会。

大型展览会通常由专门机构承办,其参展的单位多、参展的项目广,同时,因其档次高、影响大,参展单位必须经过申报、审核、批准等一系列程序,有时还需要支付一定的费用。

小型展览会一般都由某一单位自行举办,其规模相对较小。在小型展览会上,展示的主要是代表主办单位最新成就的各种产品、技术或专利。

微型展览会则是小型展览会的进一步微缩。它提取了小型展览会的精华之处,一般不在社会上进行商业性展示,而只是将其安排陈列于本单位的展览室或荣誉室之内,主要是教育本单位的员工和供来宾参观之用。

4. 参展者的区域

根据参展单位所在的地理区域的不同,展览会可以分为国际性展览会、洲际性展览会、全国性展览会和全省性展览会等。应当指出的是,组织展览会不必贪大求全,动辄以"世界""全球""全国"命名,这样反而会让人觉得名不副实,给人以不可信赖之感。若是根据参展单位所属行业的不同,则展览会亦可分为行业性展览会和跨行业展览会。

5. 展览会的场地

举办展览会要占用一定面积的场地,若以所占场地的不同而论,展览会有着室内展览会与露天展览会之分。

室内展览会一般被安排在专门的展览馆或是宾馆和本单位的展览厅、展览室之内。这类展览会大都设计考究、布置精美、陈列有序、安全防盗,并且可以不受时间与天气的制约,显得隆重而有档次。但是,其所需的费用往往偏高。在展示价值高昂、制作精美、忌晒忌雨、易于失盗的展品时,室内展览会自然是首选。通常,花卉、农产品、工程机械、大型设备等室内不易摆放的物件在进行展览时,一般宜采取室外的方式。不过,需要注意的是,这种选择受天气等自然条件的影响较大,应在布展前做好各种预案,以免遇到恶劣天气等各种情况时措手不及。

6. 展览会的时间

根据展期的不同,展览会可以分为长期展览会、定期展览会和临时展览会。

长期展览会大都常年举行,其展览场所固定,展品变动不大。

定期展览会的展期一般固定为每隔一段时间之后,在某一特定的时间之内举行,如每3年举行一次或者每年的春季举行一次等。其展览主题大都既定不变,但允许变动展览场所或展品内容。

临时展览会则可以随时根据需要与可能举办。它所选择的展览场所、展品内容及展览主题往往不尽相同,但其展期大都不长。

7. 展览会的组织

一般的展览会,既可以由参展单位自行组织,也可以由社会上的专门机构出面组织。不论组织者由谁来担任,都必须认真做好具体的工作,力求使展览会取得完美的效果。

(二)展览会的筹备

展览会的组织者需要重点进行的具体工作,主要包括参展单位的确定、展览内容的宣传、展示位置的分配、安全保卫的事项、辅助服务的项目等。

1. 参展单位的确定

主办单位一旦决定举办展览会,首要的问题就是由哪些单位来参加。而在具体考虑参展单位的时候,又必须要符合双方的意愿。按照商务礼仪的要求,主办单位事先应以适当的方式,向拟参展的单位发出正式的邀请或召集。

邀请或召集参展单位的主要方式为刊登广告、寄发邀请函、召开新闻发布会等。不管采用其中哪一种方式,均须同时将展览会的宗旨、展出的主题、参展单位的范围与条件、举办展览会的时间与地点、报名参展的具体时间与地点、咨询有关问题的联络方法、主办单位提供的服务项目、参展单位所应负担的基本费用等如实地告之参展单位,以便对方据此决定是否参与。

对于报名参展的单位,主办单位应根据展览会的主题与具体条件进行必要的审核。当参展单位的正式名单确定之后,主办单位应及时以专函的形式进行通知,以便被准许参展的单位尽早有所准备。

2. 展览内容的宣传

为了引起社会各界对展览会的重视,并且尽量地扩大展览会的影响,主办单位有必要对其进行大力宣传。宣传的重点应当是展览的内容,即展览会的展示陈列之物。因为只有它才能真正地吸引各界人士的注意和兴趣。

对展览会(尤其是对展览内容)所进行的宣传,主要可以采用以下八种方式:一是举办新闻发布会;二是邀请新闻媒体到场进行参观采访;三是发表有关展览会的新闻稿;四是公开刊发广告;五是张贴有关展览会的宣传画;六是在展览会现场散发宣传性材料和纪念品;七是在举办地悬挂彩旗、彩带或横幅;八是利用升空的彩色气球和飞艇进行宣传。以上各种方式可以只选其一,也可以多种同时并用。在具体进行选择时,一定要具体情况具体分析,量力而行。

3. 展示位置的分配

对于展览会的组织者来讲,展览现场的规划与布置通常是其重要职责之一。在布置展览现场时的基本要求是:展示陈列的各种展品要围绕既定的主题,进行互为衬托的合理组合与搭配;要在整体上显得井然有序、浑然一体。

所有的参展单位都希望自己能够在展览会上拥有理想的位置。展品在展览会上进行展示陈列的具体位置称为展位。理想的展位,除了收费合理之外,应当面积适当、客流较多,处于全场较为醒目的地方,设施齐备,采光、水电的供给良好。

在一般情况下,展览会的组织者要尽力满足参展单位关于展位的合理要求。假如参展单位较多,并且对于较为理想的展位竞争较为激烈的话,则展览会的组织者可以依照展览会的惯例,采用以下方法对展位进行合理的分配。

(1) 对展位进行竞拍。

即由展会组织者根据展位的不同而制定不同的收费标准,然后组织一场拍卖会,由参展者在会上自由进行角逐,由出价高者拥有自己满意的展位。

(2) 对展位进行投标。

即由参展单位依照展会组织者所公告的招标标准和具体条件自行报价,并据此填具标单,而由组织者按照"就高不就低"的常规,将展位分配给报价高者。

(3) 对展位进行抽签。

即将展位的编号写在纸签上,而由参展单位的代表在公证人员的监督之下每人各取一个,以此来确定各自的具体展位。

(4) 按"先来后到"的原则分配。

即以参展单位正式报名的先后为序,谁先报名,谁便有权优先选择自己所看中的展位。

不管采用上述何种方法,展会组织者均须事先将其广而告之,让公众明悉,以便参展单位根据自己的需要确定适合自己的展位。

4. 安全保卫的事项

无论展览会举办地的社会治安环境如何,展会组织者对于有关的安全保卫事项均应认真对待,以免由于事前考虑不周而出现意外。

在举办展览会前,参会组织者应依法履行常规的报批手续。必要时,展会组织者还应主动将展览会的举办详情向当地的公安部门进行通报,以期得到公安部门的理解、支持与配合。举办规模较大的展览会时,展会组织者最好聘请一定数量的保安人员,将展览会的保安工作全权交予对方负责。按照常规,有关安全保卫的事项,最好由有关各方正式签订合约或协议,并且经过公证。

在展览会的入口处或展览会的门券上,展会组织者还应将参观的具体注意事项正式成文列出,使观众心中有数,以减少纠纷。

5. 辅助服务的项目

主办单位作为展览会的组织者,有义务为参展单位提供必要的辅助性服务项目,并事先告知相关参展单位,对有关费用的支付进行详尽的说明。

具体而言,为参展单位所提供的辅助性服务项目通常主要包括以下各项:一是展品的运输与安装;二是车票、船票、机票的订购;三是与海关、商检、防疫部门的协调;四是跨国参展时有关证件、证明的办理;五是电话、传真、电脑、复印机等通信设备的提供;六是举行洽谈会、发布会等商务会议或休息之时所使用的适当场所;七是餐饮以及有关展览时使用的零配件的提供;八是供参展单位选用的礼仪、讲解、推销人员等。

(三) 参展单位的注意事项

在整体形象、待人礼貌和解说技巧三个主要方面,参展单位尤其要予以特别的重视。

1. 要努力维护整体形象

在参加展览会时,参展单位的整体形象直接映入观众的眼里,对展览会的效果会产生重要的影响。参展单位的整体形象,主要由展示之物的形象与工作人员的形象两个部分所构成。对于两者要给予同等的重视,参展单位不能厚此薄彼。

展示之物的形象,主要由展品的外观、展品的质量、展品的陈列、展位的布置、发放的资料等构成。用以进行展览的展品,外观上要力求完美无缺,质量上要优中选优,陈列上要既整齐美观又讲究主次,布置上要兼顾主题的突出与观众的注意力。而用以在展览会上向观众直接散发的有关资料则要印刷精美、图文并茂、信息丰富,并且注有参展单位的主要联络方法,如电话、传真以及电子邮箱等信息。

工作人员的形象则主要是指在展览会上直接代表参展单位的人员的穿着打扮及举止。在一般情况下,要求在展位上工作的人员应当统一着装。最佳的选择是身穿本单位的制服或者是深色的西装、套裙。在大型的展览会上,参展单位若安排专人迎送宾客时,则最好身穿色彩鲜艳的单色旗袍,并身披写有参展单位或其主打展品名称的大红色绶带,以达到更好的宣传效果。

2. 要时时注意恰当的待人接物

在展览会上,参展单位的工作人员应当为观众提供热情周到的服务。当观众走近自己的展位时,不管对方是否向自己打招呼,工作人员都要面带微笑,主动地向对方说:"你好!欢迎光临!"随后,还应面向对方,稍许欠身,伸出右手,掌心向上,指尖指向展台,并告知对方:"请您参观"。

当观众在本单位的展位上进行参观时,工作人员可以随行于其后,以备对方向自己进行咨询;也可以请其自便,不加干扰。假如观众较多,尤其是在接待组团而来的观众时,工作人员也可以在左前方引导对方进行参观,对于观众所提出的问题要认真做出回答。

3. 要善于运用解说技巧

解说技巧在此处主要是指参展单位的工作人员在向观众介绍或说明展品时所应当掌握的基本方法和基本技能。具体来说,在宣传型展览会与销售型展览会上,参展单位的工作人员的解说技巧既有共性可循,又有各自的不同之处。

在宣传型展览会与销售型展览会上,解说技巧的共性在于要善于因人而异,使解说具有针对性。与此同时,要突出参展单位的展品的特色。在实事求是的前提下,要注意扬长避短,强调"人无我有"之处。在必要时,还可以邀请观众亲自动手操作或由工作人员进行现场演示。此外,还可以安排观众观看与展品相关的影视片,并向其提供说明材料等,让观众更快捷地了解参展单位的信息。通常,说明材料与单位名片应常备于展台之上,由观众自取。

 阅读案例 6-2

展览会带来的效益

在"第三届中国可再生能源及节能产品、技术博览会"上,山东滕州某节能炉具的参展商非常兴奋,因为博览会开幕的第一天,他们带来的50多台炉具就被抢购一空,现在只留下一台用于演示,而且这台也已被客户预订了。因为这种炉具真正实现了环保节能、清洁高效,通过演示,让大家实实在在看到炉具好在哪里。该节能炉具参展商所在的展位虽然位于整个展区相对偏僻的角落,但参展商却很好地发挥了体验营销的直观效果:当场把秸秆装进炉膛,然后点燃,边做演示边讲解每个环节的操作要领和注意事项。当观众看到炉中升腾起的火焰时,露出惊奇的神情并纷纷咨询购买或代理产品的有关事项。

展厅一层展示的自动跟踪太阳灶也成功运用了类似的营销形式,让参观者通过操作太阳灶烧水、煮饭来感受它的神奇。产品大受欢迎,该参展商收到了雪片般的订单。企业运用让目标顾客观摩、聆听、尝试、试用产品等方式,使顾客亲身体验企业提供的产品及服务,真实感知产品及服务品质,从而促使顾客认知、喜好,进而决定购买,这就是体验营销。这种方式以满足消费者的体验需求为目标,以"有形"产品为载体,通过让观众亲身体验,感知产品的"无形"美,让消费者从心里愿意进一步接受企业的产品。

六、庆典活动礼仪

庆典活动是围绕重大事件或重大节日而举行的庆祝活动仪式。庆典活动的目的往往是激发感情,鼓舞斗志,同时扩大知名度和影响,树立良好的公众形象。庆典活动必须符合礼仪规范才能收到预期的效果。

(一)庆典礼仪的类型

庆典活动的种类很多。有的庆典活动是为了纪念某一节日、纪念日而举行的,有的庆典活动是为了庆祝某一成就、获得某一荣誉而举行的,有的庆典活动是为了庆祝组织机构的成立而召开的,更多的是为一个工程、项目的动工、竣工、开业、结业而举行的。庆典活动一般是举行典礼或仪式。

庆典活动常见的典礼形式有以下七种。

1. 节庆典礼

节庆典礼,是指围绕重大节日和纪念日举行的庆祝活动。一类是传统的公共节日,如元旦、春节、"三八"妇女节、青年节、建军节、国庆节等;另一类则是一些纪念日,如学校、企业等成立周年纪念日(如图6-2所示)。这类庆典活动一般是在固定的时间举行。

图6-2　企业成立周年庆典

2. 庆功典礼

庆功典礼,是指根据单位或成员获得某项荣誉,取得某些重大成就、重大业绩、重大进展而举行的庆祝活动。如某市荣获"全国卫生城市称号"、某企业荣获"质量信得过企业"、某汽车厂"第100万辆××牌汽车下线"等。

3. 开业典礼

开业典礼,是指组织机构成立、企业开始正式营业时举行的庆祝仪式。这类典礼的目的是为了扩大宣传,树立组织机构的良好形象。

4. 奠基典礼

奠基典礼,是指重大工程项目(如机场、码头、车站、楼宇、道路、桥梁等建设项目)正式开工时举行的破土动工的仪式。

5. 竣工典礼

竣工典礼,是指某一工程项目建成完工时举行的庆贺性仪式,包括建筑物落成、安装完工、重大产品成功生产等。这类典礼一般在竣工现场举行。

6. 通车典礼

通车典礼,是指重大交通建筑(如公路、铁路、地铁、桥梁、隧道等)在正式交付使用前举行的庆祝活动。

7. 通航典礼

通航典礼又称首航仪式,是指飞机、轮船正式开通一条新航线时举行的庆祝活动。

(二)庆典活动的组织

庆典活动要取得成功并收到预期的效果,组织者必须进行认真的策划和严密的组织。

1. 制订庆典活动方案

每一个庆典活动都要制订一个活动方案,包括典礼的名称、规格规模、邀请范围、时间、地点、典礼形式、基本程序、主持人、筹备工作、经费安排等内容。举办庆典活动要遵守相关规定,重大庆典活动一般要报相关部门审批。

2. 确定参加活动的人员

庆典活动一般要邀请相关领导、知名人士、新闻记者等参加。参加人员一般是各界代表以及与活动主题相关的人士。组织者一旦确定了拟邀请参与庆典活动的相关人员,应当及早发出邀请函,并准确掌握来宾的情况。重要来宾的请柬发放后,组织者应于当天电话致意,庆典前一晚应再次电话联系并确认。

3. 安排庆典活动程序

合理安排庆典程序,一般包括:重要来宾留言、题字;主持人宣布活动开始;奏国歌或奏乐,介绍重要来宾;领导人致辞和来宾代表讲话、剪彩、参观活动等。有时庆典活动还安排座谈、宴请、文艺节目等活动。

4. 现场布置和准备

庆典现场的布置要根据庆典活动的内容来确定,一般包括音响、音像设备,会场、舞台或现场的横幅、标语、彩旗、鲜花、气球等设置;需要剪彩的,还要准备缎带、剪刀、手套、托盘。

5. 落实致辞人和剪彩人

致辞人和剪彩人分己方和客方,己方为组织方的最高负责人,客方一般为德高望重或社会地位较高的知名人士。选择致辞人和剪彩人时应征得本人的同意。

6. 撰写宣传材料和新闻通讯材料

庆典活动开始后,组织者应将宣传材料装在特制的包装袋内发给来宾。对于新闻记者来说,还应在发给他们的材料中列出庆典主题、背景、活动内容等较详细的资料,以方便新闻记者撰写新闻稿件。

7. 安排接待工作

庆典活动一般要专门安排接待人员,重要来宾的接待最好由相关负责人亲自完成。组织者要安排专门的接待室,以便庆典活动正式开始前让来宾休息、交谈。组织者还要安排专人负责引导入场、签到、留言、剪彩以及后勤保障和安全保卫工作,包括茶水供应、纪念品发放、现场秩序维护等。

(三)组织庆典活动的注意事项

1. 选择恰当的时机

庆典活动有一个适时举行的问题,选择好时机可以为典礼增色不少,同时增强活动的宣传效果。如企业庆典活动通常要把企业时机与市场时机结合起来考虑,使庆典活动与市场时机相契合;有些庆典活动的时间是固定的,如节日、纪念日,这些庆典活动一般只能提前,不能推后;有些庆典活动则要选择时机,如开业、竣工等典礼,除了要筹备好之外,还要考虑相关领导能否出席、气候及前后节庆情况等综合性因素,从而做到有备无患。

2. 形式既隆重又简朴

庆典活动是一种热烈庄重的仪式,既需要一定的隆重程度,又要大方、简朴。这样既可以鼓舞人心、扩大影响,又不致铺张浪费。因此,组织者在庆典活动的现场布置、形式选择、程序安排等环节要下功夫,努力营造隆重热烈的气氛,同时,还要力求有创意,隆重热烈之余,又要简朴务实。

> **会务礼仪小贴士**
>
> 1. 会议前
>
> 在会议前的准备工作中,需要注意以下五个方面。
>
> (1) When。
>
> 即时间,要告诉所有的参会人员会议开始的时间和要进行多长的时间。这样能够让参会人员更好地安排自己的工作。
>
> (2) Where。
>
> 即地点,是指会议在什么地点进行,要注意会议室的布局是不是适合这个会议的进行。

(3) Who。

即人物,以外部客户参加的公司外部会议为例,会议有哪些人物来参加,公司这边谁来出席,是不是已经请到了合适的嘉宾来出席这个会议。

(4) What。

即会议的议题,就是要讨论哪些问题。

(5) Others。

即会议物品的准备,就是根据这次会议的类型、目的来确定需要准备哪些物品,如纸、笔、笔记本、投影仪等。

2. 会议后

在会议完毕之后,会议组织者应该注意以下细节,才能够体现出良好的商务礼仪。

(1) 会谈要形成文字结果,哪怕没有文字结果,也要形成阶段性的决议,落实到纸面上,还应该有专人负责相关进展的跟进。

(2) 赠送相关的纪念品。

(3) 组织参观,如参观学校、公司或厂房等。

(4) 如果必要需安排合影留念。

3. 发言人的礼仪

会议发言有正式发言和自由发言两种,前者一般是领导报告,后者一般是讨论发言。正式发言者应衣冠整齐,走上主席台应步态自然、刚劲有力,体现出一种成竹在胸、自信自强的风度与气质。发言时应口齿清晰、讲究逻辑、简明扼要。如果是书面发言,发言者要时常抬头扫视一下会场,不能低头读稿,旁若无人。发言完毕,发言者应对听众的倾听表示谢意。

自由发言则较随意,发言者要注意发言应讲究顺序和秩序,不能争抢发言;发言应简短,观点应明确;与他人有分歧时,应以理服人,态度平和,听从主持人的指挥,不能只顾自己。

如果有会议参加者对发言者提问,应礼貌作答,对不能回答的问题应机智而礼貌地说明理由,对发言者的批评和意见应认真听取,即使发言者的批评是错误的也不应失态。

4. 主持人的礼仪

各种会议的主持人一般由具有一定职位的人来担任,其礼仪表现对会议能否圆满成功具有重要的影响。

(1) 主持人应衣着整洁,大方庄重,精神饱满,切忌不修边幅、邋里邋遢。

(2) 主持人走上主席台步伐应稳健有力,行走的速度因会议的性质而定,一般来说,在气氛欢快、热烈的会议上主持人的步伐应较慢。

(3) 主持人入席后,如果是站立主持,应双腿并拢,腰背挺直。手持发言稿时,右手应持底部中央的位置,左手五指并拢自然下垂。主持人双手持稿时,应与胸齐高。主持人采用坐姿主持时,应身体挺直,双臂前伸。

(4) 主持人的言谈应口齿清楚,思维敏捷,简明扼要。

(5) 主持人应根据会议性质调节会议气氛,或庄重,或幽默,或沉稳,或活泼。

(6) 主持人对会场上的熟人不能打招呼,更不能寒暄闲谈。会议开始前或会议休息时间可以点头、微笑致意。

阅读案例6-3

庆典活动方案——××学院校庆××周年庆典策划书

一、活动背景

为了回顾学院历史,展示办学成就,展望美好未来,扩大知名度,激励师生、校友爱校荣校的精神,增强社会各界关心、支持学校办学的热情,凝聚各方力量,推动学校全面、快速、可持续发展,学院决定筹备启动20××年××周年庆。

二、活动主题

共建母校,展望未来,提高学院社会知名度。

三、活动目的

本活动主要以宣传学院知名度为目的,让更多的学生以及家长了解学院的发展,同时也为了让更多的同学能够更深地认识××学院,加深其对学院的感情。

四、活动对象

××学院全体师生、本市各界领导干部和新闻媒体及相关大学的领导。

五、活动时间

20××年××月。

六、活动地点

××学院。

七、活动内容策划

(一)启动阶段(20××年××月)

1. 成立筹备领导机构和工作机构。

2. 研究确定校庆日和名称,在校内外营造迎校庆氛围。

3.启动活动经费筹集工作,接受来自社会各界人士的捐赠,用于庆典活动和校园建设。

4.研究确定规划项目和校园景观项目。

5.完成学校校庆筹备领导小组确定的其他任务。

(二)筹备阶段(20××年××月)

1.学校内部公关活动。

(1)建设各地校友联络点,编辑《校友通讯簿》,设立并公开校友网站。

(2)编撰校史并编印画册,同时将校史制成专题片。

(3)出版《校庆专刊》,让全校师生以及社会人士关注校庆。

(4)设计校庆宣传品,并作为嘉宾的赠送礼品,如精美时尚的手提袋、书签、皮制公文包、相册、挂历、保温杯等。

(5)布置校史陈列馆。

(6)编撰学校科研成果大事记并制作成专辑。

(7)组织校园环境美化。

(8)制订学术交流活动方案,设立校友论坛、高校论坛、专家论坛等。

(9)组织文艺活动排练。

(10)开展"昨天、今天、明天"××学院发展历程主题图片收集和编辑工作并制成专题片。

(11)改善全校师生的生活服务设施,相应地开展一些福利性的实际工作。

(12)制作来宾签到册。

(13)开展各规划项目的具体实施工作。

(14)做好来宾住宿安排准备工作。

(15)庆典会场的布置工作以及校区校园装扮工作。

2.学校外部公关活动。

(1)提前拟定邀请嘉宾名单。

(2)利用庆典活动与更多的企业和单位交流接触,邀请他们参加××周年校庆活动,从而扩大学校的就业渠道,提高学校的就业质量。

(3)进行大量的宣传,让更多的社会各界人士关注校庆活动。

(三)庆典阶段(校庆日)

1.邀请领导、来宾、校友。

2.编印(出版)校史、校友录、学术报告集,在校庆日举行首发仪式。

3.起草校庆文稿,印制文字资料。

4.召开新闻发布会,在各种新闻媒体上加大校庆宣传力度,邀请新闻媒体参加校庆活动。

5. 登记接收礼品和钱物并进行展示。

6. 在校庆日举行庆祝活动。

八、活动进度及注意事项

1. 会场所有的设施要在活动前一天准备就绪并安装完毕,在活动当天开始前验收并交付使用。

2. 排练一定要细致,内容要精彩。

3. 拱门、空气球、彩旗要保证质量。

4. 全体师生保证文明用语,时刻注意自己的形象。

九、尾声

1. 做好活动结束工作,认真安排嘉宾的归程旅途,给嘉宾留下良好的印象。

2. 做好信息反馈工作。

3. 加强与参与此次活动的企业和赞助商的沟通交流。

本章习题

一、实训题

[实训一] 会务礼仪训练

实训内容:10个同学一组,自行设定身份,其中分别有会议的组织者、参与者和会务人员,模拟会议的会务人员进行会前准备的情景,由组织者和参与者予以配合。

实训学时:1个学时。

实训地点:实训室。

实训要求:按照课堂讲解和演示要求,掌握不同身份、不同职位的人所要掌握的相关礼仪。

[实训二] 新闻发布会礼仪训练

实训内容:由一名同学担任新闻发布会的主持人,另一名同学担任新闻发言人,其他的同学担任新闻媒体记者和观众,模拟一次新闻发布会的场景。轮流进行角色转换,多次模拟,以便熟练掌握新闻发布会礼仪。

实训学时:1个学时。

实训地点:实训室。

实训要求:按照课堂讲解和演示要求,掌握新闻发布会中不同角色的相关礼仪。

二、案例题

[案例一]

A服装集团为了开拓市场,拟召开一个服装展示会,推出一批夏季新款时装。秘书小李拟订了一个方案,具体内容如下。

1. 会议名称:"2015年A服装集团夏季时装秀"。

2. 参加会议人员:上级主管部门领导2人;行业协会代表3人;全国大中型商场总经理或业务经理以及其他客户约150人;主办方领导及工作人员20名。另请模特公司服装表演队若干人。

3. 会议主持人:公司负责销售工作的副总经理。

4. 会议时间:2015年××月××日上午9:30—11:00。

5. 会议程序:来宾签到,发调查表;展示会开幕,上级领导讲话;时装表演;展示活动闭幕、收调查表,发纪念品。

6. 会议文件:会议通知、邀请函、请柬;签到表、产品意见调查表;A服装集团产品介绍资料;订货意向书、购销合同。

7. 会址:A服装集团小礼堂。

8. 会场布置:蓝色背景帷幕,中心挂服装品牌标识,上方挂展示会标题横幅;搭设T型服装表演台,安排来宾围绕就座;会场外悬挂大型彩色气球及广告条幅。

9. 会议用品:纸、笔等文具;饮料;照明灯、音响设备、背景音乐资料;足够的椅子;纪念品(每人发A服装集团生产的T恤衫1件)。

10. 会务工作:安排提前来的外地来宾在市中心B大酒店报到、住宿;安排交通车接送来宾;展示会后安排工作午餐。

请问:

秘书小李的会议方案是否周全?有无需要改进的地方?

提示:

小李的方案有不周全之处,部分内容不够具体。

[案例二]

某机关定于××月××日在单位礼堂召开总结表彰会,发了请柬邀请有关部门的领导光临,请柬上开会的时间、地点写得一清二楚。

接到请柬的几位部门领导按照请柬上所写的时间提前来到礼堂开会。一看会场布置不像是开表彰会的样子,经询问礼堂负责人才知道,今天上午礼堂开的是场学术报告会,该机关的总结表彰会并非在此召开。几位部门领导感到莫名其妙,只好都回去了。

事后,会议主办机关的领导才解释说,因秘书人员工作粗心,在发请柬之前还没有与礼堂负责人取得联系,一厢情愿地认为不会有问题,便把会议地点写在请柬上,等开会的前一天下午前去联系,才知得礼堂早已租给别的单位使用,只好临时改换会议地点。但由于邀请单位和人员较多,来不及一一通知,结果造成了上述失误。尽管领导登门道歉,但造成的不良影响也难以完全消除。

请问:

这个案例告诉我们,会务人员在会议准备时应特别注意什么问题?怎样才能做到万无一失?

提示:

会务人员在准备会议时应确保会议召开当天会场无其他的安排,若有变化,应及时通知相关人员。

[案例三]

C石化股份有限公司董事会召开会议讨论从国外引进化工生产设备的问题。秘书小王负责为与会董事准备会议所需的文件资料。因有多家国外公司竞标,所以材料很多。由于时间紧张,小王就为每位董事准备了一个文件夹,将所有的材料放入文件夹内。因有3位董事在会前回复说有事不能参加此次会议,于是小王就未准备他们的资料。不想,正式开会时其中的2位董事赶了回来,结果会上有的董事因没有资料可看而无法发表意见,而有的董事面对一大摞资料却不知如何找到想看的资料,从而影响了会议的进度。

请问:

秘书小王在准备会议资料时存在哪些疏漏?在准备会议资料时应如何避免此类事件的发生?

提示:

秘书小王在准备会议资料时应考虑周全,其数量应足够并留出余量,类别要事先分好。

三、思考题

常用的会议礼仪主要包括哪几种类型?其特点分别是什么?需特别注意哪些方面?

第七章　住行礼仪

> 在商务活动中，住行礼仪是社会交往的重要组成部分之一，它是指人们入住宾馆与出行时应该遵守的礼仪规范，包括入住宾馆的礼仪、商务出行的礼仪、商务人员备品及携带礼仪等相关礼仪。

一、入住宾馆的礼仪

宾馆是人们出差或旅行经常需要入住的场所，有一些必要的规定和礼仪需要认真遵守。

（一）入住客房的礼仪

在涉外交往中，有关住宿方面的礼仪主要包括接待来宾的住宿与出访国外自己安排住宿两个方面的内容。

1. 接待来宾的住宿

在国际交往中，接待外国来宾时，既可以由外宾自行解决住宿，也可以由接待方以主人的身份为外宾安排住宿。这通常需由双方事先商定。根据礼仪规范和国际惯例，接待方在为外国来宾安排住宿的具体过程中，一般应当注意以下三个方面的问题。

（1）了解外宾的生活习惯。

俗话说："千里不同风，百里不同俗。"外国人有自己独特的生活习惯，所以，为外宾安排住宿时，应事先要了解其生活习惯。一般来说，外宾都十分重视个人卫生，认为自己的临时居所应该具备的基础条件包括随时可以洗热水澡的浴室、单独使用的干净清洁的卫生间等。另外，外宾不习惯与成年同性共居一室。接待方事先应知晓外宾的这些生活习惯。

（2）选择外宾住宿地点。

依照惯例，外宾一般应当被安排在条件优良、设施完备的涉外饭店里住宿。安排外宾住宿时，除了照顾外宾的个人生活习惯、尊重其特有的风俗之外，还需要特别注意：为外宾安排住宿所需的经费预算情况；拟住宿地点的实际接待能力与服务质量、周边环境、交通条件、距离接待方及有关工作地点的距离远近等。

（3）热情关照外宾的生活。

在可能的情况下，接待方要对外宾的各种生活需要尽可能地予以满足。应当注意的是，外宾的个人意识都比较强，对他们的关心、照顾应该以不妨碍对方的私生活为准。

2. 出访国外自己安排住宿

前往国外进行旅游、访问、工作、学习时，我们一般住在宾馆或饭店，也有人可能直接在外国人的家里住宿。在国外的宾馆或饭店住宿时需要注意以下事项。

（1）提前预约。

需要住宾馆或饭店的时候，最好提前电话预约或网上预订，告知对方自己准备哪天入住、住几天、需要什么样的房间、申请住房人的姓名等信息，并问清房价以及告知当天到达宾馆或饭店的大概时间。许多宾馆或饭店都会在一定的时间内保留预订。万一比预订时间到达晚得多，为了避免被取消房间，要尽快通知宾馆或饭店。另外，如果要取消房间，有礼貌的做法是及时打个电话取消，这样宾馆或饭店就可以及时另作安排。

（2）讲究礼貌。

在宾馆或饭店里住宿，对于自己所遇到的一切人都应当以礼相待。在宾馆或饭店里，早上遇到其他人，不论与自己相识与否，都应该主动向对方问候"早安"。在通过走廊、出入电梯或接受宾馆或饭店所提供的各项服务时，要懂得礼让他人。对于女性、儿童、老年人和残疾人，在力所能及的情况下，应该主动给予关心或帮助。

对于为自己服务的各类工作人员，要充分地予以尊重和体谅。当对方为自己提供服务之后，应当立即向他们道谢。在许多国家，人们在宾馆或饭店住宿时，必须付给为自己提供了服务的客房服务人员、行李员、餐厅侍者一定数目的小费。

（3）保持肃静。

宾馆或饭店是专供住宿者进行休息的地方，因此保持肃静被视为宾馆或饭店的最基本的规定。在宾馆或饭店住宿时，对此务必要加以注意。在宾馆或饭店内部的公共场所（如前厅、商场、咖啡厅、电梯等），个人进行休息、消费或者与客人相会时，一定要注意不可大声喧哗、高谈阔论，走路应轻手轻脚。即使在自己的客房里，也应保持安静，不要大声说笑、狠踩地板、拍打墙面，或是在客房内唱歌跳舞。看电视、放音乐、听广播时，也不要使音量过高。

(4) 注意卫生。

在宾馆或饭店内,包括在本人住宿的客房内,要严格遵守相规的禁烟规定。另外,还需要注意的是:不要在本人住宿的客房之内洗涤、晾晒个人的衣服,尤其是不要将其悬挂在公用的走廊里或是临街的窗户之外、阳台之上等;不要在客房内乱丢乱扔个人物品或是将废弃物扔到地上或窗外;不要随意毁坏、污损公用物品;不要到处乱涂、乱抹、乱刻、乱写、乱划;在宾馆或饭店内的公共场所活动时,也应该注意这个问题;废弃物可以投入垃圾桶内,也可以放到茶几上让服务人员来收拾,千万不要扔进马桶里,以免堵塞马桶从而影响使用。

(5) 严守规定。

国外的宾馆或饭店,尤其是高档的星级饭店,通常都有如下的规定。

① 不允许两名已成年的同性共居于一室内。

② 除了家人之外,不允许住客在住宿的客房随意留宿其他的外来人员。

③ 不提倡住客在住宿的客房内会晤来访的人士,特别是不提倡住客在自己的客房之内会晤来访的异性客人。在一般情况下,饭店的前厅或咖啡厅被视为会客的理想之处。

④ 不提倡互不相识的客人互相登门拜访。随意去素不相识的住客处串门或是邀请别人来自己住的客房一起进行娱乐都是十分冒昧和不安全的。

⑤ 在室外打赤膊或衣冠不整,同样也是不允许的。

⑥ 不可以将客房或宾馆(饭店)内的其他场所的公用物品随意带走或据为己有。

⑦ 在室内时着装可相对随便,走出房间则应衣着整齐,不能穿着背心、短裤、睡衣、拖鞋等在走廊或宾馆(饭店)内外的公共场所游逛。

⑧ 不可以窥视他人居住的房间。若同室还有其他的客人,出入房间应随手关门,不要将房门大开,让别人一览无余。休息时,可以在门外悬挂特制的"请勿打扰"的牌子。

(6) 出入房间讲究顺序。

如果没有特殊的原因,出入房间时应该是位高者先进或先出。如果有特殊情况,如需要引导,室内灯光昏暗,男士和女士两个人单独出入房间,这时标准的做法应该是陪同接待人员先进去,为客人开灯、开门,出来的时候也是陪同接待人员先出去,为客人拉门引导。

(7) 要有安全意识。

出门在外要有安全意识,进出房间要随手关门,即使门锁好了,也要再仔细检查并确认。

(8) 爱护房内设施。

宾馆或饭店的客房内备有供住客生活使用的各种常用物品,使用时应予以爱护,若不慎损坏,应主动赔偿。

(9) 尊重服务人员的劳动。

当服务人员来房间送水或打扫卫生时,要起身相让,不能无动于衷。服务人员离去时,应表示感谢。当遇到一些特殊情况,如有客人来访而服务人员恰好这时也来打扫房间时,自己觉得不方便,可以有礼貌地请服务人员稍过一会再来打扫。

(二)上下楼梯的礼仪

上下楼梯是在商务交往中经常遇到的情况,应单行行进,以前方为上。但需要注意一点,男女同行上下楼时,宜女士居后。上下楼梯时因为楼道比较窄,并排行走会妨碍其他人,因此若没有特殊的原因,应靠右侧单行行进。

在客人不认路的情况下,陪同引导人员要在前面带路。陪同引导人员的标准位置是客人的左前方1~1.5米处,大概一步之遥。不要离得太远,也不要离得太近,离得太近容易发生身体上的碰撞。原则上,应该让客人走在内侧,陪同引导人员走在外侧。我国的道路行进规则是右行,行走时客人在里面(离墙近)而陪同引导人员在外面,这样客人受到的影响会较少。行进时,陪同引导人员的身体侧向客人,用左手进行引导。如果陪同引导人员完全背对客人,这是不太礼貌的。

有一点需要注意的是,如果陪同接待女性宾客的是一位男士,而女士又身着短裙,在上下楼时,陪同引导的男士一般要走在女士的前面。

(三)乘坐电梯的礼仪

在现代社会中,电梯成为人们缩短距离与提高工作效率的工具。虽然电梯在日常生活中已经随处可见,但很少有人了解乘坐电梯也应遵守一定的礼仪。与客人共乘有专职人员值守和无人值守的电梯以及自己乘坐电梯时,需要遵守不同的礼仪规则。

1. 与客人共乘电梯的礼仪

与客人共乘有人控制的电梯时,陪同人员应后进后出,让客人先进先出。把选择方向的权利让给客人,如果客人初次光临,对地形不熟悉,则应该为他们指引方向。

与客人共乘无人控制的电梯时,陪同人员应先进后出,并控制好按钮,让电梯门保持较长的开启时间,避免给客人造成不便。电梯门打开,若客人不止一人时,陪同人员可以先行进入电梯,一只手按"开门"按钮,另一只手拦住电梯侧门,礼貌地请客人进入电梯轿厢。

如果陪同人员感觉电梯可能会超员的时候,就要请客人先上;如果陪同人员上电梯后表示超员的铃声响起,自己应迅速地退出电梯轿厢。此外,如果有个别客人迟迟不进入电梯,影响了其他的客人,此时陪同人员也不应该高声喧哗,可以利用电梯的唤铃功能予以提示。

进入电梯后,陪同人员应按下客人要去的楼层按钮。若电梯行进期间有其他的人员进入,陪同人员可以主动询问其要去几楼,并帮忙按下按钮。在电梯内,陪同人员应尽量侧身面对客人。

到达目的楼层,陪同人员一只手按住"开门"按钮,另一只手做出"请"的动作,可以说:"到了,您先请!"客人走出电梯轿厢后,应立刻步出电梯,并热情地为其引导行进的方向。

2. 自己乘坐电梯的礼仪

等电梯时,要主动面带微笑向熟人打招呼,只需轻轻地触摸电梯的按钮即可,不要反反复复地按按钮。进电梯时要在出口处的右边等候,以方便其他的乘客出入电梯。电梯能够承载的乘客的数量是有限的,当超员的铃声响起的时候,最后上电梯的人应主动下电梯。如果电梯里的人很多,自己的位置不方便按电梯的按钮,可以请靠近电梯门的人帮忙按下按钮,然后道谢。

在电梯内要尽量避免过于靠近他人和背对他人,正确的站法是先进电梯的人要靠墙而站,不要以自己的背对着别人,可以站成"n"字形。看到双手抱满东西的人,可以代为按按钮。与长辈、领导、女士同行,应礼让他们先进,代他们按下欲往的楼层按钮。但需要注意的是,若与女士同行,他人礼让,并不表示也礼让自己,要避免大大咧咧地率先而行。

出电梯时,如果人很多,要对周围的人说:"对不起,我要出去"。最后出电梯的人可以在走出电梯前按一下关门按钮,这样可以为等电梯的人节省时间。

3. 出入电梯时应注意的问题

出入电梯时要注意安全。电梯关门时,不要扒门或强行挤入。在电梯人数超载时,要自觉退出电梯轿厢。另外,要注意出入电梯的顺序。与不相识的人同乘电梯,进入时要讲究先来后到,出来时则应由外而内依次而出,不能争先恐后。

另外,如果是在大型商场、地铁、火车站、飞机场等公共场所乘自动扶梯,应一律靠右侧站立列成纵队,空出左边的小道给有急事的人走。

(四)会客的礼仪

会客时主人应当恭请来宾就座于上座。会见时的座次安排大致有以下三种主要方式。

1. 相对式

相对式的座次排列方式为：主宾双方相对而坐。这种方式主要用于公事公办，需要拉开彼此距离的情形。根据会客室的布局又可以分为以下两种情况。

（1）会客室内的桌椅均面门而设，此时讲究"面门为上"，即客人就座于面对正门之位，主人则背门而坐（图7-1相对式之一所示）。

（2）会客室内的桌椅设于正门左右，此时则讲究"以右为上"，即客人就座于进门右侧之位，主人则坐于左侧之位（图7-1相对式之二和相对式之三所示）。

图 7-1　相对式座次排列方式

2. 并列式

并列式的基本做法是主宾双方并排就座，以暗示双方"平起平坐"、地位相仿、关系密切，具体可以分为以下两种情况。

（1）双方一同面门而坐。此时讲究"以右为上"，即主人要请客人就座在自己的右侧。若双方不止一人时，双方的其他人员可以各自分别坐在主人或主宾的一侧，按身份高低依次就座（如图7-2并列式之一所示）。

（2）双方一同在室内的右侧或左侧就座。此时讲究"以远为上"，即距门较远之座为上座，应当让给客人；距门较近之座为下座，应当留给主人（如图7-2并列式之二所示）。

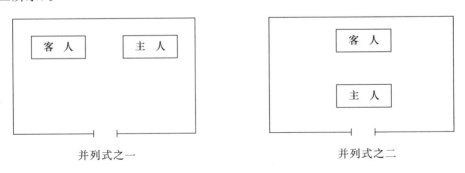

图 7-2　并列式座次排列方式

3. 居中式

所谓居中式排位,就是并列式排位的一种特例。它是指当多人并排就座时,讲究"居中为上",即应以居于中央的位置为上座,请客人就座;以其两侧的位置为下座,由主方人员就座,具体可以分为以下两种情况。

(1) 主席式。

主席式主要适用于正式场合,由主人一方同时会见两方或两方以上的客人。此时,一般应由主人面对正门而坐,其他各方来宾则应在其对面背门而坐。这种安排犹如主人正在主持会议,故称之为主席式,有时,主人亦可坐在长桌或椭圆桌的一端,而请各方客人坐在自己的两侧(如图7-3所示)。

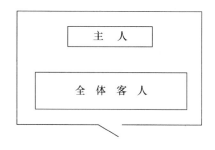

图 7-3 主席式

(2) 自由式。

自由式的座次排列,是指会见时有关各方均不分主次、不讲位次,一律自由择座的排位方式。自由式通常用在客人较多,座次无法排列,或者大家彼此很熟悉没有必要排列座次时。进行多方会面时常常采用这种座次排列。

二、商务出行的礼仪

商务出行,无论是步行还是乘坐交通工具,除了遵守交通法规之外,还要遵守一定的出行礼仪,这样才能出行愉快,共享和谐的出行环境。

(一) 步行的礼仪

1. 遵守交通法规

人人都有遵守交通规则的义务。城市的交通法规对行人和各种车辆的行驶均有严格的规定,每个人都要自觉遵守。在有信号灯指示或交通警察指挥的地方,一定要听从指挥。横穿马路时,要走过街天桥、地下通道或是人行横道。不允许随意穿行马路,不能低头猛跑,更不能翻越栏杆,要注意避让来往车辆以确保自身的安全。

2. 遵守行路规则

遵守行路规则不仅可以保障自身的安全,而且有利于创造和谐的出行环境。行路时,忌连吃带喝,吸烟,口中小调不断、吹口哨;忌速度过快或过慢,影响周围的人行走。应与他人保持一定的距离,尾随于他人的身后,甚至对其窥视、围观或指点都是不礼貌的行为。行走时两人不要相挽而行,也不要亲热地相拥而行,这样既不雅观,又会妨碍他人。多人走路时,不要高声说笑或横占半个路面从而影响他人行走,应自觉排成单队或双队。男女同行时,男士应走在人行横道靠近公路的一侧,需要调换位置时,男士应从女士的背后绕过。当一名男士和两名以上的女士结伴而行时,男士应走在女士们的外侧而非中间。两人走路时,不要勾肩搭背。

在街上遇到熟人时,通常应点头走过、进行简单的问候或提出改日再约。在拥挤或狭窄的路段上行走时应自觉礼让,特别对年长者、妇女、儿童、病患体弱者要主动让路。对意外跌倒碰伤的行人要尽力相助。遇到残疾人要主动让路,必要时可以主动上前询问是否需要帮助。切不可久久注视路上的异性。

3. 注意位次礼仪

在陪同、接待来宾时,需要注意行进的位次。陪同客人并排行进和单行行进时有不同的做法。

并排行进时,标准的做法是中央高于两侧,内侧高于外侧,一般应让客人走在中央或内侧。具体来讲,如果道路状况允许两人或两人以上并排行走,道路内侧为上位,即道路内侧为上位。如果所经过的道路并没有明显的内侧与外侧之分,可以采取"以右为上"的国际惯例。三人并排行走时,也以居于中间的位置为上。以前进的方向为准,并行三人,位次由大到小的次序依次为居中者、居右者、居左者。

单行行进时,标准的做法是前方高于后方。若无特殊情况,一般应当请客人、女士、尊长行走在前,主人、男士、晚辈与职位较低者随行于后。单行行进时,应走在道路内侧,以便让他人通过。另外,当客人、女士、长辈或职位较高者对行进方向不了解或是道路比较难行时,主人、男士、晚辈或职位较低者则应主动上前带路或开路做引导,而陪同引导的标准位置是在客人左前方1米处。

4. 问路讲究礼貌

问路时,问路者应选择合适的对象,最好找看上去比较悠闲的人问路,避免问急于行路者、正与人交谈者或忙碌者,也不要去打扰正在指挥交通的民警。问路者可以根据对方的年龄、性别与当地的习惯礼貌地称呼对方,不可以直接用"喂"

"哎"等用语呼叫对方。当别人给予回答后,要诚恳地表示感谢,若对方一时不能给予回答也应礼貌地说一声"再见",而不应对其表示不满。

(二)乘坐公共汽车的礼仪

公共汽车是人们在日常生活中最为常用的交通工具,乘坐时应注意以下礼仪。

1. 上下公共汽车

平时乘坐公共汽车的人较多,每个人都应主动维护上下车的公共秩序,保持车内的卫生,这样才能方便彼此。

(1)维护上下车秩序。

第一,上车依次排队。除了老、幼、病、残、孕等需要被照顾者之外,其他的人都要自觉地排队候车、依次上车。上车时要礼让他人,对行动不便者(如老人、孕妇、病人、残疾人等)应予以帮助。若因人多无法上车,应等下一辆,而不要扒门、硬挤。

第二,下车提前准备。尤其是在拥挤的公共汽车上,下车一定要提前准备。在到达目的地的前一站就要向车门靠近,以免到临下车时往车门处挤,给他人带来不便。也不能一上车就挤到门口等下车,令车门口过于拥挤。准备下车时,若需他人让路,应有礼貌地说"借光""劳驾"或"请让一下",而不要默不作声地猛挤,更不要发脾气甚至出言不逊。

(2)安放好个人物品。

上车后,应将随身携带的个人物品放到自己面前适当的位置,不要用它占座位、挡路或妨碍他人。雨雪天上车后,应将雨伞、雨衣放入塑料袋中,或提前抖掉身上的雨水或雪花,以免弄湿他人。对于已湿的物品应妥善处理,尽量不要碰到他人。

(3)注意公共卫生。

不要在车上吃东西,以免弄脏车子或他人的衣服。妥善地保管随身携带之物,不要妨碍他人或者破坏车内的环境。

(4)注意安全乘车。

不要携带有安全隐患的物品上公共汽车。携带重、硬、尖或易碎品上车时,要提醒他人予以注意。不要携带宠物上车,以免宠物影响他人,或因人多受惊威胁他人的安全甚至咬伤他人。

2. 乘车座位的选择

乘坐公共汽车时需注意座位的选择,具体来说,包括有礼貌择座与主动让座两个方面。

乘坐长途公共汽车时一般要对号入座。绝大多数的短途公共汽车不对号入座,但通常讲究先来后到、自由择座,此时要注意切勿争座、占座、抢座。在公共汽车上除了座位之外不宜随处乱坐。

与尊长、女士、来宾一同乘坐公共汽车时,应请其优先入座或就座于较好的位置,如靠前、靠窗、面向前方的位置。在不少公共汽车的前门或后门附近都有专门为老、弱、病、残、孕等需要被照顾者预留的特殊座位,上车时一般不要在此就座。遇上老、弱、病、残、孕及抱孩子的人时要主动让出座位。当他人为自己让座时应立即道谢。

3. 乘车注意形象

乘坐公共汽车时也需要严于律己,注意维护自身的形象。

与恋人、配偶乘车时,不应表现得过于亲热,以免他人受到干扰。不应旁若无人地大声接听、拨打电话,让他人受到听觉污染。不要把腿伸在过道上,给他人行走带来不便。有人通过身前时应主动避让,不要怪别人影响自己。若有可能,应与他人的身体保持距离。如果因为车辆摇晃或不小心碰撞、踩踏了别人应立即道歉。若他人因此向自己道歉,应大度地表示"没关系"。

在公共汽车上切勿吸烟,也不要随手向地上或窗外乱扔垃圾。不要将头、手探出窗外,不要在过道上乱晃,站立时要扶扶手,不要手扶门缝、窗缝。上下车时不要起哄、硬挤、猛挤、推人、拉人。

 阅读案例 7-1

不懂礼仪的乘车行为

王峰是某公司新进的销售人员,有一次他乘汽车到外省某单位洽谈一笔生意。夏天天很热,他感到车内的空调不凉快,于是把上衣脱了下来,只穿着跨栏背心,但还是感到很热,就又把袜子脱下来,车里立刻传来了他浓烈的脚臭味。过了一会儿,王峰感到很疲惫,就将腿伸到过道上,整个人歪在座位上睡了起来。看着他熟睡的样子和听到他发出的呼噜声,邻座的乘客都觉得很可笑。

等王峰睡醒以后,拿起手机旁若无人地大声与人通话,通话近半个小时才放下手机。邻座的乘客不由地皱起了眉头。

王峰在汽车上的行为是非常不礼貌的,既影响了其他乘客的正常休息,又破坏了自身的形象。

（三）乘坐轿车的礼仪

乘坐轿车的礼仪是商务场合常用和必须掌握的礼仪，以下从自己驾驶汽车与乘坐他人驾驶的汽车两个方面加以说明。

1. 自己驾驶汽车

现在很多人拥有自己的汽车，驾车行驶时需要注意技术合格、服从管理、安全行驶、礼让他人四个方面问题。

（1）技术合格。

每一名汽车驾驶员都应做到以下两个方面。

① 取得正式的驾驶资格。

在世界各国，驾车上路者都应该事先取得正式的驾驶资格，即进行过系统的知识学习、技术培训与正规考试。根据《中华人民共和国道路交通安全法》（以下简称《道路交通安全法》）的规定，我国每一名机动车驾驶人，均须经过车辆管理机关考试合格，领取机动车驾驶证后，方可驾驶车辆。申请机动车驾驶证时，申请者在身体条件、技术掌握、交规学习、手续合法等方面必须符合规定。此外，我国还规定，对机动车驾驶人进行定期审验。这是每一名汽车驾驶员驾车上路的前提条件。只有驾驶技术过关，熟悉交通法规，并对车辆的速度、位置，车辆所在的空间及其周边的各种动态、静态物体的间距了然于心，才能放心大胆地在路上行驶。

② 精心维护车辆。

汽车驾驶员应精心地对驾驶的车辆进行定期或不定期的保养、检查与维护。因为车辆自身的状况好，涉及行车安全的相关证件齐全与有效，有助于降低交通事故的发生，这既是对自己，又是对他人的生命和安全负责。

（2）服从管理。

驾驶汽车外出时应认真遵守有关规定，服从交通管理。按照《道路交通安全法》的规定，我国的每一名机动车驾驶人都必须自觉地遵守以下规定。

① 机动车驾驶人应当按照驾驶证载明的准驾车型驾驶机动车，驾驶机动车时，应当随身携带机动车驾驶证。

② 机动车驾驶人驾驶机动车上道路行驶前，应当对机动车的安全技术性能进行认真检查，不得驾驶安全设施不全或者机件不符合技术标准等具有安全隐患的机动车。

③ 机动车驾驶人应当遵守道路交通安全法律、法规的规定，按照操作规范安全驾驶、文明驾驶。饮酒、服用国家管制的精神药品或者麻醉药品，患有妨碍安全驾驶机动车的疾病，或者过度疲劳影响安全驾驶的，不得驾驶机动车。任何人不

得强迫、指使、纵容机动车驾驶人违反道路交通安全法律、法规和机动车安全驾驶要求驾驶机动车。

④ 公安机关交通管理部门依照法律、行政法规的规定,定期对机动车驾驶证实施审验。

⑤ 公安机关交通管理部门对机动车驾驶人违反道路交通安全法律、法规的行为,除了依法给予行政处罚之外,实行累积记分制度。公安机关交通管理部门对累积记分达到规定分值的机动车驾驶人,扣留机动车驾驶证,对其进行道路交通安全法律、法规教育,重新考试;考试合格的,发还其机动车驾驶证。

(3) 安全行驶。

驾车外出时,要牢记安全第一,牢固树立安全意识。

① 驾驶车辆时始终要想到安全第一。

汽车驾驶员开车出门前,一定要耐心细致地对所要驾驶的车辆进行例行检查,并按要求对车辆的前后状况进行检查。在驾驶期间,一定要严格要求自己:休息不好时不要驾车;酒后不要驾车;情绪欠佳时不要驾车;身体疲劳时不要驾车;打手机时尤其不要驾车。

② 掌握道路特点。

汽车驾驶员通过平坦的道路时,切不可麻痹大意。通过高速公路时,应保持合理的车速。通过陌生路段时,一定要先看清楚路况再行驶。通过坡路、窄路、胡同、隧道、坑洼、沟槽、泥泞或涉水路段时,则需要依据不同的具体情况低速、减速、限速行驶。遇到红灯、拥堵、道路管制时,当停则停。

③ 注意异常天气。

当汽车驾驶员遭遇大风、降雨、下雪、下雾、结冰等异常天气时,应尽量减少驾车外出。万一非要出门不可,应及时了解道路管制情况。

④ 夜间尤其要注意谨慎驾驶。

夜间行车时更要注意安全,因为夜间能见度差、视野变窄、光亮有限,因此汽车驾驶员更要集中精力,保持警惕。

⑤ 妥善处理危险情况。

驾车时,如果遇到突发危险情况,不论是自己的车辆出了问题,还是前方道路或其他的车辆发生问题,汽车驾驶员都要沉着冷静、机智勇敢、善于面对。

(4) 礼让他人。

宁让三分,不争一秒。汽车驾驶员应对其他的车辆、非机动车及行人礼让。

① 礼让其他的机动车。

汽车驾驶员驾驶机动车时,应具有平等意识。在行驶期间,每一名汽车驾驶员都应遵守交通法规;不要强行超车,不要动辄挤占其他的车辆的车道。一旦自己的车辆与其他的车辆发生事故,不要与对方吵嘴、打架,更不要制造交通拥堵,应与对方协商处理办法或听从交通民警的处理意见。

② 礼让非机动车与行人。

第一,礼让非机动车。对自行车、三轮车等非机动车,汽车驾驶员最好避免与其并行,尽量错开行驶。

第二,礼让行人。对行人,尤其是老人、孩子、残障人士应该主动避让,该减速就减速,该停车就停车。遇雨雪天时,汽车驾驶员要注意防止自己的车辆通过时所溅起的污泥浊水弄脏行人。

第三,礼让外国宾客。遇到外国贵客乘坐的车辆通过时,汽车驾驶员应对其礼让。

2. 乘坐他人驾驶的汽车

对乘坐他人驾驶的汽车礼仪,本书将分别从一般乘坐礼仪与迎接外宾乘车礼仪两个方面加以说明。

(1) 一般乘坐礼仪。

乘坐汽车时应遵守分清座次、按顺序上下车和注意乘车禁忌三个方面的礼仪规范。

① 分清座次。

在比较正式的场合,乘坐汽车时一定要分清座次,找到自己合适的位置就座。在排列乘坐汽车的座次时,首先必须明白:对于座位数量不同的汽车,其排列座次的方法往往有所不同。而在乘坐同一辆汽车时,驾车者的具体身份也会对排列座次产生一定的影响。

A. 双排五人座轿车。

当主人驾车时,其座次的顺序依次为:副驾驶座;后排右座;后排左座;后排中座[如图7-4(a)所示]。

当专职司机驾车时,则其座次的顺序依次为:后排右座;后排左座;后排中座;副驾驶座[如图7-5(a)所示]。

B. 双排六人座轿车。

当主人驾车时,其座次的顺序依次为:前排右座;前排中座;后排右座;后排左座;后排中座[如图7-4(b)所示]。

当专职司机驾车时,则其座次的顺序依次应为:后排右座;后排左座;后排中座;前排右座;前排中座[如图7-5(b)所示]。

C. 三排七人座轿车。

当主人驾车时,其座次的顺序依次为:副驾驶座;后排右座;后排左座;后排中座;中排右座;中排左座[如图7-4(c)所示]。

当专职司机驾车时,则其座次的顺序依次应为:后排右座;后排左座;后排中座;中排右座;中排左座;副驾驶座[如图7-5(c)所示]。

D. 三排九人座轿车。

当主人驾车时,其座次的顺序依次为:前排右座;前排中座;中排右座;中排中座;中排左座;后排右座;后排中座;后排左座[如图7-4(d)所示]。

当专职司机驾车时,则其座次的顺序依次应为:中排右座;中排中座;中排左座;后排右座;后排中座;后排左座;前排右座;前排中座[如图7-5(d)所示]。

E. 多排多人座轿车。

多排座轿车在此特指四排座及四排座以上座位排数的轿车。不论由何人开车,多排多人座轿车的具体座次均应由前而后,自右而左,依其距轿车前门的远近而依次排列。其原因主要是考虑乘车之人上下轿车的方便与否。

(a) 双排五人座轿车　　(b) 双排六人座轿车　　(c) 三排七人座轿车　　(d) 三排九人座轿车

图7-4　由主人亲自驾驶的双排座轿车与三排座轿车上的座次排列(驾驶座居左)

(a) 双排五人座轿车　　(b) 双排六人座轿车　　(c) 三排七人座轿车　　(d) 三排九人座轿车

图7-5　由专职司机驾驶的双排座轿车与三排座轿车上的座次排列(驾驶座居左)

② 按顺序上下车。

上下轿车的顺序也有礼可循。一般情况下,应请尊长、女士、来宾先上车、后下车,具体又分为以下六种情况。

A. 主人亲自驾车。

主人驾驶轿车时,若有可能,主人均应后上车、先下车,以便照顾客人上下车。

B. 分坐于前后排。

乘坐由专职司机驾驶的轿车时,坐于前排者大都应后上车,以便照顾坐于后排者。

C. 同坐于后一排。

乘坐由专职司机驾驶的轿车,应请尊长、女士、来宾从右侧车门先上车,陪同人员再从车后绕到左侧车门后上车。下车时,陪同人员应先从左侧下车,再从车后绕过来帮助对方。若车停于闹市,左侧车门不宜开启,需于右侧车门上车时,应里座的人先上、外座的人后上。下车时,则应外座的人先下、里座的人后下。

D. 乘折叠座轿车。

为了便于上下车,坐折叠座位上者应最先下车、最后上车。

E. 乘三排九人座轿车。

乘三排九人座轿车时,一般应是职位较低者先上车、后下车,职位较高者后上车、先下车。

F. 乘多排座轿车。

乘多排座轿车时,通常应以距离车门的远近为序。上车时,距车门最远者先上,其他的人则随后由远而近依次而上。下车时,距车门最近者先下,其他的人则随后由近而远依次而下。

③ 注意乘车禁忌。

与他人一同乘坐轿车时,以下四个方面尤需注意。

A. 忌争抢座位。

上下轿车时,要井然有序、相互礼让,不要拉拉扯扯,尤其不要争抢座位或为同行之人抢占座位。

B. 忌动作不雅。

乘坐轿车时应注意举止,文明乘车,切勿东倒西歪。穿短裙的女士上下车时最好采用背入式或正出式,即上车时双腿并拢,背对车门坐下后再收入双腿;下车时正面面对车门,双脚着地后,再移身车外。

C. 忌不讲卫生。

乘坐轿车时不要在车内吸烟、脱鞋、脱袜、换衣服或用脚蹬踩座位,不要将手、腿或脚伸出窗外,不要往车外吐痰或随手乱扔垃圾。

D. 忌不顾安全。

乘坐轿车时不要与驾车者交谈,驾车者不允接听移动电话或阅读书刊。当开门、关门时,驾车者一定要注意后面有无行人,以免不小心碰伤他人。

(2) 迎接外宾乘车礼仪。

从机场接到外宾后,要送外宾乘车到其下榻的饭店,此时应注意车辆、座次的安排以及上下车的顺序,以免失礼。

① 车辆的安排。

一般应事先根据双方的人数确定车子的数量,提前到机场等候。安排乘车时不要有拥挤感,每辆小轿车不包括司机在内一般只安排三人乘坐。而且每辆车都应有我方人员陪同,以便招呼上下车和引路。

若车辆档次高低区别,则应请职位最高者乘坐高档车。一般惯例是按照职位高低安排乘车顺序,首先安排外宾和我方领导人中职位最高者乘坐第一辆小轿车,同时有一位随员(秘书或翻译)陪同。其他的外宾和我方人员依次乘坐后面的车辆。乘车的安排应事先告知到机场迎接的领导。

② 座位的安排。

乘车时的座位安排是有讲究的。国际惯例的原则是"以右为上",即右侧比左侧的地位高。而左右的区分以乘车人面向车辆前进的方向为准。一般来说,双排座轿车的前排,特别是司机旁的副驾驶座是车上最不安全的座位,不宜请妇女、儿童就座。在公务活动中,副驾驶座被称为"随员座",专供秘书、翻译、警卫、陪同等随从人员就座。

如果人数不多,外宾在中排就座,我方陪同人员也可以坐在后排。商务车的座位较多,人员级别相对较低,应请外方人员先上车,由其自选座位,但一般要请其坐在驾驶员后第一排即中排座位。

如果外宾已经坐到小轿车的主人位置或商务车的副驾驶座,就不必再让其调换了。如果外宾坐在了商务车后排座,陪同人员可以请他到中排座位;若其执意要坐,陪同人员就主随客便,不必再请其挪动位置。

③ 上下车的顺序。

乘坐轿车时,按照惯例,我方陪同人员应主动拉开车门,请外宾先上车,然后主要接待人员从车后绕到另一侧上车,避免从客人的座前穿过。最后等外宾都入座后随员在副驾驶座就座。下车时,陪同人员应首先下车,为外宾打开车门。如果在到达地有专人恭候负责打开车门,陪同人员可以和外宾同时下车。

阅读案例 7-2

如何安排乘车座次①

美国沃尔公司副总经理、市场顾问、技术专家、翻译一行四人将乘美国西方航空公司 5329 次航班于 10 月 20 日下午 14：00 达到北京。北京远航公司副总经理、接待部主任和一名专职司机前往机场迎接。如果是三排七人座商务车，接待部主任将如何安排乘车座位？

（四）乘坐火车的礼仪

进行长途旅行时，许多人会选择乘坐火车。在乘坐火车的过程中每位旅客都应多一分宽容、多一分礼让，这样不仅有助于保持良好的心态，而且能够减轻旅途的疲劳。乘坐火车，候车、上下车、寻位、休息、用餐、交际都要遵守一定的礼仪。

1. 候车

乘坐火车应提前到火车站候车，在候车室排队检票。候车时应爱护公共设施，保持候车室的卫生。候车时不能大声喧哗，不要抢占座位或多占座位，不要随地吐痰。

2. 上下车

上火车时应注意持票排队上车、携物定量、看清车次。下火车时要提前准备，排队下车。

乘坐火车时应预先购票、持票上车。万一来不及买票，上车时应预先声明并尽快补票。进入站台，等火车停稳后到指定的车厢的门口排队上车。不应携带违禁物品或超重物品上车，必要时应办理托运手续。一定要乘坐车票上所指定的车次，必要时可咨询乘务员。

在火车到达目的地前半个小时应整理好自己的行李物品准备下车。下车前可以与相邻的乘客道别，但一般不宜主动要求与其交换地址或电话号码。下车时人若较多，应自觉排队等候。

3. 寻位

火车车票一般是按座号乘坐的，而且座位不同，车票的价格亦有所差别。卧铺与座席、硬座与软座、空调座与无空调座都是导致票价不同的因素。若无相应的车票，不要去卧铺、软座、空调车厢占据本不属于自己的座位。

中途上车找座时，应礼貌地向他人询问，不要硬挤、硬抢、硬坐。身边有空位

---

① 翟晓君,邱岳宜. 国际商务礼仪模拟实训教程[M]. 北京：中国商务出版社,2007,有改动.

时,应主动请无位者就座,不要占座或对他人的询问不予理睬。

火车上的座位安排也是有讲究的。如果与领导或宾客共乘火车,座位靠窗为上,靠边为下;靠右为上,靠左为下;面向前方为佳,背对前方为次。有熟人同行时,应为其让出上座;若座位不够,应请其先坐下。

4. 休息

在火车上休息时要注意着装文明,一般不应宽衣解带。若非在卧铺车上就寝,脱鞋脱袜也不合适。无论天气多么炎热都不要赤膊,下装亦不应过于短小。不要当众更换衣服或出现其他的不文明行为。

休息的姿势应优雅,不要东倒西歪,即使车上的人太多,卧倒于座席上、座席下、茶几上、行李架上或过道上也是不合适的。不要靠在他人的身上或把脚跷到对面的座席之上休息。在卧铺车上休息时,通常应当头朝通道,脚朝窗户。不要与恋人、配偶共用一张铺位,不要采用不雅的姿势,不要注视他人的睡相和睡前准备。

5. 用餐

如果去餐车用餐,适逢人多,应耐心排队等候。用餐完毕立即离开餐车,以免影响他人使用。在车厢内享用自带的食物或购买盒饭应注意保持公共卫生。尽量不要在车上吃气味刺鼻的食物。茶几上不要过多地堆放食物,以免占用公共空间。

不要在车厢内吸烟或毫无顾忌地打喷嚏,不要旁若无人地大嚼食品,不要在车厢内大声喧哗。

6. 交际

在火车上与他人交际时要记住礼貌待人。上车后应主动向邻座之人打招呼。若对方不愿交谈,点头微笑一下即可。若想阅览他人的报刊或使用邻座的物品,应先征得对方的同意。

与他人交谈应先看清对象,不要与不喜欢交谈或正思考问题的人谈话。注意话题的选择与谈话的分寸,不要主动询问对方的姓名、住址及家庭情况,也不要瞎吹乱侃、大发牢骚、传播小道消息与谣言。即便与旅伴谈得很投机,看到对方有倦意时就应立刻停止谈话。

所带行李应整齐地摆放在行李架上。取放行李时应脱掉鞋子,以免踩脏座位。当看到他人取放行李需要帮助时,应给予帮助。有人晕车或生病时,应多加体谅并尽可能提供帮助。若他人为自己提供帮助,也要真诚地表示感谢。

(五) 乘船的礼仪

除了乘坐火车、飞机、公共汽车之外,一部分乘客在外出时也会选择乘坐客轮,这样可以边旅行边欣赏美丽的海上景致或湖光山色。乘船也要讲礼仪,应注意安全、休息、交际、娱乐等问题。

1. 安全

乘坐客轮时,乘客务必要具有安全意识,遵守规定,以确保旅途平安。

(1) 准备行李。

为了确保客轮的安全,一般规定乘船时不得随身携带易燃品、易爆品、易腐蚀物品、枪支弹药、家畜动物以及其他的一切违禁品。有时,乘客登船之前必须接受对人身和行李的安全检查。对此乘客要积极配合,不要加以非议或拒绝。此外,乘客所带行李的重量一定要符合有关规定,切勿超过标准。

(2) 上船与下船。

上船时,乘客应尽早抵达候船位置,并按照到达的先后次序依次排队上船。如果船上的舷梯很陡,与长者、女士和孩子一起上船时,应请其走在前面或以手相扶。下船时,要提前做好准备,相互礼让,依次下船。与长者、女士和孩子一起下船时,可以手相扶或请其走在身后。另外,如果不是通过舷梯,而是通过跳板或借助于小船,则应小心谨慎地上下船,不能在上面蹦蹦跳跳,以免影响他人。

(3) 注意自身安全。

没有乘坐客轮经历的人,尤其是身体虚弱的人在乘船之前一定要预备好应急药品。在船上应尽可能地多休息,养精蓄锐。一旦晕船,应立即服药并卧床休息。如果这样还是无法缓解,就有必要请船上的医生进行诊治。

在室外活动时,不要去轮机舱、救生艇、没有扶手的甲板上以及桅杆之上等处所。风浪大作或者夜深人静之时,尽量不要一个人在甲板上徘徊,免得不小心被风浪卷入水中而无人知晓。不论水性多么好,如果未经允许都不要擅自下水游泳,当船行驶于深水区、鲨鱼出没处时更要注意。另外,不要在船头挥动丝巾或晚上用手电乱晃,以免被其他的船误认为打旗语或灯光信号,从而给船只带来不必要的麻烦。带小孩子的乘客要看好自己的孩子,让其在自己的视野范围之内,还要注意不要让孩子给他人带来麻烦。

2. 休息

有时乘坐客轮的时间较长,而且有的乘客可能缺乏乘坐客轮的经验,因此上船后需要好好休息。

(1) 对号入座。

客轮的舱位是分等级的。我国的客轮舱位一般分为特等舱、一等舱、二等舱、三等舱等几种。客轮、游船实行对号入座,大都提前售票且票价各异。买到有座号、铺号船票的乘客,登船之后就要对号入座,不要去争抢、占据不属于自己的座席,也不要随便同不相识的人调换座号或铺号。

(2) 保持卫生。

乘船要自觉地保持船上的卫生。与他人同住一个客舱时不要吸烟。如果因晕船而发生呕吐,不要直接吐在地上,应去洗手间或是吐在呕吐袋内。废弃物不能随手乱丢。客舱的空间较为狭小,因此要注意及时地漱口、洗澡,以消除体味、汗臭,不要因自己的原因令他人感到不愉快,破坏了他人的好心情。

(3) 保护隐私。

乘坐客轮时,不要随便与同船之人(尤其是外国人士)谈论隐私的问题,如收入、具体住址等,也不要随便向他人询问其不便回答的问题。在客舱内需要更衣时,应去洗手间内进行,最好不要当众更换。睡觉前后穿衣服、脱衣服时,也要注意回避他人。当他人更衣时,应起身回避或目视他方,切忌紧盯对方不放。在铺位上睡觉时,要注意睡姿、睡相。除了家人之外,不要注视其他任何酣然大睡的人,对异性尤其不宜如此。

3. 交际

交际包括与船员的交际和与乘客的交际。船长是负责管理轮船的临时首长,地位较高,一般不要前去打扰。倘若在用餐时接到船长的邀请同桌用餐,不仅要愉快地接受,还要准时到达,着装应尽量庄重。若未得到邀请,则不能贸然地坐在船长的餐桌上。女士在舞会上受到船长的邀请亦应视为一种荣幸,不要随意谢绝。在船上活动时遇到船长应主动问候。另外,要尊重船员。需要帮助时,要为对方考虑,不为难船长和船员。向船长和船员反映困难时,要实事求是,不要有意夸张。平时相遇时,也应打一声招呼。

与其他的乘客聊天时,应选择轻松愉快的话题,不要主动涉及或随声附和海难、劫船、台风等耸人听闻的话题,非议船上的服务、其他的乘客以及传播小道消息的话题。如果没得到邀请,一般不应前往其他乘客所住的客舱做客。对于刚刚结识的乘客,一般也不必邀请其来自己所住的客舱访问。下船前应与周围其他的乘客道别。不要忘记向全体船员及服务人员表示真诚的感谢。

4. 娱乐

船上的服务设施齐全,有餐厅、阅览室、娱乐室等,乘客可以观看电影,收听广播、音乐,阅读书刊、报纸等,也可以去甲板散步、欣赏景色或与同行的亲友、宾客一起聊天。自娱活动时,不要影响他人休息,也不要只顾自己尽兴、舒服而不考虑其他乘客的感受。在船上的健身房活动时,要爱惜公物、讲究公德、遵守秩序、尊重异性。

（六）乘坐飞机的礼仪

在商务活动中，飞机以其快速方便、安全可靠、轻松舒适的特性成为越来越多人的选择。乘坐飞机的礼仪主要包括登机的准备、登机的手续、乘机的表现和停机后的礼仪。

1. 登机的准备

为乘坐飞机而提前进行的准备工作主要有选择航班、购买机票、打点行李等。

根据飞行的航线不同，航班可以分为国内航班与国际航班。乘客要根据需要选择航班，尽可能选择直接抵达的航班、白天抵达的航班。出发前48个小时乘客要确认国际航班和其他的旅行安排，这样可以在需要的时候留有改变安排的余地。

机票通常分为三个等级，经济舱的机票最便宜，头等舱的机票最贵，公务舱的机票居中。目前，很多航空公司的机票可以打折销售，但通常有许多附加条件，如不能退票、不准签转等。在我国，购买飞机票时须出示居民身份证、护照或其他的有效证件。乘客购买机票也可以事先预订，如果没有订上想乘坐的那趟航班的机票，可以与航空公司继续保持联系，有时可以在最后一刻买到想要乘坐的航班的机票。

按照我国的现行规定，正常标价的机票有效期为1年。在此期限之内，乘客一般可以按规定变更旅行日期或者退票。如果是变更机票，以1次为限，且须在航班规定离站前24小时提出变更请求。乘客持有预订座位的联程机票或回程机票，如在该联程或回程地点停留72小时以上，须在该联程或回程航班飞机离站前两天中午12点以前办理座位再证实手续，否则原定座位将不予保留。

根据我国民航的规定，乘客购票后因故不能成行，可以到购票处办理退票。退票时，除了凭有效客票之外，还要提供本人的有效身份证件。在航班离站规定时间24小时之前要求退票，收取的退票费由各个航空公司自行决定，但最高不得超过机票价格的10%；在航班离站规定时间24小时以内，2小时之前退票，收取客票价10%的退票费；在航班离站规定时间2小时以内退票，收取客票价20%的退票费；在航班离站规定时间后退票按误机处理。如因航班取消、提前、延误、航程改变或承运人不能提供原定座位时，乘客要求退票，始发站应退还全部票款，经停地应退还未使用航段全部票款，均不收取退票费。

除了现金购票之外，也可以在线购买电子客票，这样不仅可以节省时间，还可以获得较大的折扣。乘客购买时应认真比较，谨慎选择。网上支付时应注意自我保护，切勿泄漏自己的银行密码，以免造成经济损失。

托运行李时,"免费行李额"一般是:经济舱20千克;公务舱30千克;头等舱40千克。如果超重,要按超出的重量收费。费率是成人经济舱全票价的1.5%(每千克)。每条航线都有可以免费托运的标准,一般机票上都写着该航线允许免费托运的行李重量,各个航空公司制定各自不同的超重标准。严格按照国家规定,不准托运或随身携带禁运物品、限制运输物品、危险物品、枪支、弹药、刀具、利器、动物、磁性物质、可聚合物质、放射性物质等物品。

乘坐飞机旅行需密切注意天气情况。如果遇到大雾等天气,航班很可能推迟起飞,也可能由于其他地区的天气影响导致航班延迟,始发地如果积压了许多待飞的飞机也会导致航班延误。在冬季或旅行高峰期启程去机场前,可以先用电话确认一下航班能否准时起飞。

2. 登机的手续

根据我国民航的规定:旅客必须在机票上列明的航班规定离站前90分钟到达指定机场,办理登机手续。在航班规定离站前30分钟将停止办理登机手续。办理登机手续,除了托运行李之外,主要还有换取登机牌、接受安全检查等几项。

领取登机牌后,乘客要通过安检门接受例行的安全检查。乘客首先要将有效证件(如身份证、军官证、警官证、护照、台胞回乡证等)、机票、登机牌交安检人员查验,放行后通过安检门接受技术检查。乘客一般要通过特制的安检门,并接受手提式金属探测器的检查。最后,还要接受手工检查,即乘客人身或其随身携带的行李由专门的安检人员进行手工触摸。进行人身检查时,通常由同性别的安检人员担任。

需要注意的是,接受例行的安全检查时,乘客务必主动、自觉地进行合作,不要拒绝配合、态度粗暴、表现得极不耐烦。

3. 乘机的表现

具体来说,体现为严格要求自己、尊重乘务人员和善待其他的乘客。

(1) 严格要求自己。

乘机时不侵占别人的位置。坐好之后,腿、脚不要乱伸,尤其是不要伸到通道上或妨碍他人就座。不要将自己的行李放到他人的行李舱里。不要随便动不属于自己的物品,如座位底下的救生衣、座位上方的氧气面罩等。在头等舱点餐时,不要点过多的食品,不要要求乘务员提供奇特的食品。对飞机上的一切禁用之物要"敬而远之",不使用违禁物品。在飞机上切勿吸烟,若无特别说明,在飞机起飞和降落时禁用移动电话、手提电脑等有可能干扰无线信号的物品。

(2) 尊重乘务人员。

登上飞机之后,要尊重、支持、配合乘务人员的工作,服从乘务人员的管理,不要给对方出难题。上下飞机时,均有机组乘务人员在机舱门口列队迎送,当对方主动打招呼、问候时,应予以友善的回应。万一遇上飞机晚点、停飞、返航或改降其他的机场,应体谅乘务人员的难处,多一些理解和宽容,更不要聚众闹事。另外,乘务员的工作十分辛苦,尽量少给他们增加麻烦。

(3) 善待其他的乘客。

乘客随身携带的手提箱、衣物等应整齐地放入机舱上方的行李舱中。上下飞机、使用卫生间、拿取本人的行李时要遵守秩序。如需经常离开座位去洗手间或到处走动,尽量在上机前申请一个靠走廊的座位。坐下时可以向旁边的乘客点头示意。如果对方正在工作或休息,就不要打扰。飞行期间,切勿高谈阔论,影响他人休息;不要在飞机上反复打量、窥视其他的乘客;也不要谈论有关劫机等话题,不要对飞机的性能与飞行水准等话题信口开河。

在座位上休息时,不要跷起二郎腿晃动不止。不要突然放下座椅靠背或突然推回原位,不要把椅背调得太靠后,从而使身后之人活动不便。飞机起飞前,乘务人员通常会给乘客示范表演如何使用安全带和氧气面具,并播放安全注意事项。此时,一定要保持安静,仔细聆听。即使已经对安全注意事项非常熟悉,也不要与旁边的人说话。因为他人也许是第一次乘坐飞机,如果和你交谈,可能会错过某些与生命安全密切相关的重要内容。飞机机舱内通风不良,不要过多地使用香水,也不要使用味道浓烈的化妆品。

4. 停机后的礼仪

停机后,乘客要带好随身携带的物品按次序下飞机,不要抢先出门。

国际航班上下飞机要办理入境手续,通过海关便可以凭行李卡认领行李。许多国际机场都有传送带设备,也有手推车以方便乘客搬运行李。有的机场还有行李搬运员可以协助乘客,不过在大多数国家,在机场除了要给行李搬运员小费之外,对其他的人不用给小费。

下飞机后,乘客若一时找不到自己的行李,可以通过机场行李管理人员查寻,并可以填写申报单交给航空公司。如果确认行李丢失,也不要过于着急,航空公司会在一定时间内照章赔偿。

三、商务人员备品及携带礼仪

商务人员备品主要有业务资料、办公用品与行装备品,携带时应遵循一定的礼仪规范。

(一) 业务资料

业务资料是商务人员进行自我展现的有效装备。商务人员在外出工作时既可以带上所需的全部工作资料,还可以将一些必备的文字资料单独放在一个公文包里随身携带,以方便取用。商务人员所带资料应保存整洁、完好,并放在触手可及的地方。一般情况下,商务人员需携带的业务资料主要有以下九种。

(1) 样品。

(2) 给客户示范、试用的商品实物,以吸引客户。

(3) 产品说明书。

(4) 商品的文字、图片等说明资料,以便客户对商品有更详尽的了解。

(5) 同类商品厂牌目录。将其他企业生产经营的同类商品目录尽可能收集齐全,并印制成册(张),在客户了解其他企业商品品质的基础上,介绍自己商品的优点。

(6) 统计资料或图表。商务人员可以专门制作有关产量、销量、质量、出口量、市场占有率、销售服务网点等内容的统计资料或图表,以便客户对企业或商品有更进一步的了解。

(7) 客户名单一览表。如果有可能的话,应将购买并使用本企业商品的客户名单整理成册(张),这样可以起到加强说服力的作用。

(8) 企业介绍及公众舆论对本企业及企业产品的评价材料,如权威机构的评价、报纸上的宣传、客户提货时兴高采烈的情景照片等。

(9) 合同,以便随时准备同客户成交签约。

(二) 办公用品

办公用品是商务人员在处理公务时经常需使用的一些备用品,主要有公文包、名片、钢笔或签字表、记事本、计算器、移动电话、笔记本电脑等。

1. 公文包

公文包是商务人员的一张"名片"。公文包内的物品都应是一些有用之物,而且要按顺序摆放好。商务人员要绝对避免在外人的面前拿包取物时,包内杂乱无章的物品一览无余。同时,取出的物品应保持干净、整齐。根据公文包款式的不同,商务人员可以采用夹、提等携带方式,不要随便肩扛、肩背,甚至提在手中乱甩。

2. 名片

商务人员需携带的名片应放在专门的名片盒内,名片盒可以放在公文包内,使用时随时从公文包内取出。对方赠送的名片,商务人员应根据自己工作的需要分类后,放入专门的名片夹或名片册内妥善保存。接受对方赠予的名片要放好,不可以随意乱丢,这是对他人的尊重。

3. 钢笔或签字笔

在许多的正规场合,只允许使用钢笔或签字笔。钢笔应款式大方,颜色以素雅为宜。墨水的颜色宜选择蓝黑色或纯蓝色。若同时带两支钢笔,则墨水的颜色应一致。钢笔可以放在公文包内或插在西装左侧的内袋里。

4. 记事本

记事本宜放在商务人员随身携带的公文包内。商务人员应随时将所需记录的内容记在记事本上,以便日后查找所需的资料。记事本应只记录与工作有关的事情,以实用、雅观为原则。

5. 计算器

计算器既省时间,又能提供准确可靠的数据,可以放在商务人员随身携带的公文包内,体积小的计算器也可以装在衣服口袋里。

6. 移动电话

如今移动电话已经普及,商务人员携带时既要考虑方便使用,又要注意自身形象。移动电话可以放在公文包里,亦可以放在西装上衣左边内侧的口袋中。

7. 笔记本电脑

笔记本电脑是商务人员个人的资料库,只要带着它,做好备份,商务人员在商务旅行中就可以方便地查找各种资料。

(三) 行装备品

商务人员的行装备品包括:换洗的衣服;礼品;药品;雨具;随身用的洁具;手机和备用电池以及充电器。经常旅行的商务人员在平时应准备好常用的物品,将电吹风、旅行熨斗、梳洗用具、化妆袋或剃须用具放进手提包内。另外,商务人员也可以随身携带一份列有所带物品的清单。

本章习题

一、实训题

[实训一] 会客位次礼仪训练

实训内容:掌握会客位次礼仪规范。

实训学时:1学时。

实训地点:实训室。

实训要求:4~6个同学一组,其中4人扮演客人(1人为经理,1人为秘书,其他人为员工),2人扮演主人(1人为经理,1人为秘书),表演会客位次安排。

[实训二] 步行的礼仪训练

实训内容：掌握步行的礼仪规范。

实训学时：1学时。

实训地点：实训室。

实训要求：

(1) 商务接待场合：4个同学一组，其中2人扮演客人(1人为经理，1人为秘书)，2人扮演主人(1人为经理，1人为秘书)，表演4人单行行走、4人并排行走。

(2) 非商务场合：3个同学一组，其中1人为女性，表演3人单行行走、3人并排行走。注意行走的方位、姿态，可以边走边谈。

[实训三] 乘坐轿车训练

实训内容：掌握轿车座位的安排。

实训学时：1学时。

实训地点：实训室。

实训要求：若干个同学一组，并确定各自的角色(客人、女士、上级或主人、男士、下级等)，表演正确的乘车座次。

(1) 客方1人，我方3人(主要接待1人、陪同1人、司机1人)，乘1辆车。

(2) 客方2人，我方2人(主要接待1人、司机1人)，乘1辆车。

(3) 客方3人，我方3或4人(重要接待1人、陪同兼司机2人)，分乘2辆车。

二、案例题

[案例一]

一次被错过的晋升机会[①]

某公司的何先生年轻能干，点子又多，很快引起了总经理的注意，拟提拔为营销部经理。有一天，总经理要去省城参加一个商品交易会，需要带两名助手，总经理选择了公关部杜经理和何先生。何先生也很珍惜这次机会，想好好表现一下。

[①] 杨眉.现代商务礼仪[M].大连：东北财经大学出版社,2000,有改动.

出发前，由于司机小李先去省城忙其他的事务尚未回来，所以他们临时改为搭乘董事长亲自驾驶的轿车一同前往。上车时，何先生打开了前车门，坐在驾车的董事长旁边的位置上，董事长看了他一眼，但何先生并没在意。

在上路后，董事长驾车很少说话，总经理好像也没有兴致，似乎在闭目养神。为活跃气氛，何先生寻找了一个话题："董事长驾车的技术不错，有机会也教教我们，如果都自己会开车，办事效率肯定会更高"。董事长专注地开车，不置可否，其他的人均无反应，何先生也不再说话。一路上，除了董事长向总经理询问了几件事，总经理简单地作答后，车内再也无人说话。到达省城后，何先生悄悄问杜经理："董事长和总经理好像都不太高兴，是吗？"杜经理告诉他原委，他才恍然大悟。

会后从省城返回，车子改由司机小王驾驶，杜经理因公事需在省城多住一天，其他的人先行返回。"这次不能再犯类似的错误了"何先生想。于是，他打开前车门，请总经理上车，总经理坚持要与董事长一起坐在后排，何先生诚恳地说："总经理您如果不坐前面，就是不肯原谅来时我的失礼之处"，他还坚持让总经理坐在前排后才肯上车。

回到公司，同事们知道何先生是同董事长、总经理一道出差，猜测他肯定要得到提拔，都纷纷祝贺。但最终此事竟不了了之。

请问：

案例中何先生有何失礼之处？

提示：

领导驾驶汽车时，副驾驶座位应由尊贵的客人乘坐；专职司机驾驶汽车时，副驾驶座则为随员座位。

[案例二]

座次的风波①

某分公司要举办一次重要的会议，请来了总公司总经理和董事会部分董事，并邀请当地政府要员、同行业重要的知名人士出席。

由于出席的重要人物多，领导决定用长"U"字形的桌子来布置会议桌，分公司领导坐在位于长"U"字横头处中间的下首。在会议当天，贵宾们都

---

① 吕维霞,刘彦波. 现代商务礼仪[M]. 北京：对外经济贸易大学出版社,2006,有改动.

进入会场,按安排好的座签找到了自己的座位就座,当会议正式开始时,坐在横头桌上的分公司领导宣布会议开始,这时发现会议的气氛有些不对劲,有些贵宾互相低语后借口有事站起来要走,分公司的领导人不知道发生什么事或出了什么差错,非常尴尬。

请问:

此次会议有何失礼之处?

提示:

"U"字横头处中间的下首位置是尊贵的宾客的位置,分公司领导不适合坐在那里。

三、思考题

1. 与客人一起乘坐电梯时,商务人员需要注意哪些具体事项?
2. 为客人引导上下楼梯时有什么需要注意的问题?
3. 一般来说,商务人员需携带的业务资料有哪些?

第八章　餐饮礼仪

> 餐饮礼仪，是指人们以食物、饮料款待他人以及应邀参加宴请活动时所必须遵守的行为规范。在社交活动中，人们常常离不开各种宴请。通过宴请，能够很好地协调关系，联络感情，增进友谊，加强合作。在商务宴请活动中，无论是活动的组织者还是参与者，都应对餐饮过程中的各种礼仪有所了解，遵守相关的礼仪规范，树立自己的良好形象。

一、基础中餐礼仪

中餐不仅是中国人的传统饮食，随着中西饮食文化的交流，也越来越受到外国人的青睐。而这种看似最平常不过的中式餐饮，用餐时的礼仪却是有一番讲究的。以下将从宴会的筹备、菜单的安排、餐桌的安排、位次的排列、餐具的使用和用餐的礼仪六个方面进行说明。

（一）宴会的筹备

中餐宴席是宴请活动时食用的中餐成套菜点及其台面的统称，它很好地展示了中国特有的民俗和社交礼仪。宴请外宾时，营造出一种有利于宾主双方进一步交流的气氛是很重要的事情。宴会的组织者必须认识到：在宴会上，特别在重要宴会上，用餐的环境是最关键、最重要的一道"菜"。如果用餐环境不佳，往往会降低宴会的档次、败坏来宾的食欲、有碍宾主的交流，宴会的效果也会因此大打折扣甚至劳而无功。

安排涉外宴请的用餐环境时主要需要注意以下两个方面。

第一，环境要幽静、雅致。尽量避免在车水马龙、人声鼎沸的地方安排用餐。用餐环境应该安静，没有噪声。从某种意义上讲，现代人用餐其实"吃"的是环境。所以，宴请的周边环境应高雅，既有特色，又有文化气息。

第二，环境要整洁、卫生。宴会的现场，包括宴会厅（如图8-1所示）、休息室、卫生间以及停车场，都要干净整齐，尤其是进餐的场所要一尘不染。卫生是用餐者普遍关注的一个焦点。从菜肴、餐具、灶具的卫生到厨师、服务人员的卫生都应考虑在内。

图 8-1 宴会的现场——宴会厅

作为组织者,最重要的是要突出环境,在宴席的时间安排、地点安排、客人邀请等方面考虑周全,并通过服务人员的协助来完成社交任务。筹备中餐宴席,具体要做好以下三个方面。

1. 宴席的时间安排

宴席的时间安排应先征求第一主宾的意见,商定后提前发出通知,让客人有一个安排其他事宜或准备赴宴的时间,以示主人对客人的真诚邀请。千万不要当天请客时才去通知客人,那样是很失礼的。

如果宴请的人中有外宾,日期最好不要在周末或假日;而中国人请客则喜欢选在有"6"的日子,寓意"六六大顺",忌讳有"3""4"的日子。

2. 宴席的地点安排

宴席可以依据宴请的目的、规模、形式和经费能力来确定地点。如果是在外宴请,通常应选择环境优雅、交通方便、服务优良、管理规范的饭店。确定宴请地点时需要注意:第一,按客人的人数来确定宴请地点。客人多,在大饭店;客人少,则可以在小酒楼。第二,按宴请类型确定宴请地点。宴会可以安排在饭店、宾馆,冷餐会、酒会则可以安排在大厅或花园。第三,按来宾意愿和地方特色选择宴请地点。主人可以选择负有盛名的老字号或知名酒家,尽可能选择客人所熟悉的、有声誉的饭店或宾馆。第四,按宾主熟悉程度、关系深浅选择宴请地点。

如果主人想在自己的寓所招待朋友,要考虑所能容纳的客人总数,不能使客人们感到局促或拥挤。主人还可以安排一个举办宴会的主厅,然后将与主厅相邻的房间利用起来,给客人们一个离席走动和活动的空间,以便让客人们感到舒心。

3. 邀请宴席客人

(1) 发出通知。

宴会中被邀请的客人是主角。主人邀请尊敬的客人赴宴有两种常见的分发宴请通知的方式:正式的宴会(国宴、婚宴、寿宴、庆典)一般要专门印发请柬,表明宴会的正式性;便餐式酒会则可以通过电话通知或者主人亲自向所邀请的人当面发出邀请。

(2) 事先关照邻居。

如果是在家中宴请客人,难免会出现吵闹的情况,因此事先关照邻居很重要。而举办宴会时主人还可以主动地邀请邻居参加。只要主人认为合适,邻居也乐于参加,他们既可以作为客人,又可以第二主人的身份出现在宴席上,此举有益于增进邻里之间的友好关系。

若在餐饮场合举办宴会,客人的衣帽物品均由服务人员帮助存放。而在家举行宴会时,主人应注意设置专门的衣帽间,将男女宾客的衣帽分别安排。一般男宾客的物品存放在大厅内,女宾客的物品则可以存放在卧室。

(二) 菜单的安排

按照交际礼仪规范,菜单的安排主要涉及两个方面的问题:如何点菜与如何准备菜单。前者主要存在于非正式宴会和便餐,后者则是正式宴会与家宴的主人所要考虑的问题。

1. 点菜的礼仪

外出用餐时,人们常常会遇到如何点菜的问题。要解决好这一问题,一般要注意以下三个方面。

(1) 量入为出。

要做到量入为出,需做到:一是轻易不要去高档饭店或每餐必点高档菜;二是在点菜时要懂得搭配之道,适度而不过量;三是切勿乱请客,别把"大吃大喝"误作社交应酬的主题;四是点菜用餐不仅要吃饱、吃好,而且要量力而行,不要讲排场、图虚荣。

(2) 体谅对方。

参加交际性聚餐时,主人和客人在点菜时都要善解人意、体谅对方。主人既不要过于殷勤,又不宜过于吝啬。客人在不失礼仪的同时,切勿"狮子大张口",大"宰"做东者。

主人在点菜时有两种办法。第一种办法是整点,即点套餐或按标准上菜。第二种办法是零点,即用餐时现场个别点菜。不论主人以何种办法点菜,都应首先征求一下客人,特别是主宾的意见,而不要只凭个人的喜好行事。而客人在点菜时可以参考以下两种方法:一是告诉客人,自己没有特殊的要求,请对方做主,这往往是深受主人欢迎的做法;二是自己点上一个价格不太贵的菜,随后请其他的人各自点菜。

(3) 上菜的次序。

中餐不只讲究美味和营养,还讲究宴席的合理布局。一顿标准的中式大餐,其上菜的次序一般都是相同的。菜色主要是由冷盘、热炒、主菜、甜菜、点心、汤类、水果等构成。

① 冷盘。

冷盘又称冷拼、冷碟、冷荤、拼盘、凉菜或开胃菜,具有开胃佐酒的功用,需在开席前放置于餐桌上。一般而言,冷盘的形式有单盘、双拼、三拼、什锦拼盘或花色拼盘带围碟等。开胃菜通常是4种冷菜盘组成的大拼盘,有时种类可多达10种。

② 热炒。

热炒亦称热菜,一般排在冷盘后、主菜前,起承上启下的过渡作用。它多系速成菜,以色艳、味美、爽口为特点,一般是2~4道,口味变化多端,造型引人入胜,可以用来配饭或佐酒,多以煎、炒、烹、炸、爆等快速烹调方法制成。

③ 主菜。

主菜又称大菜,是宴席中最重要的组成部分。主菜通常由头菜(整席菜点中原料最好、质量最精、名气最大的菜肴)和热荤大菜(包括山珍菜、海味菜、肉畜菜、禽蛋菜等)组成,数量根据宴席的档次和需要而定。

④ 甜菜。

甜菜泛指宴席中一切纯甜味的菜品,品种较多,包括甜汤、甜羹,有干稀、冷热、荤素之不同,视季节和席面而定。甜菜在宴席中所占的比重虽然不大,但也不可缺少。甜菜一般常利用冻晶、挂霜、蜜汁、拔丝等方法制成。

⑤ 点心。

点心是主菜的配角,随主菜上桌,分为甜、咸两种,通常是一些糕、粉、团、面、饺子、包子等制品。一般来说,一桌宴席可配两道甚至更多的点心。

⑥ 汤类。

汤在宴席中占有相当重要的地位。宴席上所准备的汤品强调清淡鲜美、香醇爽口,尤以清汤为佳。

⑦ 水果。

一般宴席最后上水果拼盘。水果具有解腻、清肠、利口、润喉及解酒等作用。

需要注意的是,中餐宴席上菜的顺序并非一成不变,如水果有时可以算在冷盘里上,点心可以算在热炒里上。而中餐宴席上菜的基本原则是:拼盘先上;鲜嫩清淡的先上;名贵的食品先上;本店的名牌菜先上;容易变形、走味的菜先上;时令季节性强的菜先上。

2. 菜单的准备

确定宴席的菜单是设宴的重要一步。无论何种形式的中餐宴席,无论宴请何人,唱主角的都是菜肴。而宴请宾客尤其是外宾时,最重要的是对其爱吃什么、不吃什么做到心中有数。

(1) 宜选的菜肴。

一般来说,主人在准备菜单时应优先考虑以下四类菜肴。

第一,具有民族特色的菜肴。

一般在国内所进行的涉外宴请大多安排外宾吃中餐。安排中餐菜单时,可以根据实际情况选择一些具有中华民族特色的菜肴与主食。通常,春卷、元宵、水饺、锅贴、龙须面、扬州炒饭、北京烤鸭、松鼠鳜鱼、鱼香肉丝、宫保鸡丁、麻婆豆腐、咕咾肉、酸辣汤等既简单又具民族特色的菜肴往往最受外国朋友的欢迎。

第二,具有本地风味的菜肴。

中国不同地区的饮食文化,既有共性,又各具鲜明的地方特色。名扬天下的八大菜系便是中餐在各地分支的主要代表。我国在饮食方面有"南甜、北咸、东辣、西酸"之说。当宴请他人,尤其是外地人时,上一些具有本地特色的菜,会比那些千篇一律的生猛海鲜更受欢迎。各地的菜肴往往有不同的风味,如上海的绍兴三黄鸡,天津的狗不理包子,西安的羊肉泡馍,成都的龙抄手、赖汤圆,开封的灌汤包,云南的过桥米线,西双版纳的菠萝饭,扬州的大煮干丝,杭州的龙井虾仁等,都在国内久负盛名,它们都可以用来款待宾客。

第三,自己比较拿手的菜肴。

餐馆有其"特色菜",而各家也有"拿手菜"。举办家宴时,主人可以亲自下厨做几款菜肴。即使制作的并非是十足的美味佳肴,仅仅主人亲自动手为来客烧菜这一点就足以让对方备感尊重和友好之意。

在饭店宴请外宾时,如果条件允许,应以特色菜肴作为菜单上的"主角"。此类菜肴上桌时,主人还需细说与其有关的掌故,并且郑重其事地向客人推荐。这样做可以更好地向对方表达尊重与敬意。

第四,外宾本人所喜欢的菜肴。

宴请外宾时应尽量多安排一些对方喜欢吃的菜肴。但有的外宾不爱吃中国菜,有的外宾吃多了中国菜又想吃其家乡菜。因此,宴请外宾时,在条件允许的情况下可以考虑在以中国菜为主的同时准备一些对方所中意的家乡菜。

(2) 忌选的菜肴。

安排菜单时,还必须兼顾来宾,尤其是主宾的饮食禁忌,主人在为来宾安排菜肴时,首先需要了解对方"不吃什么",而非对方"想吃什么"。一般而言,饮食方面的禁忌主要有以下四个方面。

第一,触犯个人禁忌的菜肴。

一些人在饮食上往往有一些与众不同的特殊要求。如有的人不吃葱,有的人不吃蒜,有的人不吃辣椒,有的人不吃鱼,有的人不吃蛋等。因此,一定要在宴请外宾之前有所了解,对此类饮食禁忌充分予以照顾,不要明知故犯或对此说三道四。对重要人士的饮食禁忌尤其要做到心中有数。

第二,触犯民族禁忌的菜肴。

世界上许多民族都有自己的饮食禁忌。如美国人一般不吃羊肉和大蒜,俄罗斯人不吃海参、海蜇、墨鱼、木耳,英国人不吃狗肉和动物的头、爪,法国人不吃无鳞无鳍的鱼,德国人不吃核桃,日本人不吃皮蛋等,掌握这些具有普遍性的饮食禁忌有助于更好地款待外宾。

第三,触犯宗教禁忌的菜肴。

在所有的饮食禁忌之中,宗教方面的饮食禁忌最为严格,在涉外交往中尤其要高度重视这一点,绝对不容许丝毫违反。

第四,触犯职业禁忌的菜肴。

有些职业在餐饮方面往往有不同的特殊禁忌。如公务员在执行公务时不准吃请,驾驶员在工作期间绝对不能饮酒。如果忽略了这些职业禁忌,不仅是对客人的不尊重,而且可能给其带来麻烦。

(三) 餐桌的安排

在中餐礼仪中,餐桌和席位的安排是一项十分重要的内容,它关系客人的身份以及主人给予对方的礼遇。因此,主人在安排宴请时一定要注意安排桌面、席位的礼仪要求。

1. 桌次的排列

一般来说,桌次的排列应根据宴请场地的大小、用餐人数的多少及宴请举办者的爱好等因素来确定。中餐宴请活动中往往采用圆桌,因为它可以方便宾客之间的交谈。只有非常正式或用餐人数超过 50 人的餐会才会使用长方形桌。关于桌子的位置,主桌应摆在所有客人最容易看到的地方。桌位多时,一般桌距最少为140厘米,但也不可以太大,最佳桌距是183厘米,应以客人行动自如和服务人员方便服务为原则。

(1) 摆放圆桌。

采用一张以上的圆桌安排宴席时会出现桌次的排列问题。一般来说,经常会出现以下两种情况。

第一,由两个圆桌所组成的小型宴请。它有两种具体形式,一为两桌横排,一为两桌竖排。当两个圆桌横排时,其桌次讲究"以右为上",即右高左低,以左为下。此处所谓的右与左是根据面对正门的位置来确定的。因此,此法也叫面门定位[如图8-2(a)所示]。当两个圆桌竖排时,其桌次则讲究"以远为上,以近为下"。这里所谓的远近是以距离正门的远近而言的,此法亦称以远为上[如图8-2(b)所示]。

(a) 两桌横排　　　　　　(b) 两桌竖排

图 8-2　两个圆桌的桌次排列

第二,由三桌及以上桌数所组成的宴请叫多桌宴请。安排多桌宴请的桌次时,除了"面门定位""以右为上""以远为上"之外,还应兼顾其他各桌距离主桌的远近。通常,距离主桌越近,桌次越高;距离主桌越远,桌次越低。此项规则亦称主桌定位。多桌宴请的桌次安排如图8-3至图8-6所示。

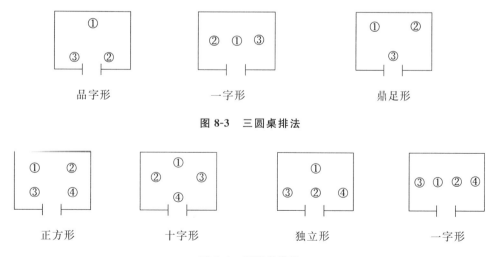

品字形　　　　　　一字形　　　　　　鼎足形

图 8-3　三圆桌排法

正方形　　　　十字形　　　　独立形　　　　一字形

图 8-4　四圆桌排法

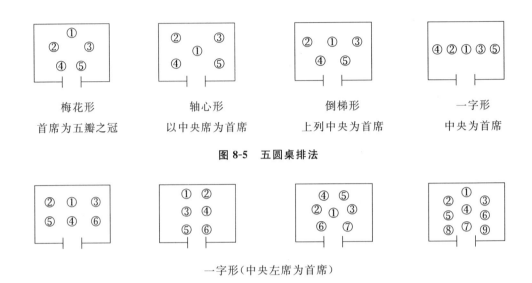

图 8-5　五圆桌排法

图 8-6　六圆桌及六圆桌以上排法

安排桌次时,除了主桌可以略大之外,其他餐桌的大小通常应大体相仿,不宜过大或过小。

（2）采用长桌。

人数少于 36 人时可以采用直线形,人数在 36～60 人时常采用"U"字形或"口"字形,人数超过 60 人则采用"E"字形。无论何种排列方式,都要把主桌的位置摆得恰到好处。

无论是圆桌还是长桌,每位在座宾客之间至少要相距 60 厘米。一般情况下,每位服务人员要为一个圆桌上的所有宾客服务,长桌相连后,服务人员的人数应根据宾客的人数相应增加。

2. 餐桌的布置

主人为客人布置一张精致的餐桌桌面,让其品味一流的菜点,再加上热情好客的态度,一定会给客人留下深刻、美好的印象。宾客首先注意到的是餐桌,所以巧妙地布置餐桌尤为重要。

首先,餐桌的款式要大方。这不要求餐桌的款式是最流行的,但一定要稳重大方。如果餐桌上有划痕或者碰痕,一定要用漂亮的桌布来遮盖,而绝不能用席面上的餐具进行遮盖。另外,桌布的尺寸要大一些。如果选择用流行款式的餐桌,仅在桌面铺一张精美的衬垫即可,或者可以不铺。

其次,布置色调要讲究。主人精心的布置会使桌面显得更清新、更洁净,客人用餐也更有食欲。主人应根据宴请客人的喜好在色彩搭配上适合其心理。如有的客人喜欢清净、素雅,可以选择冷色调的桌布,桌布宜以单色为佳;有的客人钟爱喜庆的气氛,可以以橘红色为主调来布置餐桌,这样显得富有浪漫情调。主人可以将圆桌上橘红色的桌布一直垂到地板,桌子正中央放置一大束美丽的鲜花,鲜花要选择短茎的,以免挡住坐在餐桌上的客人的视线。桌布的式样和配色可以随意选择,以令人感到舒适为宜(如图8-7所示)。

图8-7　餐桌的布置

最后,桌面用具要精致。这样有助于提起客人进餐的兴致。用漂亮的玻璃杯盛酒,用精美的瓷盘盛菜,将白色或彩色的餐巾折叠成各种形状摆放在桌面上,给人以清新典雅的感觉。桌面上不能用纸盘、纸盒和塑胶杯等,这样会降低档次。

(四) 位次的排列

宴请时每张餐桌上的具体位次也有主次之别,排列位次的基本规则如下。

1. 基本方法

(1) 主人大都应当面对正门而坐,并在主桌就座(如图8-8所示)。

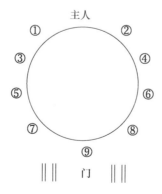

图8-8　排列位次的基本规则

(2) 举行多桌宴请时,各桌之上均应有一位主桌主人的代表在座,他也被称作各桌主人。其位置一般应与主桌主人同向,有时也可以面向主桌主人。

(3) 各桌之上位次的高低顺序应根据其距离该桌主人的远近而定,以近为上,以远为下。

(4) 各桌之上距离该桌主人相同的位次讲究"以右为上",即以该桌主人面向为准。

(5) 为每张餐桌上所安排的用餐人数应限于10人之内,并宜为双数。

2. 具体情况

根据上述排列方法,圆桌上位次的具体排列又可以分为以下两种具体情况。

(1) 每桌一个主位的排列方法。

每桌一个主位的排列方法,特点是每桌只有一位主人,主宾在其右首就座(如图8-9所示),每桌只有一个谈话中心。

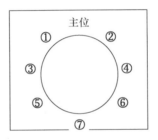

图8-9　每桌一个主位的排列方法

(2) 每桌两个主位的排列方法。

每桌两个主位的排列方法,表现为主人夫妇就座于同一桌,以男主人为第一主人,以女主人为第二主人,主宾和主宾夫人分别在男女主人的右侧就座(如图8-10所示)。如果主宾的身份高于主人,为了表示尊重,可以安排其在主人位次上就座,而请主人坐在主宾的位次上。

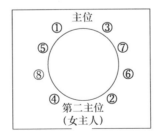

图8-10　每桌两个主位的排列方法

对于家宴和便宴,各地的情况有所不同,如有的地方不是"以右为上",而是"以左为上"。主人可以根据具体情况来确定。碰到这种情况,大门正面对的座位还是主人座,主人的左边为主宾,右边为次宾,剩下的以此类推。

 宴会座次的通告小贴士

在排定宴会的座次之后,主人应及时地采用一切行之有效的方法通告全体应邀赴宴者,为了便于来宾正确无误地在自己所属的位次上就座,防止因坐错座位而产生不快,通告宴会座次有以下四种常规的做法。

1. 在请柬上注明每一位赴宴者所在的桌次。
2. 在宴会厅入口处附近悬挂宴会桌次示意图。
3. 在现场安排引位员,负责来宾(尤其是贵宾)的引导。
4. 桌上放置桌次牌,桌次牌通常应采用阿拉伯数字书写。主人应在每位来宾所属座次正前方的桌面上事先放置以醒目字迹书写着来宾个人姓名的座位卡,以便来宾对号入座。举行涉外宴请时,座位卡应以中英文两种文字书写。我国的惯例是中文写在上面,英文写在下面。必要时,座位卡的两面均应书写来宾的姓名。

(五)餐具的使用

中餐的餐具主要有筷子、勺子、碗、盘子、汤盅、水杯、牙签、餐巾和水盂等。下面简要介绍使用中餐餐具的礼仪。

1. 筷子

筷子的主要功能是用餐时以之夹取食物或菜肴。筷子应成双使用,一般应以右手持筷,拇指、食指、中指三指的前部共同捏住筷子的上部约1/3处。摆放筷子也有讲究:同一餐桌上应使用等长、同色、同质的筷子,将它们摆放整齐;席间暂时放下筷子时,应将其小头向里,对齐放在自己的食碟上面,或放在自己的杯子右侧,不可以架在公用菜盘上或搁在邻座宾客的面前。席间用筷子要轻拿轻放,不能用筷子敲击桌碗。用餐时应做到不"品尝"筷子、不"跨放"筷子、不"插放"筷子、不"舞动"筷子、不"滥用"筷子(不以筷子代劳他事)。

2. 勺子

勺子的主要作用是舀取食物或菜肴,但尽量不要单独用勺子去取菜。暂不用勺子时,不要直接放在餐桌上或立在食物中。取完食物后,应立即食用或把食物放在自己的碟子里,不可以再把食物倒回原处,也不要把勺子塞到嘴里或是反复舔食、吮吸。

3. 碗

碗可以用来盛饭、盛汤。进餐时,可以手捧饭碗就餐。拿碗时,用左手的4个手指支撑碗的底部,拇指放在碗口边。吃饭时,饭碗的高度大致和下巴保持一致。

4. 盘子

中餐的盘子有很多种,稍小点的盘子叫碟子或食碟,主要用于盛放食物,使用方法和碗大致相同。用餐时,盘子在餐桌上一般要求保持原位,不要堆在一起。

食碟的主要作用是暂放从公用的菜盘中取来享用的菜肴。使用时,一般不要取过多的菜肴放在食碟里,不吃的食物残渣、骨头、鱼刺不要吐在饭桌上,而应轻轻取放在食碟的前端,也不要直接从嘴里吐到食碟上,而要使用筷子夹放到食碟的前端。若食碟放满,可以示意服务员更换。

5. 汤盅

汤盅是用来盛放汤类食物的。需要注意的是,如果将汤勺取出放在垫盘上,并把盅盖反转平放在汤盅上,即表示汤已喝完。

6. 水杯

水杯主要用于盛放清水、果汁、汽水等软饮料。需要注意的是,不要用水杯盛酒,也不要倒扣水杯。喝进口中的东西不能再吐回水杯,那样十分不雅。

7. 牙签

牙签有扎取食物与剔牙两个作用,但尽量不要当众剔牙。剔牙时要用餐巾纸掩住口部,剔出来的食物不要当众"观赏"或再次入口,更不要随手乱弹、随口乱吐,这是很失礼的行为。剔牙后,不要叼着牙签,更不要再用其来扎取食物。

8. 餐巾

在正式的宴会上,客人需待主人拿起餐巾时方可拿起餐巾。打开后,应将餐巾摊放在自己的腿上。将鱼骨头或水果核吐出时,可以用餐巾遮住嘴,然后用手指取出放在餐盘中;也可以直接吐在餐巾内,再将餐巾向内侧折起,此时服务员会注意到并更换新的餐巾。临时离座时应将餐巾折好放在餐桌上,可以用餐巾擦手上或嘴上的油渍,但千万不可以用餐巾擦汗、擦鼻涕、擦口红印或者当抹布在餐桌上乱擦。

9. 水盂

有时候品尝中餐者需要手持食物进食。此刻,往往会在餐桌上摆上一个水盂,也就是盛放清水的水盆。水只能用来洗手,不能饮用。得体的做法是两手轮流沾湿指尖,然后轻轻地浸入水中涮洗。洗毕,应将手置于餐桌之下,用纸巾擦干,而不能乱甩、乱抖。

(六)用餐的礼仪

用餐的礼仪反映了一个人的素养。很多平时不为人所知的细节都可以通过用餐礼仪显现出来。用餐礼仪包括入座礼仪与进餐礼仪。

1. 入座礼仪

在中餐中,入座礼仪是十分重要的,需要引起注意。

(1)座位的选择。

客人要事先了解男女主人、其他男女陪客的位置,明白自己当天所扮演的角色,不能见空位就自行坐下,而要注意桌上的座位卡是否写着自己的名字,然后对号入座。高级饭店往往是由服务人员引领入座,以免坐错席位。另外,应让年长者、位高者和女士优先入座。若邻座是年长者或女士,应主动协助他们先坐下,同时应与同桌点头致意。

(2)入座的方式。

入座最得体的方式是从左侧入座。即以右手拉开椅子,从椅子的左边入座。如果第一个走近桌子,应顺势向里移,以方便其他的人就座。当走近座位时,要用手把椅子拉后一些再坐下,不能用脚把椅子推开。

(3)良好的坐姿。

坐在餐桌边时,身体应保持挺直,两脚并齐放在地板上,不能弯腰驼背地瘫在座位上。用餐时,上臂和背部要靠到椅背,腹部和桌子保持约两个拳头的距离。最好避免两脚交叉的坐姿。吃东西时,手肘最好离开桌面。如果两只胳膊"左右开弓"往外张开,会令两边的同席者感到不便。暂停用餐时,可以把双手放在桌面上,用手腕底部抵住桌子边缘,也可以把手放在膝上,双手保持静止不动。需要注意的是,不要用手去拨弄盘中的食物或玩弄头发。

2. 进餐礼仪

用餐时要注意文明礼貌,下面就菜肴食用礼仪和维护进餐风度逐一进行说明。

(1)菜肴食用礼仪。

客人入席后,应待主人举杯示意开始时,客人才开始动手取用菜肴。而菜肴一上桌,应由主宾先取用。一般来说,无论上任何一道菜,如果主宾尚未动筷,其他的人不宜率先取食。有时,第一道菜是由主人或主宾替其他的同席者服务。此后,除了由服务人员分配的菜肴之外,其他依然是由主宾开始按顺序取菜。取菜时,不要一次取得过多。取菜要文明,应等菜肴转到自己的面前时再动筷子,不要抢在邻座的前面,一次取菜也不宜过多。盘中的食物吃完后,若不够可以再取。若由服务人员分菜,需增添时,待服务人员送上时再取。取菜时应从盘子靠近或面对自己的盘边夹起,不要在公用的菜盘内挑挑拣拣,夹起来又放回去。距离自己较远的菜可以请人帮助,不要起身甚至离座去取。

中国人一向以热情好客闻名于世,主人会向客人介绍菜肴的特点,希望客人多吃一点。有时,热情的主人还会用公筷为宾客夹菜,以示热情好客。主人可以劝客人多吃一些或建议其品尝某道菜肴,但不要擅自做主,主动为客人夹菜、添饭。因为主人并不知道客人的喜好。有时把客人不爱吃的东西硬塞给他吃,与其说是有礼貌,不如说令人难堪。

除了特殊的菜肴,其他的一律不分好恶全部吃下才是礼貌的行为。对于不合口味的菜,不要显露出难堪的表情,可以婉转地回答:"我吃不下了",不要生硬地拒绝。对自己不能吃或不爱吃的菜肴,当服务人员分菜或主人夹菜时不要拒绝,可以取少量放在盘内,并表示"谢谢,够了"。可是,如果是因为疾病或宗教信仰等原因不能吃,就应该告知主人。

(2) 维护进餐风度。

用餐的时候,不要摇头摆脑、宽衣解带、满脸油汗、汁汤横流、响声大作。宾客进餐的速度宜与男女主人同步,不宜太快,也不宜太慢。

如果需要为别人倒茶倒酒,要记住"倒茶要浅,倒酒要满"的礼仪规则。若不慎将酒、水、汤汁溅到他人的衣服上,表示歉意即可。席间也不宜抽烟。

在用餐的过程中,要尽量自己添加食物。若有长辈,要尽可能主动地给长辈添加饭菜。遇到长辈给自己添加饭菜时要道谢。吃饭要端起碗,应该用大拇指扣住碗口,食指、中指和无名指扣住碗底,手心空着。不端碗或伏在桌子上对着碗吃饭是非常不雅观的。

进餐时要闭嘴咀嚼、细嚼慢咽,嘴里不要发出声音,口含食物时最好不与别人交谈。吐出的骨头、鱼刺、菜渣要用筷子或餐巾取接出来,不能直接吐到桌面上或地面上。如果想咳嗽、打喷嚏,要用手或餐巾捂住嘴,并把头转向后方。吃饭嚼到沙粒或嗓子里有痰时,要离开餐桌去吐掉。

如果宴会没有结束,但自己用餐完毕,也不要随意离席,要等主人和主宾餐毕先起身离席,其他的客人才能依次离席。在餐厅进餐,如果是做客,不能抢着付账;未征得朋友的同意,亦不宜代友付账。

阅读案例 8-1

敬酒不劝酒①

深圳 A 公司林老板欲同北方某城市达发公司建立业务代理关系,达发公司的王经理非常重视这次合作,林老板到达后,王经理设宴招待,参加宴会的人员除了公司经理、副经理之外,还有各主管部门的负责人。人们热情寒暄后,宴会开始了。林老板见服务员手拿一瓶茅台酒欲为自己斟酒,便主动解释自己不能喝白酒,要求来点啤酒,但王经理却热情地说:"为了我们两家的合作,您远道而来,无论如何也应喝点白酒。"说话间,白酒已倒入林老板的杯中。

王经理端起酒杯致祝酒词,并提议为能荣幸结识林老板干杯。于是他带头一饮而尽,接下来人人仿之。林老板只用嘴沾了沾酒杯,并再次抱歉地说自己的确不能饮白酒。林老板的白酒未饮下,王经理仿佛面子上过不去,一直劝让,盛情难却,林老板只好强饮一杯,然而有了第一杯,接下来便是第二杯。林老板提议酒已喝下,大家对合作一事谈谈各自的看法。王经理却说:"难得与林老板见面,先敬酒再谈工作。"于是他又带头给林老板敬酒,接下来在座的人都群起效仿。尽管林老板再三推托,无奈经不起左一个理由、右一个辞令的强劝,林老板又是连饮几杯。

林老板感到自己已承受不住了,便提出结束宴会,但此刻大家却正喝在兴头上,接下来又是一番盛情,林老板终天醉倒了。待林老板醒来时,发现自己躺在医院的病床上,时间已是第二天的傍晚了。

次日早晨,当王经理再次来医院看望林老板时,护士告诉他,林老板一大早出院回深圳了。

二、基础西餐礼仪

西餐是对西式饭菜的一种约定俗成的统称。与中餐相比,除了口味不同之外,西餐源自西方国家,必须使用刀、叉取食。但是,中西餐的差异并不仅仅是口味与餐具的不同。吃西餐要遵循一定的礼仪,对西餐的菜序、西餐的餐具、西餐的座次、西餐的品尝和进餐的守则都要有所了解。

(一) 西餐的菜序

与中餐相比,西餐的上菜次序具有明显的不同。享用西餐时先上开胃菜(如

---

① 杨眉. 现代商务礼仪[M]. 大连:东北财经大学出版社,2000,有改动.

水果拼盘),而在中餐中水果拼盘是等所有的凉菜、热菜、主食都上过后才摆到餐桌上来的。

了解西餐的上菜次序有两大好处。第一,用餐时成竹在胸,量力而行,依据个人的食量吃好、吃饱。第二,自己点菜时能够加以对照,进行经济实惠的组合与搭配。西餐的正餐,尤其是正式场合所用的正餐,餐序复杂多样而且讲究甚多。在大多数情况下,正餐的菜序由以下八种组成。

1. 开胃菜

开胃菜即西餐的头盆,一般是由蔬菜、水果、海鲜等组成的拼盘,多以各种调味汁凉拌而成,色彩悦目,口味宜人。在西餐里,开胃菜仅仅充当"前奏曲",往往不被列入正式的菜序。

2. 面包

一般是切片面包,也有刚刚烤好的小面包。通常用餐者可以根据个人的喜好涂上各种果酱、黄油或奶酪后食用。

3. 汤

汤是西餐的"开路先锋",常见的有白汤、红汤、清汤等。西餐中的汤大都口感芬芳浓郁,具有很好的开胃作用。

4. 主菜

西餐里的主菜有冷有热,但应以热菜为主。在较正式的西餐中,一般要上一个冷菜、两个热菜。通常情况下,两个热菜分别是鱼与肉,而热菜中的肉往往体现出用餐的档次。

5. 点心

主菜过后,一般要上一些蛋糕、饼干、吐司、馅饼、三明治之类的小点心,供没有吃饱的人享用(如图8-11所示)。

图8-11 西餐点心

6. 甜品

吃毕点心,接着要上甜品。最常见的甜品有布丁、冰淇淋等。

7. 果品

果品包括干果与鲜果。常用的干果有核桃、榛子、腰果、杏仁、开心果等。常见的鲜果则有草莓、菠萝、苹果、香蕉、橙子、葡萄、芒果、西瓜等。

8. 热饮

热饮一般在用餐结束之前提供,最正规的热饮是红茶或什么都不加的黑咖啡,它们可以帮助消化。红茶和黑咖啡两者只能选其一,不可以同时享用。热饮可以在餐桌上饮用,也可以离开餐桌去客厅等处饮用。

(二)西餐的餐具

西餐的餐具主要有刀叉、餐匙、餐巾等(如图8-12所示)。至于餐桌上出现的盘子、碟子、杯子、水盂、牙签等,其用法与中餐大同小异,在此不再赘述。

图 8-12 西餐的餐具

1. 刀叉

刀叉是对餐刀和餐叉的统称。两者既可以配合使用,又可以单独使用,但更多的情况下是配合使用的。因此,当提到西餐餐具时,人们喜欢将两者相提并论。享用西餐时,需要注意刀叉的区别、刀叉的使用和刀叉的暗示三个方面的问题。

(1)刀叉的区别。

在正式的西餐宴会上,通常吃一道菜更换一副刀叉。即吃每道菜时,都要使用专门的刀叉。一般出现在每位用餐者面前的餐桌上的刀叉主要有吃黄油、吃鱼、吃肉、吃甜品所用的刀叉等。它们不但形状各异,而且具体的摆放位置各不相同,正确地区分它们尤为重要。吃黄油所用的餐刀,没有与之相匹配的餐叉。它的正确位置是横放在用餐者左手正前方。吃鱼所用的刀叉和吃肉所用的刀叉,应当餐刀在右、餐叉在左,分别纵向摆放在用餐者面前的餐盘两侧。餐叉的具体位置应处于吃黄油所用餐刀的正下方。有时,在餐盘左右两侧分别摆放的刀叉达3

副之多。使用刀叉时应当依次分别从两边由外侧向内侧取用。吃甜品所用的刀叉一般放在餐盘的正前方。

（2）刀叉的使用。

使用刀叉时应注意以下事项。

① 切割食物时不可以弄出声响，切记双肘下沉，切勿"左右开弓"。

② 要让切割好的食物刚好一下子入口，并应以餐叉叉起食用。

③ 注意刀叉的朝向。将餐刀临时放下时，刀口不能向外；双手同时使用刀叉时，叉齿应朝下；右手持叉进食时，叉齿应向上。

④ 与人攀谈以及做手势时应暂时放下刀叉，千万不可以手执刀叉在空中挥舞。

⑤ 使用餐刀时，刀刃不能向外。若有 2 把以上刀叉，应由最外面的一把向内依次取用，因为刀叉摆放的顺序正是每道菜上桌的顺序。

⑥ 不能直接用刀叉将食物送入口中，也不能同时使用两者将食物送入口中，不可以舔食餐刀上的酱汁。

⑦ 掉落地上的刀叉切勿再用，可以请服务人员另换一副。

（3）刀叉的暗示。

用餐者刀叉的摆放向服务人员暗示其是否吃好了某一道菜肴。暗示此菜尚未用毕，只是暂时放下刀叉的做法是：刀右叉左，刀口向内，叉齿向下，呈汉字的"八"字形状摆放在餐盘之上（如图 8-13 所示）。但要注意的是，不能将其交叉放成"十"字形。西方人认为那是一种令人晦气的图案。

图 8-13　刀叉的暗示

用餐完毕则可以刀右叉左、刀口向内、叉齿向上地并排纵放，或者刀上叉下地并排横放在餐盘里。这等于告知服务人员：已用好此道菜，请他连刀叉带餐盘一起收走。

西餐的餐桌上有多少刀叉小贴士

正式的西餐中有许多道菜,每道菜都有其搭配的饮料。通常餐具会这样摆放在餐桌上。

右边:从内向外是主菜用刀、一把鱼刀或一把汤勺、一把头盘菜用刀。

左边:从内向外是一把进主菜的叉、一把鱼叉、一把头盘菜用叉。

垫盘上方:一把甜食叉、一把甜食勺或刀。

左边外侧:一个面包盘和一把黄油刀。面包盘要放在最外端叉子的左边。黄油刀要放在盘上右侧,刀锋向左。黄油刀应与垫盘右边的其他刀子呼应。

杯子的摆放:一只白酒杯、一只红酒杯、一只水杯,排成三角形(郁金香型)或排成一行。

西餐刀叉的摆放如图8-14所示。

图8-14 西餐刀叉的摆放

2. 餐匙

餐匙也叫调羹,使用时要了解西餐餐匙与中餐餐匙的区别与用法。

(1)餐匙的区别。

在西餐的正餐里一般至少会出现2把餐匙,个头较大的叫汤匙,通常被摆放在用餐者右侧的最外端,与餐刀并列纵放。个头较小的叫甜品匙,一般情况下,它应当被横向摆放在吃甜品所用刀叉的正上方,并与其并列。如果不吃甜品,有时会被个头同样小的茶匙所取代。上述两种餐匙各有其用途,不能相互替代。

(2)餐匙的用法。

第一,餐匙除了可以饮汤、吃甜品之外,绝对不能直接舀取其他任何的主食、菜肴。已经使用过的餐匙切不能再放回原处,也不能将其插入或直立于菜肴、主食、甜品、汤盘或盛红茶的杯子之中。

第二,使用餐匙时应尽量保持其周身的干净清洁,不能直接用茶匙舀取红茶饮用。

第三,用餐匙取食时动作应干净利索,切勿在甜品、汤或红茶之中来回搅拌。而且一次取食不要过量,一旦入口,要一次将其用完。餐匙入口时,应以其前端入口,而非将其全部塞进口中。

3. 餐巾

餐巾在西餐中发挥着多重作用,因此必须对餐巾的铺放与用途有所了解。

(1) 餐巾的铺放。

西餐里所使用的餐巾,使用时都应被平铺于用餐者并拢的大腿上。用餐时一定不要把餐巾掖于领口、围在脖子上、塞进衣襟内。使用正方形餐巾时,应将其折成等腰三角形,并将直角朝向膝盖方向。若使用长方形餐巾,则可以将其对折,然后将折口向外平铺。打开餐巾并将其折放的整个过程应悄然进行于桌下,万勿临空一抖。

(2) 餐巾的用途。

① 保洁功能。

将餐巾平铺于大腿之上就是为了防止进餐时掉落下来的菜肴、汤汁弄脏用餐者的衣服。

② 揩拭口部。

用餐者在用餐期间与人交谈前,应先用餐巾轻轻地揩一下口部。以餐巾拭口时,其部位应大体固定,最好只使用餐巾的内侧。

③ 掩口遮羞。

用餐者进餐时尽量不要当众剔牙,万一非做不可时,应用左手拿起餐巾挡住口部,再以右手去剔牙。倘若没有遮掩,是颇为失态的。

④ 暗示他人。

用餐时,餐巾可以用来进行特殊暗示。一是暗示用餐开始或结束。西餐大都以女主人为"带路人"。当女主人铺开餐巾时,就等于宣布用餐开始。而当主人尤其是女主人把餐巾放到餐桌上时,则宣告用餐结束。二是暗示暂时离开。若中途暂时离开,一会返回继续用餐,用餐者可以将餐巾放置于本人座椅的椅面上。见到此种暗示,服务人员就不会马上动手撤席。

(三) 西餐的座次

西餐的座次排列与中餐相比既有相同之处,又有不同之处。

1. 座次排列的规则

在绝大多数情况下,西餐的座次总是更多地表现为位次问题。桌次问题,除非是极其隆重的盛宴,一般涉及较少。因此,以下主要讨论西餐的位次问题。

(1) 女士优先。

在西餐礼仪里,女士处处备受尊重。在排列用餐位次时,尤其当安排家宴时,主位一般应请女主人就座,而男主人则退居第二主位。非正式宴会也应遵循此原则。如果是男士、女士两人进餐,男士应请女士坐在自己的右边,还要注意不能让其坐在人来人往的过道边,并主动为女士移动椅子让其先入座。如果是两对夫妻就餐,夫人们应坐在靠墙的位置上,先生们则坐在各自夫人的对面。如果两位男士陪同一位女士进餐,女士应坐在两位男士的中间。

(2) 位次高低。

餐桌的位次体现了客人受尊重的程度,具体来说,体现在以下四个方面。

① 恭敬主宾。在西餐礼仪里,主宾极受尊重。即使用餐的来宾之中有人的地位、身份、年纪高于主宾,但主宾仍是主人所关注的中心。排列位次时,应请男女主宾分别紧靠女主人和男主人就座,以便进一步受到照顾。

② 距离定位。一般来说,西餐桌上位次的高低,往往与其距离主位的远近密切相关。在通常情况下,距主位近的位子高于距主位远的位子。

③ 面门为上,有时又叫迎门为上。它所指的是面对餐厅正门的位子通常要高于背对餐厅正门的位子。

④ "以右为上"。在排位时,"以右为上"依然是基本原则。就某一特定位置而言,其右侧之位理应高于其左侧之位。如应安排男主宾坐在女主人的右侧,安排女主宾坐在男主人的右侧。

(3) 交叉排列。

吃中餐时,用餐者可能经常与熟人一起就座。但用西餐时则不同。正式一些的西餐宴会一向被视为交际场合,因遵守交叉排列的原则,每一位用餐者可以因此广交朋友。不过,这也要求用餐者最好是双数,并且男女人数大致相当。

2. 座次的排列

西餐用餐时采用的餐桌有长桌、方桌和圆桌,最常见、最正规的当属长桌。

(1) 长桌。

以长桌排位,一般有以下两种方法。

第一,男女主人在长桌中央对面而坐,餐桌两端坐人不坐人皆可[如图8-15(a)和图8-15(b)所示]。

第二,男女主人分别就座于长桌两端[如图8-15(c)所示]。

某些时候,如用餐者人数较多,还可以参照以上办法,以长桌拼成其他的图案,以便安排大家一起用餐。

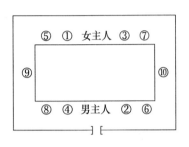

(a) 男女主人居中而坐时位次的排列之一

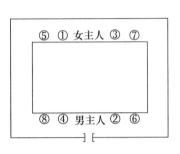

(b) 男女主人居中而坐时位次的排列之二

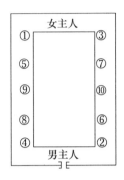

(c) 男女主人分坐于两侧时位次的排列

图 8-15　长桌上的位次排列

(2) 方桌。

以方桌排列位次时,就座于餐桌四面的人数应当相等。在一般情况下,一桌坐 8 人,每侧各坐两人,并应使男女主人与男女主宾对面而坐,所有人均各自与自己的恋人或配偶坐成斜对角(如图 8-16 所示)。

(3) 圆桌。

在西餐中采用圆桌比较少见,本书仅列出位次排列以供参考(如图 8-17 所示)。

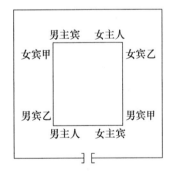

图 8-16　方桌上的位次排列

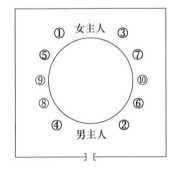

图 8-17　圆桌上的位次排列

(四) 西餐的品尝

西餐里的各道菜式的品尝方法各不相同。下面简要介绍西餐中常见的开胃菜、面包、汤、主菜、点心、甜品和果品等的具体食用方法。

1. 开胃菜的食用方法

一般情况下,开胃菜多以沙拉为主,有时也会上海鲜或果盘。吃沙拉时通常只宜使用餐叉,如果其中有豆类,可以用餐刀将豆子推到餐叉上,再送入口中。大片叶子不易入口时,可以先用餐叉压着蔬菜,用餐刀将叶子一层一层折成小块以方便食用。番茄或芦笋等无法一口吃下去的蔬菜要先切成小块。

开胃菜里的海鲜主要有鲜虾、牡蛎、蜗牛。吃小虾时,可以餐叉取食。如果是带壳的虾,可以直接用手剥去虾壳,再送入口内。有时亦可以餐叉取食,但不必切割。吃龙虾或蟹时,需要借助专用的钳子。吃牡蛎时,应采用专门的餐叉一只一只地吃。吃带壳的蜗牛时,可以先用专门的夹子将肉夹出食之,然后再吮吸壳内的汤汁。若已去壳,则直接以餐叉取用。

2. 面包的食用方法

西餐中所吃的面包主要有鲜面包和烤面包两种。鲜面包的正确吃法是用左手拿大小适当、刚好可以一次入口的一小块,涂上黄油、果酱或蜂蜜后,再送入口中。不要像吃汉堡包那样双手捧着吃或拿着一大块面包食用。未烤的切片面包可以撕着吃。烤面包不能撕食,以免面包屑乱飞,可以配以黄油、鱼子酱等慢慢地咬着吃。不论吃哪种面包,都不能用其蘸汤或擦盘子。

3. 汤的食用方法

在西餐里,汤是一道菜。喝汤时,讲究以右手持握汤匙,由近而远,向外侧将汤舀起,然后就口饮之。如果盘内的汤所剩无几,可以左手由内侧托起盘子,使其外倾,然后以右手持匙舀之。不要趴到汤盆上或汤盘上吸食,不要用嘴吹汤来降温。

4. 主菜的食用方法

西餐的主菜花样繁多,包括冷菜与热菜,冷菜里的冻子、泥子与热菜里的鸡、红肉是最常见的主菜。

冻子,即用煮熟的食物和汤汁冷却凝结而成的一种菜肴。最常见的冻子有肉冻、鱼冻和果冻。食用时必须以餐刀切割,并以餐叉取食。泥子指的是以虾、蟹或动物的肝或脑为主料,配以鸡蛋、芹菜,加上佐料搅拌而成的一种菜肴,食用时主要使用餐叉。

西餐中所吃的鱼往往骨、刺很多。必要时,可以先用餐刀将其切开,轻轻将刺剥出后,再把鱼切成小块,以餐叉入口。如果鱼的腥味太重,则可以在吃前用手挤上一点柠檬汁。吃鸡时,须先设法去骨,再以刀叉切割成小块,分而食之。在西餐里,猪肉、牛肉和羊肉称为红肉。点菜时,要先选好烤肉的烧烤程度。切牛排等,应从左往右将肉切成方便入口大小的块,以刀叉蘸酱料吃。

5. 点心的食用方法

西餐里经常所吃的点心有饼干、馅饼、三明治、通心粉、土豆片、烤土豆等。吃饼干、蛋糕时,应用右手拿着吃。吃馅饼时,应先切成大小适当的小块,然后再用右手托着吃。吃三明治时,一般应用双手捧着吃。如果三明治不太大,可以仅用右手捏着吃。吃通心粉(意大利面)时不应一根一根挑着吃,标准的吃法是右手持餐叉,在左手所持汤匙的帮助下,把它缠绕在餐叉上,然后入口而食。吃油炸土豆片时,应以手取食。烤土豆大都是连皮一起上桌的,吃时应用左手轻按住它,右手持餐刀先在其上切个口子,令其散热;过一会儿,再用餐叉从口子里取食或略作切割再吃,还可以浇上一些专用的肉汁。

6. 甜品的食用方法

西餐里最受欢迎的甜品有布丁、冰淇淋、蛋糕、馅饼等。布丁一般是流质的,故不应直接以手取食或以刀叉助餐,而应以专用的餐匙取食。在西方国家,冰淇淋通常被置于专用的高脚玻璃杯内,以餐匙食之。吃蛋糕时,要用小叉子分割取食。小块的硬饼干可以直接取用。吃水果馅饼时通常要使用餐叉,可以用餐叉固定馅饼,用餐匙挖着吃。

7. 果品的食用方法

吃西餐时,所提供的水果有干果和鲜果之分,不过鲜果是最常见的。下面介绍一下草莓、菠萝、苹果、香蕉、橙子、葡萄、芒果、西瓜等的食用方法。

普通的草莓可以用手取食,也可以蘸些糖或奶油食用。带调味的草莓则必须使用餐匙。通常出现在桌子上的菠萝都是已经剥好的纯果肉,首先将其切割成小块,然后再以餐叉进食,不要用手抓食或举着咬食。吃苹果时,先将其切成大小相仿的4块,然后逐块去皮,再以刀叉食之。整只的香蕉应先剥除外皮,再用刀叉切成小段逐段食之,一般不应当一边用手拿着剥皮、一边慢慢咬着吃。吃橙子时,先用刀除去外皮,再用刀将其内皮剥离,然后以刀叉食之;大众的吃法则是在用餐刀去皮后切成几小块,然后用手取食。吃葡萄时,其皮、核可先悄然吐入手中,然后再转移至餐盘内。吃果盘内不成串的单粒葡萄时,宜以餐叉相助取食。吃芒果时,将芒果竖立着放在餐盘上,从紧贴芒果核的地方下刀切下。另外一边也是如此,刀要尽量紧贴芒果核。全部切完后,芒果会分成三个部分:两片芒果肉,一片芒果核。用餐叉将每一块放入盘中,果皮朝上,并剥掉芒果皮。切成块的西瓜一般用刀和叉来吃,吃进嘴里的西瓜籽要吐在手里,然后放入自己的盘中。

(五)进餐的守则

参加正式的西餐宴会时,须谨记以下五个方面。

1. 按时赴宴

主人向客人发出邀请是对客人友好与重视的表示。客人赴宴一定要遵守约定的时间。而且客人到达时间的早晚、逗留时间的长短在一定程度上反映出对主人的尊重程度。一般来说，宜略早到达，如果与主人的关系密切，不妨更早点到达，以帮助其招待宾客或做些准备工作。如果客人的身份较高，则可以稍微晚一些到达。赴宴前，客人应再次确定宴会举办的时间、地点、是否邀请了配偶以及主人其他的要求。客人接受邀请之后要尽量参加，万一有特殊情况届时实在无法出席，尤其是主宾，应尽早向主人解释、道歉，若有必要甚至应亲自登门表示歉意。

阅读案例 8-2

登门做客

甲公司的王女士与其先生应邀到顶头上司家吃晚饭，上司是个加拿大人，因为不知道上司喜欢什么食物，所以他们决定带一份甜食去。王女士精心地准备了一份甜食，在去上司家的路上，王女士因为是第一次去，所以迷路了，迟到了 5 分钟，在王女士与上司的夫人闲聊的时候，王女士的先生也在与上司闲聊。吃饭的时候，王女士很快地用拇指和食指把鱼骨从嘴里拿出来，放在盘子边上，吃完饭后，四人一起到花园里散步，王小姐对上司家的花园赞美，并感谢主人让他们夫妻度过这美妙的夜晚，然后就回家了。

2. 举止高雅

西餐礼仪要求用餐者严格约束个人举止，力求使自己举止高雅。正如有些人所言，吃中餐，主要是吃美味佳肴；而吃西餐，则主要吃其风度与气氛。

（1）坐相、吃相文雅。

为了避免与旁人相撞，用餐者应从椅子左侧站起或坐下，并使身体与餐桌保持两拳左右的距离。坐下时，用餐者应往后将背伸直坐下，使腰的一部分与椅背轻轻接触；上身要呈挺拔之态，不要东倒西歪。双手不要支在桌上或藏于桌下，应扶住桌沿。与旁边的人也应保持适当的距离，以免影响对方用餐。用餐时一定要维护环境卫生，并注意个人卫生，不要吃得身上、脸上到处"五彩斑斓"，也不要把餐盘、餐桌和地面上弄得一塌糊涂。

阅读案例 8-3

西餐就餐风波

刘小姐和张先生在一家西餐厅就餐，张先生点了海鲜大餐，刘小姐则点了烤羊排。主菜上桌后,两人的话匣子也打开了,张先生一边听刘小姐聊起童年往事,一边吃着海鲜,心情愉快极了。正在陶醉的时候,他发现有根鱼骨头塞在牙缝中,让他觉得不舒服。张先生心想,用手去掏太不雅观了,所以就用舌头舔,舔也舔不出来,还发出"喳喳"的声音,好不容易将它舔吐出来,随手就放在餐巾上。之后张先生在吃虾时又在餐巾上吐了几口虾壳。刘小姐对这些不太计较,可是这时张先生想打喷嚏,拉起餐巾遮住,用力打了一声喷嚏,餐巾上的鱼刺、虾壳随着风势飞出去,其中的一些正好飞落在刘小姐的烤羊排上,这下刘小姐有些不高兴了。接下来,刘小姐话也少了许多,饭也没怎么吃。

(2) 进食勿出声响。

西方人认为在进食时弄出声响是缺乏教养的表现。因此用餐时应尽量不要发出声来,饮汤时尤其需要注意。进餐时禁止大声说话,也不要大声招呼服务人员,可以面向其稍微将手抬高一下,这样也不影响他人进餐。除了用餐之外,应自觉控制任何声响,如咳嗽、打喷嚏、打嗝等。就座、用餐时,不要把座椅、餐桌、餐具等弄出怪异之声来。

(3) 正确使用餐具。

用餐时,用餐者务必要了解餐具的摆放,正确使用各种餐具。如果不会用,可以现场观摩其他的人(尤其是女主人)的做法,现学现用。不要把餐具挪作他用,尤其不要以之互相敲击或指点别人。

3. 尊重女士

如果说中餐礼仪讲究尊重长者的话,那么尊重女士(尤其是尊重女主人)则是西餐礼仪的一大特点,这主要体现在以下三个方面。

(1) 宾客到达宴会地点后,男女主人在那里恭迎。宾客应先和女主人握手后再与男主人握手。男性戴手套时,必须事先脱下,女性则不必如此。排座位时,女主人坐在主位,而男主人屈居第二主位。入座后,所有的宾客都以女主人为指南,当女主人将餐巾铺开时即宣布就餐开始。

(2) 宴会自始至终,宾客必须时刻注意女主人的举动,以免失礼。若偶有迟到的客人入座,当女主人从座位上站起来迎接、招呼时,席上的男宾也必须陪同站起来。每一道菜上来时,亦要经女主人招呼才能开始进食。如果女主人询问客人是不是愿意再添一点菜,客人应表示欣赏女主人所做的菜。当女主人请客人再吃一些时,无论是否愿意再吃,能否再继续吃,客人都要向其表示感谢。

(3) 和中国的礼节一样,女主人要一直陪着吃得最慢的客人。一个关心别人的客人不会吃得太快,好像狼吞虎咽一般;也不会吃得太慢,以致女主人等着他。客人若想再饮一杯茶或咖啡,茶杯、茶碟及茶匙应全部递给女主人。

客人在女主人表示宴会结束之前离席是不礼貌的。必须离席的话,应请女主人原谅。当女主人表示宴会已经结束时,应立即从座位上起立,所有的客人也都应随其起立。男宾还有照顾女宾的义务。如入席时,男宾应替身边的女宾移开椅子,让其入座,自己再就座;进餐时,也要随时照顾。在女宾起立后,男宾应帮助其把椅子归回原处。当然,女宾接受服务后应向男宾道谢。

4. 衣着得体

赴宴前,应注意仪表整洁、穿戴大方,忌穿工作服。去高档餐厅要穿套装与有跟的鞋子,此时休闲服难登大雅之堂。如在美国比弗利山庄有一个外观很不起眼的餐厅,但这是一家好莱坞明星经常出没的高档餐厅,拒绝穿休闲装的人进入。如果客人穿休闲装来进餐,服务人员会拿来西服让客人换上,然后才允许其进入。另外,在挑选进餐时的衣饰时,还要特别注意领口和袖口的设计,要选择方便进餐、不易走光的款式。

5. 积极交际

西餐也重在交际,不只是与熟人,更要在交际圈里选择对象与话题,与参加宴会的陌生宾客交际。宾客参加西餐宴会时,首先要与主人、主宾打招呼问候。其次要与身边的人、邻座进行交际,因为这也是主人精心安排宾客的位置的目的。最后是与自己希望结识的人进行交际,此种情形下,请人引见是一种有效的手段。需要提醒的是,无论宾客与他人私交如何,也无论宾客多么希望与某位宾客进行交际,但在宴会这样的公众场合一定注意维持风度和形象,当一位宾客同时与几位宾客进行交际时,切忌厚此薄彼。若与三个人同时站在一起交谈时,不要只与其中某个人说话,而冷落了站在旁边的其他两个人,这样是非常不礼貌的。

三、饮酒礼仪

在正式的宴会上,无论中餐还是西餐,酒都是常见的东西。中餐中,有茅台、五粮液、泸州老窖、剑南春、郎酒、杜康、酒鬼酒、古井贡酒等白酒;西餐中,有威士忌、白兰地、葡萄酒、香槟酒、鸡尾酒、甜酒、啤酒等。但不论是饮国酒还是洋酒,都应尊重不同的酒文化。白酒的文化是干杯;葡萄酒的文化是品尝,更是享受,品尝其味道和口感,享受其色彩与美感。优雅而正确的饮酒礼仪能很好地体现饮酒者的品位和魅力。

(一)优雅饮酒

1. 因酒选用酒杯

饮用威士忌时,一般用杯壁、杯底都较厚的玻璃杯或水晶杯,以倒入杯中约

1/4为宜。威士忌的度数为43度,可以单独饮用,也可以加冰或苏打水饮用。

饮用白兰地时,使用长柄圆肚酒杯,斟入杯中约1/5,然后用手指夹住长柄,手掌捂在杯外,为其加温。饮用白兰地讲究先看、再闻、后品。白兰地的度数为43度,只能单独饮用。

饮用香槟酒时,使用长柄长颈的杯子,宜斟至2/3或1/2。香槟酒的最佳饮用温度为4~6℃,饮用之前最好置于冷藏箱中。手握香槟酒时只能捏住杯柄,以免手的温度使酒升温,从而影响口感。

饮用葡萄酒时,要用高脚杯。根据含糖量,葡萄酒可以分成不含糖的干葡萄酒、略含糖的半干葡萄酒和含糖的甜葡萄酒三类。干葡萄酒可以单饮,也可以佐餐。根据颜色,干葡萄酒可以分为干红、干白、桃红三种。干白的最佳饮用温度为7℃,所以加冰饮用最佳;干红的最佳饮用温度为10℃,因此室温饮用即可。

2. 斟酒尽显优雅

通常,酒水应在临饮用时再斟入酒杯。正确的握葡萄酒酒杯的姿势是用3个手指轻握杯脚,小指放在杯子的底台起固定作用。请人斟酒时,将酒杯置于桌面即可;如果不想再续酒,只需用手轻摇杯沿或掩杯即可。一般要把葡萄酒杯放在桌子上,不能用手去扶着杯子,也不能把酒杯倾斜。而对于啤酒,只需要用手指尖握住酒杯的中央接受斟酒即可。如果担心手握住酒杯会让啤酒变热,女性可以一只手握着酒杯,一只手扶在杯底,这样会显得比较优雅。当别人为自己斟酒时,若不需要,可以简单地说一声"不,谢谢",或以手稍稍盖住酒杯表示谢绝。在服务人员斟酒时,勿忘道谢,但不必拿起酒杯。但当男主人亲自来斟酒时,则必须端起酒杯致谢,有时还须起身站立或欠身点头为礼。需要注意的是,喝酒前应用餐巾抹去嘴角上的油渍,免得有碍观瞻以及影响对酒的香味的感觉。

3. 祝酒亦有讲究

一般在宾主入席后、用餐前,主人会向参加宴会的主宾与各位宾客致祝酒词。参加宴请的主宾应了解对方的祝酒习惯,以便做必要的准备。宴会中大家尽可以开怀畅饮,宾主尽欢,但当主人和主宾致辞、祝酒时,出于礼貌,其他的人应暂停进餐、饮酒、交谈,在自己的座位上面向对方洗耳恭听。

主人和主宾致辞、祝酒结束,与贵宾席人员碰杯后,往往到其他各桌敬酒,提议者(可以是主人、主宾,也可以是其他任何饮酒之人)应起身站立,右手端起酒杯,或用右手拿起酒杯后,以左手托住杯底,面含微笑,真诚地面对他人,尤其是对自己的祝酒对象,说祝颂之词。在主人或其他人提议干杯后,宾客应起立举杯,酒不一定要一饮而尽。即使宾客不善于饮酒或不能喝酒,也要起身,将杯口在唇上碰一碰以示尊敬或者婉言谢绝。但是,为了礼貌起见,可以选择一些淡酒或软饮料象征性地喝一口。

4. 敬酒大有学问

在西餐宴会上,敬酒一般选择在用完主菜、未上甜点之前。敬酒时要注视对方并将杯子举至齐眉高,而且最少要抿一口酒,以示敬意。敬酒应以年龄大小、职位高低、宾主身份为序,事先一定要充分考虑好敬酒的顺序,分清主次。在接受主人敬酒之后,客人一定要找个合适的机会再回敬主人以表达对主人的尊敬。如果与不熟悉的人一起饮酒,应留意他人如何称呼,避免人名、称呼出错而出现尴尬。

5. 其他的饮酒礼仪

饮酒前轻轻摇动酒杯,让酒与空气接触以增加酒味的醇香,但不要猛烈地摇晃杯子。在西餐宴会干杯时,人们只祝酒不劝酒、只敬酒而不真正碰杯。使用玻璃杯时,尤其不能碰杯。

在西餐宴会上,绝不能强求对方一饮而尽。平时对自己的酒量要有所了解,不要贪杯。不敬酒时将酒一饮而尽、边喝酒边透过酒杯看人、拿着酒杯边说话边喝酒、将口红印在酒杯沿上等都是失礼的行为。

碰杯时,要目视对方向其致意。祝酒时还应注意不要交叉碰杯,不要强求对方干杯。此外,在饮酒前后,应与主人或宾客谈论一些愉快、健康的话题,以保持宾主之间热情、亲切、乐观的气氛。

(二)西餐与餐酒的美妙搭配

正式的西餐宴会上,酒与菜的搭配也十分严格。一般来说,每道菜肴要搭配不同的酒水,吃一道菜要换一种酒。

1. 西餐用酒分类

西餐宴会上的酒水可以分为餐前酒、佐餐酒和餐后酒三种。

餐前酒又叫开胃酒,是在正式用餐前或在吃开胃菜时与之搭配的。餐前酒有鸡尾酒、雪利酒和香槟酒。

佐餐酒又叫餐酒,是在正式用餐时饮用的酒水。常用的佐餐酒为葡萄酒,而且大多数是干葡萄酒或是半干葡萄酒。有一条重要的讲究,就是"白酒配白肉,红酒配红肉"。白肉即鱼肉、海鲜、鸡肉,食用时需要和白葡萄酒搭配;红肉即牛肉、羊肉、猪肉,需要用红葡萄酒来搭配。

餐后酒指的是用餐之后用来助消化的酒水。最常见的餐后酒是利口酒,又叫甜酒。最有名的餐后酒则是有"洋酒之王"之称的白兰地。

2. 西餐饮酒注意事项

(1)饮酒时不能故意把他人灌醉,更不能偷偷地在他人的饮料里倒上烈性酒。

（2）不能通宵达旦无节制地狂欢酗酒，不能在酒席上出现争执、佯醉等举动。

（3）不能为了显示自己的酒量，无论杯中的酒有多少都一饮而尽，也不能喝得太急，使酒顺着嘴角往下流。

（4）除了主人与服务人员之外，其他的宾客一般不宜自行为他人斟酒。服务人员斟酒后要表示谢意。

（5）在西式宴会上，不能随便离开自己的座位去与相距较远者敬酒干杯，尤其不能交叉干杯。

（6）在宴会进行过程中，不宜一边饮酒，一边吸烟。

（7）饮酒时应正确举杯，不必矫揉造作地在举杯时翘起小手指，以显示自己的优雅举止。

四、饮用咖啡礼仪

咖啡是英美国家常用的饮品。"咖啡"源自希腊语"Kaweh"，意思是"力量与热情"。饮用咖啡时特别需要注意饮用的时机、咖啡的种类和饮时的举止三个方面的问题。

（一）饮用的时机

饮用咖啡的时机包括饮用的时间与饮用的场合两个方面。

1. 饮用的时间

喝咖啡应选择适宜的时间，早上是喝咖啡的最佳时间，一杯热咖啡可以让人的心情更加舒畅。白天工作时喝咖啡能提神，此时咖啡可以稍浓。餐后可以饮用咖啡，且以略轻淡为宜。晚间尤其是睡前不应饮用咖啡，因为咖啡中的咖啡因对神经有一定的刺激作用，会使大脑兴奋从而影响睡眠，甚至影响第二天的精神状态。餐前空腹时应避免饮用咖啡，因为这会令肠胃对咖啡的吸收加快，导致肠胃液提前大量分泌，待吃饭时往往引起食欲不振，长期下去会引起肠胃病。

2. 饮用的场合

最常见的饮用咖啡的场合主要有客厅、办公室、花园、餐厅、咖啡厅等。具体来说，饮用的场合不同，饮用时的礼仪要求往往有所不同。在客厅内饮用咖啡，主要适用于招待客人。有些时候，家人喝咖啡也会选择此处。在办公室饮用咖啡，主要是工作间歇自己享用，为了提神解乏。在自家的花园饮用咖啡，既适合消闲休息，又适合于招待客人。在西餐宴会时，人们往往会选用咖啡佐餐助兴。咖啡厅除了供应咖啡以外，还可以提供其他的餐饮。如今在我国，咖啡厅逐渐成为人们休闲的场所。而在欧美国家人们去咖啡馆喝咖啡则是很普通的事,对法国人来说更像每天例行的公事,去咖啡馆的目的绝大多数只是聊天。

(二)咖啡的种类

由于依据的标准不同,咖啡可以被分为许多种类。目前,区分咖啡的种类主要依据其配料的添加、口味的区别和制作的方法。

1. 根据配料区分

依据饮咖啡时添加配料的不同,咖啡可以被分为多个品种,主要有以下六种。

(1)黑咖啡。

黑咖啡,是指既不加糖,又不加牛奶的纯咖啡。它有助于化解油腻。一直到今天,饮用黑咖啡仍被西方人视为身份高贵或出身于上流社会的一个标志之一。

(2)白咖啡。

白咖啡亦称法式咖啡,即饮用前加入牛奶、奶油或特制的植物粉末的咖啡。饮用者可以根据喜好加糖。白咖啡适合在各种场合之下,尤其是在非正式场合饮用。

(3)浓黑咖啡。

浓黑咖啡是以特殊的蒸汽加压的方法制成的咖啡,口味极浓,不宜多饮。引用时可以加入糖或少量的茴香酒,但不宜加入牛奶或奶油。

(4)浓白咖啡。

浓白咖啡的制作与浓黑咖啡的制作相类似,只是加入奶油或奶皮。饮用时可以加入少许柠檬皮榨取的汁液,而不宜再添加牛奶。

(5)爱尔兰式咖啡。

爱尔兰式咖啡在饮用前不加牛奶,而是加入一定量的威士忌。它的味道浓烈,具有提神作用。

(6)土耳其式咖啡。

土耳其式咖啡杯的量大,稍显浑浊,因其咖啡渣并未除去,而是被装入杯中与咖啡一起上桌的缘故。饮用时可以根据个人情况加入适量的牛奶与糖。

2. 根据口味区分

依据口味的不同,咖啡也可以被分为多个品种,此处介绍主要的四种。

(1)巴西咖啡。

巴西咖啡产于南美洲,输出港为山多士。巴西咖啡的产量最多,品质较好,味道较苦。巴西咖啡的口感中带有较低的酸味,配合咖啡的甘苦味,入口极为滑顺,而且又带有淡淡的青草芳香,在清香中略带苦味,甘滑顺口,余味能令人舒活畅快。

(2) 蓝山咖啡。

蓝山咖啡产于加勒比海牙买加的蓝山上,是咖啡中的极品。蓝山山脉位于牙买加岛东部,因该山在加勒比海的环绕下,每当天气晴朗的日子,太阳直射在蔚蓝的海面上,山峰上反射出海水璀璨的蓝色光芒,故而此山上的咖啡得名蓝山咖啡。蓝山咖啡拥有所有好咖啡的特点,品质优良,味道齐全,但产量少、价格昂贵。

(3) 哥伦比亚咖啡。

哥伦比亚咖啡产于哥伦比亚曼地林,味道香醇,散发着淡淡而优雅的香味,不像巴西咖啡那么浓烈、甘滑而带酸性。

(4) 摩卡咖啡。

摩卡咖啡单饮或调配均宜。其产于埃塞俄比亚,它是由意大利浓缩咖啡、巧克力酱、鲜奶油和牛奶混合而成,摩卡得名于有名的摩卡港。摩卡咖啡酸醇味强,甘味适中,风味独特。

3. 根据制作区分

根据制作方法的不同,咖啡大体上可以被分为现煮的咖啡、速溶的咖啡和罐装的咖啡三种。

(1) 现煮的咖啡。

现煮的咖啡即将一定数量的咖啡豆放入特制的咖啡具现磨现煮的咖啡。与速溶的咖啡相比,它费时费力,技术水平要求较高。在西方国家,家里来了客人,一般女主人会亲自为客人煮咖啡、上咖啡,而客人受到此种礼遇要真诚地向女主人道谢。

(2) 速溶的咖啡。

速溶的咖啡即以现代工艺将咖啡提纯、结晶、装罐,只需冲入适量的热开水便可以饮用的咖啡。速溶的咖啡虽然方便饮用,但口味较单一、口感、档次上均无法与现煮的咖啡相提并论。因此,在款待重要的客人时最好不要上速溶的咖啡。

(3) 罐装的咖啡。

罐装的咖啡即将煮好的咖啡装入罐内,可以随时饮用的咖啡。虽然罐装的咖啡饮用方便,但口味稍微逊色,一般不宜以之待客。

(三) 饮时的举止

饮用咖啡也要讲礼仪,而这些饮用咖啡的礼仪可以体现一个人高雅的素质,这主要体现在饮用的数量、配料的添加和饮用时的方法三个方面。

1. 饮用的数量

在正式的场合,饮用咖啡时应注意两点。

一是杯数宜少。在正式的场合,咖啡实际上是一种交际的陪衬,而不是作为解渴的饮料。一般饮一杯就可以了,最多也不宜超过 3 杯。

二是入口宜少。端起咖啡杯一饮而尽、大口吞咽咖啡、饮时响声大作等都是失礼的行为。一般来说,一杯咖啡总要喝上十来分钟,并且应一小口、一小口慢慢地品尝,慢慢地体会其润滑的口感、美妙的滋味。但是,需要注意的是,咖啡需要趁热喝,因为咖啡中的单宁酸很容易在冷却的过程中起变化而使口味变酸,从而影响咖啡的口味。

2. 配料的添加

饮用咖啡时饮用者可以根据个人的需要和爱好往咖啡中添加牛奶、方糖等配料。因为每个人的喜好和口味往往相去甚远,因此可以为自己添加配料,但不要为他人添加,以免令对方反感或感到不快。但是,当他人为自己添加配料时应向其道谢,不要去责怪对方。添加配料时要注意避免不卫生、不得体的做法。若需补充配料,要文明地示意服务人员。加糖时,应用专用的糖夹或糖匙,而不要用自己所用的咖啡匙去取,更不要直接用手取用。

3. 饮用时的方法

咖啡要优雅地品尝,注意咖啡的欣赏、杯碟的使用、咖啡匙的用法、糖的放法、咖啡添加与甜点取食、交谈须知六个方面的问题。

(1) 咖啡的欣赏。

在饮用咖啡之前,以正确的方式欣赏一杯好咖啡,不仅能更好地品味咖啡的美味,而且也有益于酝酿一份美好的心情。一杯好咖啡应该是清澈明亮和透明度良好的,将汤匙放入优质的咖啡时,汤匙的光芒会反射得闪闪发光;然后舀一汤匙咖啡起来滴回去,会发现在咖啡滴落的那一瞬间,咖啡液会形成宝石般的珠形滑过表面,这样的咖啡才称得上是一杯润泽、有透明度的咖啡。

(2) 杯碟的使用。

餐后饮用的咖啡一般是用袖珍型的杯子盛出。这种小型杯子的杯耳较小,手指无法穿进去。即使是用较大的杯子,也无须用手指穿过杯耳再端住杯子,持握咖啡杯的得体方法是伸出右手,用拇指与食指握住杯耳后,轻缓地端起杯子,左手轻轻托着咖啡碟,慢慢地移向嘴边轻啜。不要满把握杯、大口吞咽,也不要俯首去就咖啡杯。饮用咖啡时,口中不要发出声响。添加咖啡时,不要把杯子从咖啡碟中拿起来。饮用时不可以双手握杯,也不能用手托着杯底、俯身临近杯子去饮用咖啡,或用手端着咖啡碟而去吸食放置其上的杯中的咖啡。

在正式的场合,咖啡是盛入杯中,然后放在咖啡碟上一起端上桌的。咖啡碟的作用主要是用来放置咖啡匙,并接收溢出杯子的咖啡。若碟中有溢出的咖啡,切勿泼在地上或倒入口中,可以用纸巾将其吸干。

不要两手端着咖啡碟或者杯子。饮用咖啡时,若坐在桌子的附近饮用咖啡,通常只需端杯子,不必端咖啡碟。但是,离开沙发或桌子以及站立谈话、走路时,需要手端咖啡碟。应用左手将杯、碟一起端起到齐胸高度,随后再以右手持杯而饮。这样端咖啡,姿势优雅而且可以防止咖啡溢出杯子从而弄脏衣服。

(3)咖啡匙的用法。

咖啡匙是专门用来搅咖啡的,饮用时则应把其取出来。加入牛奶或奶油后,用咖啡匙轻轻搅动,使其与咖啡相互融合;加入方糖后,用咖啡匙略加搅拌,促使其迅速溶化;若嫌咖啡太烫,可以用咖啡匙轻轻搅拌促使其变凉。需要注意的是,搅拌时手腕不动,而是用手指轻轻地搅动咖啡匙。不要用嘴把咖啡吹凉,那样极不雅观。不能用咖啡匙舀咖啡饮用,不能用咖啡匙来捣碎杯中的方糖,也不能让咖啡匙立于咖啡杯中。不使用时,要将咖啡匙平放在咖啡碟里(如图8-18所示)。

图8-18 咖啡匙的用法

(4)糖的放法。

给咖啡加糖时,砂糖可以用咖啡匙舀取,直接加入杯内;方糖可以先用糖夹子把其夹在咖啡碟的近身一侧,再用咖啡匙将方糖轻轻地放到杯子里。如果直接用糖夹子将方糖放入杯内,可能会使咖啡溅出从而弄脏衣服或台布。

(5)咖啡添加与甜点取食。

需要添加咖啡时,不要把咖啡杯从咖啡碟中拿出来,直接往杯内添加咖啡就可以了。喝咖啡时可以吃一些点心,但不要一手端着咖啡杯,一手拿着点心。切勿双手左右开弓,吃一口喝一口地交替进行。此种做法会显得吃相不雅。饮用咖啡时应放下点心,吃点心时则要放下咖啡杯。此外,切勿只吃不喝,弄得本末倒置。

(6)交谈须知。

一般人们喜欢到咖啡厅里饮用咖啡。咖啡厅的环境一般都很优雅,在里面享用饮品时,举止要文明,不要盯着他人。饮用咖啡时应适时地与交往对象交谈,要降低音量,不能大声喧哗、乱开玩笑,更不要与人打闹。饮过咖啡后,在讲话以前,最好先用纸巾擦一擦嘴,以免有损个人形象。当他人正在饮用咖啡时,不要与其交谈。

本章习题

一、实训题

[实训一] 中餐礼仪训练

实训内容:10个同学一组,由部分学生扮演主人,另一部分学生扮演客人进行中餐座次、就餐的模拟练习。

实训学时:1学时。

实训地点:实训室。

实训要求:按照课堂讲解和演示要求,掌握不同身份的人就餐时需要注意的礼仪。

[实训二] 西餐礼仪训练

实训内容:10个同学一组,由部分学生扮演主人,另一部分学生扮演客人进行西餐座次、就餐的模拟练习。

实训学时:1学时。

实训地点:实训室。

实训要求:按照课堂讲解和演示要求,掌握不同身份的人就餐时需要注意的礼仪。

[实训三] 西餐餐具摆台训练

实训内容:每2个同学一组,要求学生将全套西餐餐具按规范逐一摆台。

实训学时:1学时。

实训地点:实训室。

实训要求:学生之间按照课堂演示互相进行纠正。

[实训四] 西餐刀叉的用法

实训内容:每2~3个同学一组,上台表演西餐刀叉的用法,掌握西餐刀叉使用的礼仪规范。表演分使用刀叉吃食物、吃完一道菜后摆放刀叉、一道菜尚未吃完中途放下刀叉三种情况演示。最后师生共同点评。

实训学时:1学时。

实训地点:实训室。

实训要求:学生之间按照课堂演示互相进行纠正。

二、案例题

[案例一]

美国华方公司和中方雅丽公司经过谈判,终于达成合作协议。中方雅丽公司在签字仪式后宴请美国华方公司代表全体成员(5个人),除了中方雅丽公司的董事长、总经理、3名副总经理和4名工作人员之外,应邀参加席宴会的还有媒体代表(6个人)、合作伙伴代表(6个人)。

要求:

请你为该宴会做出详细的安排。

提示:

宴请形式;宴请时间、地点及其布置;中英文请柬;座次和桌次的安排;欢迎词;中方人员的具体分工及着装要求等。

[案例二]

一天傍晚,巴黎的一家餐馆来了一个考察团,老板安排了一位侍者为他们服务,交谈中得知他们是某市某县的一个考察团,今天刚到巴黎。随后侍者向他们介绍了一些法国菜,他们不问贵贱,主菜配菜一下子点了几十道,侍者担心他们吃不完,何况菜价不菲,但他们并不在乎。

点完菜,他们开始四处拍照,竞相和服务小姐合影,甚至跑到门外一辆凯迪拉克汽车前面频频留影,还不停地大声说笑,用餐时杯盘刀叉的碰撞声乃至嘴巴咀嚼食物的声音始终不绝于耳,一会便搞得杯盘狼藉,桌子、地毯上到处是油渍和污秽。坐在附近的一位先生忍无可忍,向店方提出抗议,要他们马上停止喧闹,否则就要求换座位。[1]

---

[1] 国英.公共关系与现代商务礼仪案例[M].北京:机械工业出版社,2004,有改动.

请问:

该考察团成员的行为有何失礼之处?

提示:

用餐者应根据实际需要适量点菜,用餐时应注意用餐礼仪。

三、思考题

1. 中餐和西餐有什么异同点?
2. 中餐是如何安排桌次和座次的?
3. 西餐中的酒分为哪几种?
4. 饮用咖啡有什么注意事项?

第九章 世界部分国家的礼仪习俗及禁忌

> 地球上分布着五大洲四大洋,有 200 多个国家和地区,70 多亿人口。各国人民的生活方式多种多样,语言文字各不相同,由此所形成的礼仪习俗也千差万别,礼仪受宗教信仰、文化背景、民族习惯、地域、国别、社会风俗、经济状况和政治制度等多方面的影响,在国际交往中,我们不仅要遵从国际通用的商务礼仪,而且要遵守有关国家的宗教信仰和礼仪风俗,做到入乡随俗、因人施礼。

一、亚洲国家

亚洲位于北半球、太平洋西岸,地处热带、亚热带、温带,气候温和湿润,是世界上人口最多的大洲,同时也是世界三大宗教(即基督教、伊斯兰教、佛教)的发源地。因受多种因素的影响,特别是宗教信仰的影响,亚洲的民族构成最为复杂,各地区、各国的礼仪习俗差别比较大,商务人员在进行商务活动时要特别注意。

(一)日本

日本的全名为日本国(Japan),位于亚洲的东部,国花为樱花,日语为通用语言,首都东京是世界上人口最多的城市之一,其领土由本州、四国、九州、北海道四大岛及众多的小岛组成。日本是一个高度发达的资本主义国家,素有"樱花王国""第三经济大国""造船王国"等美称。日本的资源匮乏并极端依赖进口,高度发达的制造业是其国民经济的主要支柱。日本的科学研发能力十分强大,拥有大量的跨国公司和科研机构。至今,日本仍较好地保存着以茶道、花道、书道等为代表的日本传统文化。

1. 礼仪规范

日本人普遍很讲究礼节,尤其在外出参加各种活动时,男士一般是西装革履,女士必须穿和服。在商务活动或上班时男士大都穿西装、打领带;女士穿西服套裙或连衣裙,化淡妆。

日本人平时见面要互相问候,行鞠躬礼,15°是一般礼节,30°为普通礼节,45°是最尊敬的礼节。如果是熟人或老朋友,可以主动握手或拥抱。初次见面要行90°鞠躬礼,男士双手垂下贴腿鞠躬,女士将左手压在右手放在小腹前鞠躬,并说:"初次见面,请多关照"。在国际交往中,日本人也习惯握手礼。

在日本,名片的使用非常普遍,特别是商务人员,初次见面有互换名片的习惯。一般年轻的或职位低的人先递上名片。在递交名片时,要将名片的正面正对着对方。如果没有名片,要自我介绍姓名、工作单位和职务。

日本人习惯于在会面或拜访时事前约定,并按约定的时间准时到达。他们的时间观念很强,比较忌讳迟到或突然到访。

在日本送礼之风盛行,同事荣升、结婚、生孩子、生日、过节等都会赠送礼物,在商务交往中这种情况更多。向日本客人赠送一件礼物,即使是小小的纪念品,对方都可能铭记心中,因为它不仅代表送礼人的诚意,而且也表明彼此之间的交往已超出工作的界限,双方的友情更加深厚。在日本,礼品包装纸也很有讲究,黑白色代表丧事,绿色为不祥,也不宜用红色包装纸,最好用花色纸包装礼品。日本人不喜欢在礼品包装上系蝴蝶结。另外,不要给日本人赠送印有动物形象的礼品。

2. 商务习惯

日本人经商带有典型的东方风格,一般比较慎重、耐心且有韧性,自信心、事业心和进取心都比较突出。日本人在商务谈判中往往不明确表态,常使对方产生模棱两可、含糊不清的印象。他们在签订合同前一般都很谨慎,且考虑时间也很长,但一般重视合同的履行,同时也要求对方严格履行合同。如果他们觉得对方的信誉有问题,就可能很难与其长期合作。同日本人打交道、做生意,必须多花时间去了解他们的理念和想法,若能建立互信关系,就会有很好的发展前景。

到日本进行商务活动,以春季和秋季为宜。日本虽四季分明,但属海洋性气候,长年不干不燥。

日本不流行家宴,商业宴会也难得让女士参加。商务人员没有携家眷出席宴会的习惯。商界的宴会一般在比较高级的酒馆里举行。日本人没有敬烟的习惯,在宴会上也不宜劝酒。

3. 礼仪禁忌

日本人不喜欢紫色,最忌讳绿色。在日本,送花时忌送荷花;在探望病人时忌用山茶花及淡黄色、白色的花,也不能把玫瑰和盆栽植物送病人。日本人一般不接受菊花和有菊花图案的东西或礼品。

在语言与数字方面,日本人忌讳"苦"和"死",甚至连谐音的一些词也忌讳,如与"死"相近音的"4"、与"苦"相近音的"9"等数字。此外还有"3""13""14""19""24""42"等数字也被日本人所忌讳。另外,日本人忌讳三人一起合影,他们认为中间被左右夹着,是不幸的预兆。

在日本,送礼之前一般将礼品放在手提袋中,礼品不当面打开;忌寄红色信件,包括圣诞贺卡,因为在日本讣告是用红色纸印制的。

(二)泰国

泰国的全名为泰王国(The Kingdom of Thailand),国花为睡莲,首都是曼谷,泰语是通用语言。泰国是东南亚的一个大国,位于中南半岛中部,其西部与北部和缅甸、安达曼海接壤,东北边是老挝,东南是柬埔寨,南边狭长的半岛与马来西亚相连。泰国是亚洲唯一的粮食净出口国,世界五大农产品出口国之一。泰国是东南亚国家联盟的成员国和创始国之一,同时也是亚洲太平洋经济合作组织、亚欧会议和世界贸易组织的成员之一。

1. 礼仪规范

泰国人在正式场合中,女士一般穿深色的套装或套裙,男士宜穿西装。在一般的交际应酬中所用最多的见面礼节是合十礼。行礼时,须站好立正,低眉欠身,双手十指相互合拢,同时问候"您好"。一般来说,年幼的先向年长的打招呼,而年长的随后回礼。合十礼有四种姿势:平民拜见泰王时,需双手举过头顶;晚辈向长辈行礼时,双手举到前额之下;一般平辈相见时,双手举到鼻下即可;双手举于胸前,一般多用于长辈向晚辈还礼。但现在泰国的政府官员、知识分子、华商等见面时常握手问好。

在社交场合,泰国人习惯以"小姐""先生"等国际上流行的称呼彼此相称。只是有一点较为特殊,即他们在称呼交往对象的姓名时,不习惯称呼其姓,而是习惯称呼其名。

泰国人不喝热茶,他们要在茶里加上冰块,令其成为冰茶。在一般情况下,泰国人习惯于直接饮用冷水。在喝果汁的时候,泰国人还会在其中加入少许的盐。

泰国人喜食辛辣、鲜嫩之物,在用餐时,他们还会在菜肴之中加入辣酱、鱼露或味精。具有民族特色的咖喱饭是泰国人最爱吃的食物。中国人爱吃的海参,泰国人是不吃的。在用餐之后,泰国人往往喜欢吃上一些水果,但他们一般不太爱吃香蕉。

2. 商务习惯

同泰国人交往,不要夸耀自己国家的经济如何发达,否则他们会认为对方太傲慢,从而给以后的交往带来麻烦。因此,在泰国商人的面前显得越谦虚越好,这样他们才能更好地与对方配合。泰国商人喜欢诚实而富有人情味的合作伙伴。

在泰国,拜访大公司或政府部门必须提前预约时间,最好持有英文、泰文和中文对照的名片。另外,在商务活动中,受邀请方在接受邀请后,一般不能再随意改变主意,否则显得极不礼貌。

泰国当地进出口贸易以华商为主,泰国商人也日渐增多,但西方的贸易方式已被泰国商人普遍接受,因此贸易谈判可以直接按西方方式进行。如果进行商务活动,最好安排在当年的11月至次年的3月,四五月份当地商人多半外出度假。

泰国人喜欢互赠礼物。他们喜欢对方送些小礼品给孩子,如玩具、书画等。当送泰国人礼物时,对方一般不会当面打开。如果泰国人送对方礼物,只需向其表示感谢即可,不要当面打开,除非他们要求对方打开看看。

3. 礼仪禁忌

泰国人非常喜爱红色和黄色,对蓝色也有好感。他们认为蓝色象征着"永恒"与"安定"。泰国人比较忌讳褐色。泰国人一般不喜欢茉莉花,因为在泰语里,它的发音与"伤心"一词相类似。

泰国人在举止动作上的禁忌很多。泰国人的头部,尤其是孩子的头部,一般绝对不准触摸。拿着东西从泰国人的头上通过被视作一种侮辱。在睡觉时,他们忌讳"头朝西,脚向东",因为在泰国只有停尸才那么做。在泰国不准用脚指示方向,不准用脚尖朝着别人,不准用脚踏门或是踩踏门槛。

与泰国人接触时,千万不要用手拍对方或用左手接触对方。讲话时以手指对对方指指点点也是不允许的。

(三)新加坡

新加坡的全名为新加坡共和国(The Republic of Singapore),国花为万代兰,马来语为国语,英语、华语、马来语、泰米尔语为官方语言,英语为行政语言。新加坡是一个岛国,既是世界上最袖珍的国家之一,又是本区域最小的国家,因此有时候被人称为世界地图上的"小红点"。新加坡位于马来半岛南面,北隔柔佛海峡与马来西亚为邻,南隔新加坡海峡与印度尼西亚相望,毗邻马六甲海峡南口,国土除了新加坡岛之外,还包括周围数岛。新加坡是亚洲的发达国家,被誉为"亚洲四小龙"之一,其经济模式被称作为"国家资本主义"。人口多元化和国际化是新加坡的一大特色,这也是其得天独厚的地理位置与商业成就所赋予的特质。

目前,新加坡华人占总人口的74.2%,马来人为13.3%,印度人为9.2%,欧亚人与亚洲其他国家的人则占3.3%。华人、马来人、印度人及欧亚人这四大族群和睦共处,每个族群又都保留了各自的文化、信仰、饮食及语言特色。

1. 礼仪规范

新加坡人的着装非常讲究,在正式的场合,男子一般要穿白色长袖衬衫和深色西裤,并且系上领带,女子则须穿套装或深色长裙。在对外交往中,新加坡人则大多按照国际习惯要穿深色的西装或套裙。在国家庆典和其他一些隆重的场合,新加坡人喜欢穿自己的国服,即一种以胡姬花为图案的服装。

由于新加坡曾长期是英国的殖民地,所以其社会文化受西方的影响很大,在社交礼仪方面已经西化,新加坡人最常用的见面礼为握手礼。在商务场合普遍使用名片,双方首次会面时要交换名片。商务性名片最好中英文对照。但是,新加坡政府规定,当地政府官员不使用名片。

在新加坡商人之间没有送礼物的习惯,但人们很珍视公司纪念品。如果到新加坡人家里去做客,可以带一束鲜花或一盒巧克力作为礼物。由于受中国文化的影响,吉祥字画在新加坡人的周围随处可见。最受新加坡人喜爱的吉祥字有"喜""福""吉""鱼"等。最受新加坡人欢迎的吉祥画有表示"平安"的苹果、表示"和平"的荷花、表示"力量"的竹子等。

2. 商务习惯

新加坡商人中以华商居多,他们很乐意回中国经商,并且"乡土观念"极强。商务人员如果能用"家乡话"与新加坡商人进行交谈,肯定会大受欢迎,有助于合作的成功。另外,新加坡商人大都很讲"面子",与其进行交谈时,不妨多说几句"多多指教""多多关照"的谦言。但是,现代新加坡商人大都在新加坡出生、长大,与传统的华商有显著的不同,他们吸收了许多现代西方的经营思想,比较强调事实、技术细节和周密的合同,因此在交易磋商阶段一般都很慎重,不喜欢草率签订合同,但一旦签约后,总是恪守信誉、认真履约。因此,新加坡商人一向有勤奋、诚实、谦虚、可靠的美德。到新加坡从事商务活动的最佳月份是3—11月,要避开圣诞节及华人传统的节日。

新加坡人以勤俭节约著称,反对挥霍浪费,在新加坡进行商务宴请时不要过于讲究排场,尤其是在商务活动中,答谢宴会不宜超过主人宴请的水平。宴会一般安排在中午或晚上,中餐是最佳选择。新加坡的华人喜欢清淡的口味,偏爱甜味,讲究营养,平日爱吃米饭和各种生猛海鲜,不太喜欢吃面食。粤菜、闽菜和上海菜都很受他们的欢迎。

新加坡人,特别是新加坡华人,大都喜欢饮茶。当客人到来时,新加坡人通常都会以茶相待。鹿茸酒和人参酒等也都是他们常饮的杯中之物。

3. 礼仪禁忌

由于新加坡人中以华人居多,他们一般很喜欢红色、绿色、蓝色,视紫色、黑色为不吉利的颜色,黑色、白色、黄色则为禁忌色。

在数字方面,新加坡人不太喜欢"4"与"7"这两个数字,因为,在中文中"4"的发音与"死"相仿,而"7"则被视为一个消极的数字。在新加坡华人看来,"3"表示"升","6"表示"顺","8"表示"发","9"则表示"久",这些都是吉祥的数字。

新加坡是一个非常讲究礼仪的国家,在新加坡人看来,不讲礼貌不仅被别人瞧不起,并且还会寸步难行。与新加坡人交谈时,不能口吐脏字,同时还要多使用谦语、敬语,不准嚼口香糖;过马路时不能闯红灯;在公共场合不准吸烟、吐痰和随地乱扔废弃物品。否则,就要受到严厉的处罚,需要交纳高额的罚金,甚至可能会吃官司。另外,在新加坡进行贸易谈判时,不要跷二郎腿,否则会影响合作,因为这种行为被认为是不可忍受的。

新加坡人对"恭喜发财"这句祝颂词极其反感,因此与新加坡人交往时要加以注意。

此外,新加坡人对于蓬头垢面、衣冠不整、胡子拉碴的人非常反感。

(四)菲律宾

菲律宾的全名为菲律宾共和国(The Republic of The Philippines),国花为茉莉花,首都是马尼拉,菲律宾语为国语,英语为通用语言。菲律宾位于亚洲东部,由西太平洋的菲律宾群岛所组成,主要分吕宋、米沙鄢和棉兰老三大部分。菲律宾为发展中国家,既是东南亚国家联盟的主要成员国,又是亚洲太平洋经济合作组织的24个成员国之一。菲律宾融合了许多东西方的风俗习惯特点,富于异国风情。

1. 礼仪规范

在菲律宾,拜访商界或政府机构时应着西服套装,而稍为正式一些的宴请,其请柬上就会注明"必须穿着无尾礼服等正装"。这时,假如没有无尾礼服,便可以穿上当地的正装——一种香蕉纤维织成的"巴隆塔卡乐库"衬衣,任何宴请都适用这种衬衣。

菲律宾人多数信奉天主教,因多年受西班牙的殖民统治,在文化上和习俗上带有明显的西班牙色彩。菲律宾人很讲礼貌,同辈人日常见面时,无论男女都握手,男人之间有时也拍肩膀。遇见长辈时,要吻长辈的手背或者拿起长者的右手碰自己的前额,以示尊敬。在商务活动中一般采用握手礼。

2. 商务习惯

菲律宾人一般较随和,无论何时何地他们都显得愉快、乐观,与他们交往时不能"面无表情"或是"三缄其口",否则他们会认为对方不怀好意或是不愿意跟他们打交道。在商务洽谈中,对于对方所提出的无理要求要明确地予以回答,不能含糊不清。

菲律宾人善于交际,工作后的应酬也很多。在饮食习惯上,大多数菲律宾人(约占人口的 70%)以大米为主食,口味偏清淡、味鲜,早餐爱吃西餐,午餐和晚餐爱吃中餐,但上层人士一般爱吃西餐。菲律宾人一般喜欢用香辣调味品,但不宜太辣。他们在饮食上还有一个特点,即男士特别喜欢喝啤酒。

3. 礼仪禁忌

菲律宾人很忌讳"13"这个数字,忌讳用左手传递东西或食物。他们认为用左手是对他人的极大不敬。菲律宾人一般都不愿谈论政治、宗教及本国状况。

菲律宾人既不爱吃生姜,又不喜欢吃兽类内脏和腥味大的东西。在菲律宾,茶色和红色属禁忌之色,而以白色为佳。在谈话时忌谈政治、宗教等敏感话题。在当地选举期间禁止喝酒,商店里也禁止售酒。

二、欧美国家

欧美是指欧洲和北美洲,习惯称其为西方国家,以白种人(即欧罗巴人)为主。居民中大部分信奉基督教,其余信奉伊斯兰教、犹太教等。由于文化背景和宗教信仰相近,在礼俗上虽受各种因素的影响有所差别,但共性较多。

 宗教知识小贴士

基督教是世界三大宗教之一,起源于中东地区,主要流行于西方国家。基督教分为天主教、东正教、新教等,教徒约占世界人口的 1/5。

天主教又称罗马公教,主要流行于意大利、法国、西班牙、葡萄牙、比利时、爱尔兰、奥地利、波兰等欧洲国家。

东正教主要流行于保加利亚、罗马尼亚、俄罗斯和希腊等国家。

基督教新教又称基督教或耶稣教,主要流行于美国、加拿大、英国、德国、瑞士、芬兰、澳大利亚、新西兰等国家。

(一)法国

法国的全名为法兰西共和国(The Republic of France),国花为鸢尾花,首都是巴黎,法语为通用语言。法国位于欧洲,是欧洲国土面积第三大、西欧面积最大的国家,东与比利时、卢森堡、德国、瑞士、意大利接壤,南与西班牙、安道尔、摩纳哥接壤。本土地势东南高西北低,大致呈六边形,三面临水,南临地中海,西濒大西洋,西北隔英吉利海峡与英国相望,科西嘉岛是法国最大的岛屿。

法国是世界主要发达国家之一,其核电、航空、航天和铁路方面居世界领先地位。另外,法国也是世界第一旅游接待国和世界著名的花都。法国人非常重视服饰和仪容仪表,首都巴黎是时装知名的服装之都,一直引领着世界时装的潮流。法国同时又是世界香水之都、化妆品之都。

1. 礼仪规范

法国人的衣着一般都十分讲究,在他们看来,衣着代表一个人的修养、身份和地位,他们在正式场合都身着传统的西服套装。因此,在商务场合,受邀请方也要尽可能地穿上最好的衣服,打扮得华而不俗。

法国商界盛行握手礼,被介绍与他人相识时,通常都应握手致意,在告辞时也应与被介绍的所有人一一握手告别。应注意的是:男女见面时,男士要待女士先伸手后才能与其相握;若女士没有主动握手之意,男士就应点头鞠躬致意,不能主动执意与女士握手。

在法国,在介绍本方人员时应本着先把年少的介绍给年长的、职位低的介绍给职位高的、男士介绍给女士的原则。若要进行自我介绍,通报自己的姓名以及在公司承担的职务即可。在与法国人进行商务交往时,切忌随意以名字称呼对方,通常习惯只称"先生""小姐""夫人"等尊称,不用加上对方的姓。熟人、同事之间可以直呼其名。在初次与法国人见面时应主动向对方递上自己的名片。

与法国人初次见面时不必送礼,但到法国人家中做客应给女主人送上一束鲜花或价值不高的小礼品。上好的酒、巧克力、精致的蛋糕以及唱片、艺术画册、畅销的书(如名人传记和回忆录)等均是受法国人欢迎的礼物。如果收到法国人的礼物,应马上打开来看,以示非常高兴。

2. 商务习惯

法国人生性爽朗、热情、幽默,善于交际。在正式谈判前,法国人喜欢闲谈一会,话题多涉及衣食文化、社会新闻和体育娱乐新闻等,宜与其亲切交谈,以活跃谈判气氛、增进友谊。

法国商人富有顽强精神,比较偏爱横向式谈判,总是先为协议勾画出一个轮廓,然后再达成原则协议,最后确定协议上的各个方面。他们在谈妥主要条件后,就会在合同上签字。但即使签了字,又常常修改。因此,在与法国商人谈判时切忌急于求成,达成的协议必须用书面形式双方互认,严格审核合同后再签字。

法国烹饪誉满全球,法国人非常讲究吃,就餐是法国人的一大快事。法国人一般喜欢晚宴,不喜欢午餐,并且在宴会上忌讳谈生意。法国人素来爱饮酒,他们爱喝葡萄酒、苹果酒、白兰地、威士忌、杜松子酒等。法国人很喜欢中餐,尤其对鲁菜、粤菜赞赏不已。宴请法国人时须注意,他们讲究菜肴的鲜嫩和质量,偏爱酸、甜口味。入席时,男士应走在女士的前面为其打开门,帮女士将椅子挪好。坐好后,征得女士的同意后方可开始点菜。餐毕,男士应请女士先行。

3. 礼仪禁忌

法国人比较喜欢蓝色、粉红色,把它们看成是宁静、祥和与积极向上的颜色;忌讳墨绿色,因为这种颜色容易使人联想到第二次世界大战时的德国纳粹。另外,平时法国人对黑色的使用也比较谨慎,黑色是在葬礼上使用的颜色。

在法国,菊花和康乃馨被看成是不祥之花,法国人还忌用核桃花和杜鹃花作为商标图案。法国人忌讳"13"这个数字,在法国,商品不标"13"的价格,没有"13"层楼,门牌没有"13"号,就餐时不能"13"人同桌。他们还认为"星期五"是不吉利的日子。如果"星期五"与"13"日碰在一起,这一天被称为"黑色星期五",一般商人在这一天都不活动。

法国人对类似纳粹的任何图案都极为反感,也不喜欢商品上和包装上出现宗教性的标志图案和锤子、镰刀图案,同时对我国的山水、仕女图案以及大红花朵的图案也不欣赏。

在法国人看来,初次见面不要送礼,否则会被认为是不善交际;不能送菊花、杜鹃花、红蔷薇、红玫瑰等花,花的枝数和朵数不能是"13"或双数。送花时不能用纸包装。

在法国要避免送过于个人化的礼品,如衣服、鞋子、香水、化妆品等。

(二)意大利

意大利的全名为意大利共和国(The Republic of Italy),国花为雏菊(又名五月菊),首都是罗马。意大利语为通用语言,部分边境地区讲法语和德语。意大利是一个欧洲国家,地处欧洲南部地中海北岸,主要由南欧的亚平宁半岛及两个位于地中海中的岛屿西西里岛与萨丁岛所组成。意大利是欧洲民族及文化的摇篮,13世纪末的意大利更是成为欧洲文艺复兴的发源地。意大利共拥有48个联合国教科文组织世界遗产,是全球拥有世界遗产最多的国家。意大利在艺术和时尚领域也处于世界领导地位,米兰是意大利的经济及工业重心,也是世界时尚之都。

1. 礼仪规范

意大利的服装享誉世界,米兰时装被誉为世界三大服装流派之一。意大利人对着装非常讲究,既时髦又极富个性。但是,在正式场合,意大利人一般都身着西服套装,尤其在参加重大活动时喜欢穿三件套西装。与他人初次见面时,意大利

第九章 世界部分国家的礼仪习俗及禁忌

人大都施以握手礼,并且会向对方问好。亲朋好友久别重逢时会热情拥抱,甚至相互亲吻。

在正式场合中,意大利人以"××先生""××小姐""××夫人"相称。但在书写函件、请柬时,宜称其全姓。对于关系密切者,方可直呼其名。为了向交往对象表示恭敬之意,意大利人往往会对对方以"您"相称。另外,由于意大利人的名字难发音、难记忆,因此名片被广泛使用。初次见面时,双方要互换名片。

意大利人的时间观念有些特殊,与别人进行约会时,往往都会晚到几分钟。据说,意大利人认为这既是一种礼节,又是一种风度。

2. 商务习惯

在商务活动中,意大利人有着送礼的习惯。精美典雅的物品,如鲜花、名著、书画、工艺品、葡萄酒与巧克力等都是深受欢迎的。但是,在意大利忌送红玫瑰、手帕、丝织品与亚麻织品。送花时不能带菊花,菊花是葬礼上用的,而且还要注意要送单数。

初次面谈时,意大利人往往表现得很客气,回答都比较模棱两可,但见过几次面以后,彼此间打消了隔阂,生意的洽谈也就顺利多了。在意大利做生意,一旦取得意大利商人的信任,生意就会持续不断。意大利人大多善于交际,并很重视友谊。如果能和意大利商人建立深厚的友情,就具备了扩大商业交往的稳固基础。同意大利商人进行商业往来,通常经过面谈才会使生意成交,他们较少用电话来订货或接受订货。

意大利人说话时靠得比较近些,双方间隔一般在 30～40 厘米,有时几乎靠在一起。交谈时他们不喜欢对方盯着自己,认为这种目光是不礼貌的。

在一般情况下,意大利人以午餐为主餐。意大利人认为,拒绝他们的邀请是很不礼貌的。在席间,他们主张莫谈公事,以便专心致志地用心品尝美味佳肴。

意大利人的主食是面包和蛋糕,另外,他们还爱吃炒米饭。意大利人大都喜欢肉食与蔬菜、水果。在这一方面,他们的禁忌较少。

意大利人大都喜爱喝酒。在所有的酒类之中,他们最爱喝葡萄酒。在饮酒时,他们注重与菜肴的搭配。除了饮酒之外,意大利人还爱喝咖啡和酸奶。

3. 礼仪禁忌

意大利人最喜爱的颜色是绿色和灰色,其次是蓝色和黄色。而对于紫色,他们则较为忌讳。

在意大利,动物(尤其是狗和猫)与鸟类的图案是最受意大利人欢迎的,而仕女图案、十字花图案则为其所忌。

在数字方面,意大利人最忌讳的数字与日期分别是"13"与"星期五",就餐时

233

不能有"13"人同桌。除此之外,他们对于"3"这个数字也不太有好感,特别是不能用一根火柴或一个打火机同时给3个人点烟。

(三) 德国

德国的全名为德意志联邦共和国(The Federal Republic of Germany),国花为矢车菊,首都是柏林,德语为通用语言。德国北邻丹麦,西部与荷兰、比利时、卢森堡和法国接壤,南邻瑞士和奥地利,东部与捷克和波兰接壤。德国由16个联邦州组成,是欧洲联盟中人口最多的国家,以德意志人为主体民族。德国是一个高度发达的资本主义国家,其在基础科学与应用研究方面十分发达,以理学、工程技术而闻名的科研机构和发达的职业教育支撑了德国的科学技术和经济发展。以汽车和精密机床为代表的高端制造业,也是德国的重要象征。

1. 礼仪规范

德国人比较讲究穿戴,着装严谨整齐,甚至在官方、半官方的邀请信中,往往注明衣着的要求。一般男士穿深色的三件套西装,打领带,并穿深色鞋袜;女士多穿长过膝盖的套装或连衣裙。在德国,不允许女士在商务活动中穿低胸、紧身、透明的性感上装和超短裙,也不允许佩戴过多的首饰(不超过3件)。

在德国,会面或拜访均需事先预约,德国人的时间观念极强,约会非常准时。因此,在德国进行商务交往切忌迟到,如果中途有变或由于某种原因不能准时到达时,一定要提前打电话告知对方。

与德国人见面时多实行握手礼,伸手动作要大方。如果对方身份高,须得他先伸手,再与其握手。需要注意的是,在德国不能与4个人交叉握手,这样会被认为非常不礼貌的。德国人习惯用"××先生""××女士""××夫人"来称呼对方,不可以随意以名字称呼德国人。

2. 商务习惯

与德国商人初次见面,一般不送礼。如果送礼,礼品不能太贵重,否则会有受贿之嫌,而且有单位标示的物品也不宜作为礼品,可以选择具有民族特色、有文化品位的物品作为礼品。礼品不要用白色、黑色和棕色的包装纸包装,外面也不要扎彩带,更不要把自己的名片放在礼品中,最好另外写一张名片送上。如果受德国人之邀上门做客,不要空手而去,最好给主人送一束鲜花。

德国商人非常讲究效率,在商务谈判前要做好充分的准备(包括议程安排),他们非常讨厌"临阵磨枪"、漫无目的的闲谈,愿意单刀直入。在谈判中德国商人一般比较固执,难以妥协,交易中很少让步。但是,他们重合同、守信誉,严格执行合同;同时一旦合同签订,一般不接受任何对合同的更改。因此,与德国商人做生意签约前要非常谨慎,签约后要严格执行合同。

德国人喜爱酸、甜口味,忌食核桃,不爱吃鱼虾及海味,也不喜欢吃油腻、过辣的菜肴,他们比较推崇中国的京菜、鲁菜和淮扬菜。德国人喜欢喝酒,尤其是喜爱喝啤酒,但忌讳在席间劝酒。

3. 礼仪禁忌

在德国,德国人忌用棕色、红色、深蓝色和黑色做包装色,通常不喜欢红色和黑色。因为在德国,红色被认为是色情的颜色,黑色是悲哀的颜色。同其他的基督教国家一样,在德国人们忌讳"13"和"星期五"。在社交场合,德国人忌讳用一根火柴连续给3个人点烟,否则第三个人会很生气的。交谈时,德国人忌讳4个人交叉式谈话,也不喜欢在公共场合窃窃私语,他们认为这是非常不礼貌的行为。另外,谈话时不要用眼睛盯视对方。在德国切忌送菊花、玫瑰和蔷薇,花的枝数不能是"13"或双数,且鲜花不要用纸包扎。

(四)英国

英国的全名为大不列颠及北爱尔兰联合王国(The United Kingdom of Great Britain and Northern Ireland),国花为玫瑰,首都是伦敦,英语为官方语言。英国本土位于欧洲大陆西北面的不列颠群岛,被北海、英吉利海峡、凯尔特海、爱尔兰海和大西洋包围,是由大不列颠岛上的英格兰、威尔士和苏格兰,爱尔兰岛东北部的北爱尔兰以及一系列附属岛屿共同组成的一个西欧岛国。英国是世界上第一个工业化国家,首先完成工业革命。另外,英国是一个高度发达的资本主义国家,同时也是联合国安全理事会五大常任理事国之一、欧洲四大经济体之一,其国民拥有较高的生活水平和良好的社会保障制度。

1. 礼仪规范

英国人最讲究"绅士风度"和"淑女风范"。男子在参加社交应酬时,身穿燕尾服,头戴高筒礼帽,手持"文明棍"或是雨伞的绅士形象给世人留下了很深的印象。随着时代的发展,虽然现在的英国人在穿戴方面有了很大的变化,但他们在正式场合的穿着仍然十分庄重而保守:一般是男子要穿三件套的深色西装,但忌戴条纹领带;女士则要穿深色的套裙。而且英国男子讲究天天刮脸。因此,商务人员在和英国人打交道时要注意自己的仪表着装要干净整洁、服饰得体,男士不能胡子拉碴,女士不能穿过于超短、暴露的衣着,宜化淡妆。

英国人最常使用的见面礼节是握手礼,但切忌交叉握手,因为这样会构成英国人十分忌讳的十字形。在英国,如果被介绍与一位女士相识,一定要等女士先伸手,才能与其握手,如果对方没有握手之意,切不可强行握手。

英国人在生活中奉行"女士优先"的风俗,无论是行走、乘电梯、乘车都应让女士先行。另外,英国人很有教养,"请""谢谢""对不起""你好""再见"一类的礼貌用语天天不离口。

英国人不喜欢别人随意称呼他们的名字,一般可以称呼其为"××先生""××博士""××夫人""××小姐"等。如果是有爵位的人,可以爵位相称。

在英国,赠送礼物的礼仪同其他的西方国家基本相同,只是他们更喜欢瓷器或银器这类物品。如果晚上请英国人看歌剧、芭蕾舞等作为礼尚往来的形式,他们会非常高兴。

2. 商务习惯

英国商人有很强的时间观念,喜欢按预先的计划行事。无论是谈判还是上门拜访都要预先约定,英国商人都会准时赴约。他们不喜欢别人突然到访,更反感约会迟到或随意占用晚上的私人时间。

英国人的性格比较保守、谨慎,在待人接物上讲究含蓄和距离。在商务谈判中他们习惯于非此即彼的态度,往往不允许讨价还价,因此,和他们做生意不能操之过急,要避免硬碰硬地讨价还价。

在英国,商务宴请一般安排在晚上,时间可以稍微长一些。英国人在饮食上一般是不吃狗肉,不吃过咸、过辣或带有黏汁的菜肴,喜欢甜、酸、微辣味的食物,推崇中国的京菜、川菜和粤菜。在席间,英国人喜欢喝酒(如啤酒和威士忌等)。另外,英国人还嗜茶如命,尤其爱喝加糖的浓红茶。在饮茶时,英国人首先要在茶杯里倒入一些牛奶,然后再冲茶、加糖。

3. 礼仪禁忌

英国人比较喜欢蓝色和白色,反感墨绿色。在英国,红色也不大受欢迎,因为英国人认为红色代表有凶兆;而黑色多被用在葬礼中,因此使用时要特别慎重。

同其他的基督教国家一样,在英国人们也忌讳"3""13"以及"星期五",他们视"13"和"星期五"为厄运和凶兆的数字和日期,如果"13"号恰好是星期五,则被认为是"黑色星期五",这天人们一般都不举行活动。同时他们也不喜欢"3"这个数字,注意在给英国人点烟时不能连续给 3 个人点烟。

英国人讨厌的动物有山羊、大象(蠢笨的象征)、黑猫(不祥之兆)、孔雀(淫鸟),但非常喜欢狗。

玫瑰是英国的国花,英国人非常喜欢也很欢迎蔷薇花,但忌讳菊花,因为在英国人看来菊花是葬礼上的用花。

另外,英国人忌讳随便将任何英国人都称为英国人,一般英国人称为"不列颠人"或具体称为"英格兰人""苏格兰人"等。

(五) 俄罗斯

俄罗斯的全名为俄罗斯联邦(The Russian Federation),国花为向日葵,首都是莫斯科,俄语是国语。俄罗斯地跨欧亚两洲,位于欧洲东部和亚洲大陆的北部,其欧洲领土的大部分是东欧平原,北邻北冰洋,东濒太平洋,西接大西洋,西北临波罗的海、芬兰湾,是世界上面积最大的国家。俄罗斯是有较大影响力的强国,其军工实力雄厚,特别是航空航天技术居世界前列。俄罗斯拥有世界最大储量的矿产和能源资源,是最大的石油和天然气输出国,其拥有世界最大的森林储备和含有约世界25%的淡水的湖泊。首都莫斯科位于东欧平原,是仅次于英国伦敦的欧洲第二大城市,既是俄罗斯的政治中心、经济中心、文化中心,又是俄罗斯最大的综合性交通枢纽,还是机械工业和纺织工业中心。

1. 礼仪规范

俄罗斯人十分注重仪表,他们出门时总是衣冠整齐,因此,与俄罗斯人打交道时切忌衣冠不整。在正式的场合最好穿传统的西服套装。

与俄罗斯人进行会谈或拜访他们,一般要提前3天约定,俄罗斯人的时间观念很强,会准时赴约,所以商务人员最好提前5分钟到达约会地点,切忌迟到。

初次与俄罗斯人见面一定要行握手礼,告辞时也要握手。如果是老朋友相见,他们常常会行亲吻拥抱礼。

俄罗斯人迎接贵宾的方式是"面包加盐",以此来表示最高的敬意和最热烈的欢迎。

在俄罗斯,在正式的场合陌生人相互介绍时,最好称呼对方的正式头衔或全称;同时商务人员要准备足够的写有俄英两种文字的名片。俄罗斯人的文明程度很高,相互之间称呼时常用"您"以示尊敬。与俄罗斯人交谈时要注意礼貌周全、语言文明。

2. 商务习惯

俄罗斯商人是国际商务谈判的高手,在谈生意之前,他们会做好充分的准备,在谈判中他们精于讨价还价,还会使用各种方式达到目的。因此,在与俄罗斯商人进行商务谈判时,要精确地使用合同用语,初次报价不能太低,在标准价格之上要加上一定的溢价。另外,俄罗斯商人办事往往比较稳重,切忌急功近利、急于求成。

同俄罗斯商人交往时,要注意不要谈论俄罗斯的国内政治问题、民族问题、宗教问题和经济问题,也不要询问个人的收入和婚姻等私人问题。

俄罗斯人的口味偏于咸、甜、酸、辣、油,喜欢中国的鲁菜、川菜、粤菜和湘菜。

但是,他们一般不吃乌贼、海蜇、海参和木耳等食品。俄罗斯人普遍酒量较大,尤其爱喝烈性酒,对啤酒、柠檬汁和酸奶也很喜欢。宴请俄罗斯人时切忌用左手传递食物,也不宜用左手使用餐具,因为俄罗斯人认为"左主凶右主吉",因此在宴请场合要特别注意,否则就会造成失礼。

3. 礼仪禁忌

俄罗斯人忌讳黑色,他们认为黑色是代表死亡的颜色,普遍喜欢红色。俄罗斯同多数国家一样也忌讳"13"这个数字,俄罗斯人认为它是预示凶险和灾难的数字;他们喜欢数字"7",认为它可以带来好运和成功。

俄罗斯人讨厌兔子和黑猫,他们认为如果这两种动物从自己的眼前经过,则预示着不幸将来临;但他们喜欢马,认为马可以驱邪避灾。

一般与俄罗斯人初次见面时不用送礼。但如果到俄罗斯人家里做客或赴宴要给女主人送上一束鲜花,注意不宜送菊花、杜鹃花、石竹花和黄色的花。送花时必须是单数,但不能是"13"枝。

三、非洲国家

非洲位于东半球的西南部,地跨赤道南北,西北部的部分地区伸入西半球。非洲东濒印度洋,西临大西洋,北隔地中海和直布罗陀海峡与欧洲相望,东北隅以狭长的红海与苏伊士运河紧邻亚洲。非洲是"阿非利加洲"的简称,希腊文"阿非利加"是阳光灼热的意思。赤道横贯非洲的中部,非洲3/4的土地受到太阳的垂直照射,年平均气温在20℃以上的热带占全洲的95%,其中有一半以上地区终年炎热,故称为"阿非利加"。

(一)埃及

埃及的全名为阿拉伯埃及共和国(The Arab Republic of Egypt),国花是睡莲,首都是开罗。阿拉伯语是埃及的国语,在饭店、观光地区及一般商务活动中则通行英语,受教育阶层大部分人懂英语和法语。埃及位于非洲东部,地跨非、亚两洲。埃及既是亚、非之间的陆地交通要冲,又是大西洋与印度洋之间海上航线的捷径,战略位置十分重要。埃及是中东人口最多的国家,也是非洲人口第二大国。埃及是一个非洲的强国,是非洲第三大经济体。"埃及"一词系由古希腊语"Aigyptos"演变而来,意为"黑色或辽阔的国家",有"金字塔之国""尼罗河的礼物""棉花之国""长绒棉之国""文明古国"的美称。古埃及是世界四大文明古国之一。埃及境内拥有很多的名胜古迹,如世界知名的金字塔、帝王谷。

1. 礼仪习俗

埃及人受历史、宗教等因素的影响，形成了独特的生活习惯。在埃及，晚餐在日落以后和家人一起共享。在这段时间内，勉强请埃及商人来谈生意是失礼的。埃及人通常以"耶素"（即为不用酵母的平圆形埃及面包）为主食，进餐时与"富尔"（煮豆）、"克布奈"（白乳酪）、"摩酪赫亚"（汤类）一并食用。埃及人喜食羊肉、鸡鸭、鸡蛋以及豌豆、洋葱、南瓜、茄子、胡萝卜、土豆等。在口味上，埃及人一般要求清淡、甜、香、不油腻。串烤全羊、烤全羊是埃及人的佳肴。埃及人还爱吃中国的川菜。

埃及人在正式用餐时忌讳交谈，否则会被认为是对神的亵渎行为。他们习惯用右手就餐，认为左手不洁净，忌用左手与他人接触或给别人递送食物及其他物品。埃及人一般忌讳饮酒，但可以饮茶。他们有饭后洗手、饮茶聊天的习惯。他们爱喝一种加入薄荷、冰糖、柠檬的绿茶，认为这是解渴提神的佳品。

2. 商务习惯

按照埃及的商务礼俗，宜随时穿着保守式样的西装。若要拜访对方，必须提前预约。埃及人比较重视来访的客人，因此，即使依约前来面谈当中，若有不速之客到来时，他们也会简单地迎接。一笔生意的洽谈往往需要很长的时间。在埃及，持印有阿拉伯文对照的名片颇有帮助。

埃及的进出口业及银行业均已国有化。自埃及实行经济开放政策以来，对外贸易的主要对象逐渐转向西方发达国家，如美国、意大利、德国、法国、日本等。根据埃及最近的经济改组和规定，进出口业可以由政府与民间经营，但一些商品限由政府经营，如棉花、米、麦和油。这些进出口贸易公司的官员均会说英语。

3. 礼仪禁忌

埃及人喜欢绿色、白色，而不爱紫色与蓝色。他们还喜欢金字塔型莲花图案，禁穿有星星图案的衣服。除了衣服，有星星图案的包装纸也不受欢迎。"3""5""7""9"是埃及人喜爱的数字，他们忌讳"13"这个数字，认为它是消极的。在埃及，吃饭时要用右手抓食，不能用左手。无论是送给埃及人礼物或是接受埃及人的礼物时，都要用双手或者右手，千万别用左手。

星期六到下星期四是埃及人上班的时间。埃及的社交聚会比较晚，晚饭可能10点半以后吃。应邀去埃及人家里吃饭，可以带些鲜花或巧克力。和埃及人相处，谈话时可以多赞美埃及有名的棉花和古老的文明，避免谈论中东政局。

到埃及从事商务活动，最好于10月至次年4月前往。每年伊斯兰教假日不同，行前须先查明。有很多古迹地点是禁止拍照的。

(二)坦桑尼亚

坦桑尼亚的全名为坦桑尼亚联合共和国(The United Republic of Tanzania),国花为丁香,首都是多多玛,英语为官方通用语言,国语为斯瓦希里语。坦桑尼亚位于非洲东部、赤道以南,北与肯尼亚和乌干达交界,南与赞比亚、马拉维、莫桑比克接壤,西与卢旺达、布隆迪和刚果(金)为邻,东临印度洋。坦桑尼亚由坦噶尼喀和桑给巴尔两部分合并而成。"坦噶尼喀"得名于坦噶尼喀湖,湖名源于班图语,意为"无数溪流在此汇合""许多部落在湖岸集居"。"桑给巴尔"一词源于波斯语,"桑给"意为"黑人",而"巴尔"意为"国家",全名意为"黑人的土地"或"黑人的国家"。1964年10月29日定国名为"坦桑尼亚联合共和国"。

1. 礼仪规范

坦桑尼亚是一个多民族的国家,每个民族都有自己的风俗特点和不同嗜好。马萨伊族人的审美观就很特别,他们以女子剃光头、男子梳辫子为美;有的部族的妇女还以纹面为美。他们视自己的父母为最可亲、最可信的人,视客人为最应受到尊敬的人。因此,马萨伊族人通常都尊称男客人为"爸爸",尊称女客人为"妈妈"。甚至他们对见到的所有人都这样称呼。他们酷爱红色,认为它给人以兴奋和刺激。坦桑尼亚坦噶尼喀的克拉依族人为了表敬意常用"蛇饭"招待客人。"蛇饭"是用一条只去五脏、不去头尾、不剥皮的红色花蛇放在谷粉里蒸煮成的。客人必须把"蛇饭"一次吃完,而且一定要把蛇一起吃下去,不能吐掉。在主人看来红色蛇是一种幸福的象征。用红色蛇待客就表示主人对客人的真诚友谊。客人不吃"蛇饭"或把蛇吐掉,则表示客人对主人的友谊不相信。他们偏爱丁香花,因为它会给人们带来美好和幸福。

2. 商务习惯

坦桑尼亚人与客人相见时,惯于先指自己的肚子,然后鼓掌,再相互握手。坦桑尼亚妇女遇见外宾时,握完手后便围着女外宾转圈,嘴里还发出阵阵尖叫,她们认为这样做是对客人最亲热、最友好的表示。坦桑尼亚人相互引见时习惯握手为礼,口头问好时说一声"Jambo"(你好)也是很常见的。

在坦桑尼亚,东道主往往在来访者离境时赠送礼物。此时,客人可以还赠主人礼物(但不要送花)。

在坦桑尼亚,交谈时可以谈论坦桑尼亚国家的环境、非洲的文化等,但应避免谈论当前国家的政治问题。

坦桑尼亚人爱吃香蕉。他们把甜蕉当作水果吃,把芭蕉做菜吃,把菜蕉当主食吃。他们惯用玉米面加糖、椰子油做成民族传统的"乌伯瓦伯瓦"手抓饭。在吃这种饭时，一般都要蘸上用牛肉、咖喱、葱头、西红柿等原料做成的汤。

3. 礼仪禁忌

坦桑尼亚人忌讳用左手传递东西或食物。他们认为右手平时总接触入口的东西，是干净之手；左手经常接触肮脏之物，因此是不洁净的。坦桑尼亚人认为称呼他人就要用最尊敬的语言，直呼其名是不懂礼貌的行为。在坦桑尼亚，信奉基督教的人忌讳"13"这个数字，认为这是个不吉利并会给人带来厄运的数字。

四、美洲国家

美洲是唯一一个整体在西半球的大洲。它位于太平洋东岸、大西洋西岸，自然地理分为北美洲、中美洲和南美洲（北美洲和南美洲以巴拿马运河为界）。美洲的面积为4206.8万平方公里，共包括36个国家。美洲有着不同的气候带：北美大部分属亚寒带和温带大陆性气候，有面积辽阔的针叶林和大草原；中美和南美北部主要属热带气候，有广大的热带雨林和热带稀树干草原；南美南部则属温带气候。

美洲文明的代表有玛雅文明、印加文明和阿兹特克文明。美洲最大的湖是苏必利尔湖，它同时是世界上面积最大的淡水湖；美洲最长的山脉是安第斯山脉，同时它也是世界最长的山脉；巴西高原是美洲最大和世界最大的高原；亚马孙平原既是美洲最大的平原，又是世界最大平原。

美洲的经济发展很不平衡，其中美国和加拿大是经济发达的国家，其工业基础雄厚、科学技术先进，农业、林业、牧业和渔业也极为发达。由于美洲各个国家的文化背景、历史渊源各不相同，所以其商务礼仪也各具特点。

（一）美国

美国的全名为美利坚合众国（United States of American），国花为玫瑰花，首都是华盛顿，英语为通用语言。美国东濒大西洋，西临太平洋，北靠加拿大，南接墨西哥，国土面积超过962万平方公里，位居全球第三，次于俄罗斯和加拿大。美国是美洲第二大国家，是由华盛顿哥伦比亚特区、50个州和关岛等众多海外领土组成的联邦共和立宪制国家。其主体部分位于北美洲中部。1776年7月4日，大陆会议在费城正式通过《独立宣言》，宣告美国诞生。美国是一个高度发达的资本主义超级大国，拥有高度发达的现代市场经济，是世界第一经济强国，其政治、经济、军事、文化、创新等实力在世界处于领先地位。另外，美国的自然资源丰富，矿产资源总探明储量居世界首位。

1. 礼仪规范

美国人天生浪漫、随和,甚至有些不拘小节。他们平时不大讲究穿戴,崇尚自然、偏爱轻松、体现个性是美国人穿着打扮的特点。但是,在正式的场合,美国人还是非常讲究服饰的,他们注意整洁,会选择质地较好的西装,特别是鞋擦得很亮。而且他们的衬衣、袜子、领带每天一换。美国人很难接受穿肮脏、褶皱、有异味的衣服的人。因此,在美国一般的社交场合,商务人员的着装不必过于拘谨,但要注意整洁。在正式的商务谈判或商务活动中,最好身着质地较好的西服套装,女士切忌浓妆艳抹。

美国人的时间观念很强,约会一定要事先约定,并且准时赴约。美国人的见面礼非常简单,时常是点头微笑致意,礼貌地打招呼即可,即使是初次见面也不一定要握手。

在称呼别人时,美国人极少使用尊称,他们更喜欢对对方直呼其名,以表示双方的关系密切。

另外,美国人在谈话时不喜欢双方离得太近,习惯两人的身体保持120~150厘米,最少也不得小于50厘米。

2. 商务习惯

美国商人大都比较注重实效,喜欢直来直去。与美国商人打交道时,表现得过于委婉、含蓄或是有话不明讲,将不会有好的效果。与他们谈生意,事前要有充分的准备,谈判时可以直接进入主题,切忌闲谈,最好能有一个一揽子的协议。在成交时切忌含含糊糊,"是"与"否"必须分得很清楚,不必讲客套,否则他们会不讲情面地追问到底。

美国商人的法律意识很强,因此与其进行商务谈判时要注意仔细推敲每一个条款,否则容易引起法律纠纷。

另外,需要特别强调的是,与美国商人打交道时不要有意无意地指名批评某人或某公司。

在商务交往中,彼此关系没有成熟之前不要送礼,宴请和送礼宜在双方关系融洽和谈判成功之后。礼品最好是价格在25~30美元的中档商品,一定要有讲究的礼品包装。如果应邀去美国人的家中做客,不要空手去,可以送糖果、巧克力、白兰地或鲜花,所送的鲜花枝数应是单数,而且要避免"13"这个数字。

美国人口味清淡,微带甜味,喜食"生""冷""淡"的食物,不刻意讲究形式与排场,而强调营养搭配。美国人特别喜欢热狗、炸鸡、土豆片、三明治、汉堡包、面包圈、比萨饼、冰淇淋等快餐或冷饮。他们推崇中国的粤菜、川菜。需要注意的是,美国人忌吃狗肉、猫肉、蛇肉、鸽子肉,动物的头、爪及其内脏,以及生蒜、韭菜、皮蛋等食品。

美国人爱喝的饮料种类很多,主要有冰水、矿泉水、红茶、咖啡、可乐,他们也爱喝葡萄酒、桑果酒、甜味酒、啤酒。

另外,美国人不喜欢在餐碟中剩食物,因此宴请的菜量要适度。在美国,进餐时不要发出声响,不要替他人取菜,不要吸烟,不要向别人劝酒,不要当众宽衣解带,不要议论令人不快的事。

3. 礼仪禁忌

美国人一般比较喜欢浅淡的颜色,如象牙色、浅绿色、浅蓝色、黄色、粉红色、浅黄色,忌讳黑色,他们认为黑色是肃穆的颜色,只能在葬礼上使用。美国人也不太喜欢红色。

同其他的西方国家一样,美国人也忌讳"13""3""星期五"。

美国人忌讳蝙蝠图案,他们认为蝙蝠是吸血鬼的象征;也不喜欢我国的山水和仕女图案,以及镰刀、锤子之类的图案。美国人偏爱带有白头鹰和白猫的图案。

美国人有较强的个人意识,在美国切忌询问年龄、个人收入和政治倾向等私人问题。

(二)巴西

巴西的全名为巴西联邦共和国(The Federative Republic of Brazil),国花为毛蟹爪兰,首都是巴西利亚,官方语言为葡萄牙语。巴西是南美洲最大的国家,位于南美洲东南部,北邻法属圭亚那、苏里南、圭亚那、委内瑞拉和哥伦比亚,西邻秘鲁、玻利维亚,南接巴拉圭、阿根廷和乌拉圭,东邻大西洋。巴西的综合实力位居拉美首位,拥有丰富的自然资源和完整的工业基础,既是金砖国家之一,又是南美洲国家联盟成员。巴西的文化具有多重民族的特性,作为一个民族大融炉,巴西有来自欧洲、非洲、亚洲等地区的移民。足球是巴西人文化生活的主流运动,巴西是2014年世界杯举办国。

1. 礼仪规范

与很多国家形成鲜明的对比,巴西人最习惯于用拥抱和亲吻行见面礼,只有在正式的场合下才行握手礼。当然,行亲吻礼时,并非真的亲吻,只是发出亲吻的声音。巴西人不仅热情好客、健谈善谈,而且生活多姿多彩、能歌善舞,桑巴舞就是巴西人的一个标志。在着装上,这一点也表现得很突出。巴西妇女的服装色彩艳丽、款式丰富。这种艳丽的服装在日常休闲、庆典活动时更多见一些。在正式的商务活动中,不管男女,其着装都非常整洁,相对保守。在饮食方面,巴西人喜欢喝咖啡、吃烤肉,其饮食习惯、餐具用法与欧洲人相近。

2. 商务习惯

与巴西商人进行商务谈判时要准时赴约,宜穿保守式样的深色西装。会晤的最好时间是上午10:00—12:00或者是下午15:00—17:00。和巴西商人打交道时,如果主人不提起工作时,客人也不要先谈工作。另外,对当地的政治问题最好闭口不谈。

3. 礼仪禁忌

巴西人忌讳紫色、棕黄色,忌用大拇指和食指联成圆圈,并将其余的三指向上伸开,形成"OK"的手势。在巴西,送礼忌讳送手帕。巴西男士既喜爱说笑话,又喜爱放声大笑,但与他们交谈时不要谈论带有种族意识的笑话,应回避谈论政治、宗教以及其他有争议的话题。

(三) 墨西哥

墨西哥的全名为墨西哥合众国(The United Mexico States),国花为仙人掌,首都是墨西哥城,西班牙语为官方用语。墨西哥位于北美洲,北部与美国接壤,东南与危地马拉与伯利兹相邻,西部是太平洋和加利福尼亚湾,东部是墨西哥湾与加勒比海。墨西哥是美洲大陆印第安人古老文明中心之一。闻名于世的玛雅文化、托尔特克文化和阿兹特克文化均为墨西哥古印第安人创造。公元前兴建于墨西哥城北的太阳金字塔和月亮金字塔是这一灿烂古老文化的代表。太阳金字塔和月亮金字塔所在的特奥蒂瓦坎古城被联合国教科文组织宣布为世界文化遗产。

1. 礼仪规范

墨西哥人平时的穿着打扮具有浓厚的民族特色和现代气息,但工作期间和正式场合的着装又非常讲究严谨与庄重,一般穿西装或西式套裙。

与墨西哥人会谈或上门拜访时一定要事先约定,但他们赴约时一般要晚15~30分钟,这已成为他们的风俗习惯。

墨西哥人热情、活泼、率直,又不失文雅、礼貌。在一般情况下,墨西哥人所采用的见面礼节,不是与对方握手,就是代之以微笑。熟人相见之时所采用的见面礼节主要是拥抱与亲吻礼。

墨西哥人非常看重自己的身份和地位,在正式的场合,他们忌讳对方直接称呼自己的名字,最常用的方式是在姓氏前加上"先生""小姐"或"夫人"之类的尊称,如"博士""教授""医生""法官""律师""议员""工程师"之类可以体现身份头衔的称呼。

2. 商务习惯

在商务活动中,墨西哥商人使用名片的频率非常高,因此在赴约时要准备充足的名片。

与墨西哥商人谈判切忌急于求成,一般他们办事比较沉稳。另外,墨西哥商人很健谈,因此要认真核实对方在资信方面的自我介绍。为了防止不守信用的情况发生,可以要求他们在开出银行支票的同时再出具一张汇票。

在与墨西哥商人交往时切忌谈论墨西哥国内的政治、宗教、社会状况等问题,也不宜询问他们的私人问题。

墨西哥人热情、开朗、豪放,很乐于结交朋友,请客吃饭是他们常用的一种交流方式。墨西哥人的口味偏辣,主食主要是玉米,尤其喜欢我国的川菜。他们不喜欢过于油腻和用牛油烹制的菜肴。饮料方面他们主要喝葡萄酒、香槟酒、咖啡等。

3. 礼仪禁忌

墨西哥人喜爱红色、绿色、蓝色、白色等颜色,忌讳紫色,他们认为紫色是不祥之色。同其他很多国家一样,他们讨厌数字"13"与"星期五";忌讳的鲜花有黄花、红花、紫花。因为,在墨西哥人看来,黄花暗示死亡,红花表示诅咒,紫花是不祥之色。而墨西哥人喜欢白花,他们认为白花可以驱邪,同时还非常偏爱仙人掌和大丽菊。

蝙蝠图案及艺术造型为墨西哥人所忌讳,他们偏爱骷髅,认为它象征公正,并喜欢以其图案进行装饰。他们也很喜欢仙人掌和雄鹰的图案。

在墨西哥,切忌用掌心向下比画孩子身高的手势,在墨西哥人看来这一动作带有侮辱的意味,仅可用以表示动物的高度。大多数墨西哥人都会说英语,但与他们进行会谈或回信时,一般要用西班牙语。

五、大洋洲国家

大洋洲是世界上人口最少的一个洲,有14个独立国家,其余几个地区尚在美、英、法等国的管辖之下,在地理上划分为澳大利亚、新西兰、新几内亚、美拉尼西亚、密克罗尼西亚和波罗尼西亚六区,其中,澳大利亚是本洲面积最大、人口最多的国家。以下将主要介绍澳大利亚的礼仪习俗、商务习惯和礼仪禁忌。

澳大利亚的全名是澳大利亚联邦,首都为堪培拉,国花为金合欢。"澳大利亚"一词来源于西班牙文,意思是"南方的陆地"。人们在南半球发现这块大陆时,以为这是一块一直通到南极洲的陆地,便取名"澳大利亚"。后来人们才知道,澳大利亚和南极洲之间还隔着辽阔的海洋。澳大利亚是一个移民的国家,奉行多元文化,70%以上的居民是欧洲移民的后裔;当地居民约占总人口的20%,主要是美拉尼西亚人、密克罗尼西亚人、巴布亚人、波利尼西亚人;印度人约占总人口的

1％；此外还有混血种人、华裔、华侨以及日本人等。绝大部分居民信奉基督教，少数信奉天主教，印度人多信奉印度教。绝大部分居民通用英语，太平洋三大岛群上的当地居民分别用美拉尼西亚语、密克罗尼西亚语和波利尼西亚语。

（一）礼仪习俗

澳大利亚人很讲究礼貌，在公共场合不大声喧哗。在银行、邮局、公共汽车站等公共场所，澳大利亚人都是耐心等待、秩序井然。在澳大利亚，握手是一种相互打招呼的方式，拥抱亲吻的情况罕见。澳大利亚也有"女士优先"的习惯。澳大利亚人非常注重公共场所的仪表，男子大多数不留胡须，出席正式场合时西装革履；女性是西服上衣、西服裙。到澳大利亚人家里做客时，最合适的礼物是给女主人带上一束鲜花，也可以送给男主人一瓶葡萄酒。澳大利亚人待人接物都很随和。

在澳大利亚，当人们首次见面时，通常是用右手跟对方的右手握手。如果不认识对方，在见面时不会接吻或拥抱。许多澳大利亚人在跟别人交谈时会望着对方的眼睛，这是尊重对方及正在听着对方说话的表示。跟人初次见面时，许多澳大利亚人不愿被问及年龄、婚姻状况、孩子或金钱问题。在澳大利亚，当你被介绍给某人时，除非被告知的是对方的名字或对方说喜欢你称呼其名字，否则宜以称号和姓氏（如黄先生、史密夫女士、布朗太太、李博士等）相称。在工作场所及跟朋友聚会时，澳大利亚人通常会直呼对方的名字。澳大利亚人的时间观念很强，约会必须事先联系并准时赴约。在与澳大利亚人见面或赴约时，一定要尽可能守时，如果可能会迟到，一定要尝试联络对方。

澳大利亚职业人士多数穿套装。在不是很正式的场合，男士可以穿得体的短装、及膝长袜、衬衫，并佩戴领带。澳大利亚人喜欢体育活动，游泳和日光浴是他们的癖好。澳大利亚人喜欢邀请友人一同外出游玩，他们认为这是密切双边关系的有效途径之一。

澳大利亚人在饮食上习惯以吃英式西菜为主，其口味喜清淡，忌食辣味菜肴，有的澳大利亚人还不吃酸味的食品。他们的菜肴一般以烤、焖、烩的烹饪方法居多。在就餐时，澳大利亚人大都喜欢将各种调味品放在餐桌上，以便自由选用调味，而且调味品的种类要多。澳大利亚的食品素以丰盛和量大而著称，尤其对动物蛋白的需要量。澳大利亚人通常爱喝牛奶，喜食牛羊肉、精猪肉、鸡、鸭、鱼、鸡蛋、乳制品及新鲜蔬菜，他们还爱喝咖啡，爱吃水果。

（二）商务习惯

在澳大利亚进行商务活动，有的商人喜欢边吃边谈生意，而且还会谈得很起劲。此外，遇有商务谈判时，对方派出进行商务谈判的人一定是有决定权的人。

第九章 世界部分国家的礼仪习俗及禁忌

因此,我方也应该派出同样具有决定权的人,否则他们会不高兴,甚至不理睬我方。这是因为澳大利亚商人很重视办事效率,不愿把时间浪费在不能决策的空谈上。同样,在进行商务谈判时,澳大利亚商人不喜欢先打出高价,再慢慢减价,会尽力避免在讨价还价上浪费时间。与澳大利亚商人谈生意时,对方在价格上往往不太计较,但对产品质量的要求相当严格,一旦发现质量问题,将不客气地提出索赔。另外,澳大利亚的商务活动大多在小酒店进行。

(三) 礼仪禁忌

在澳大利亚要避免批评任何与澳大利亚有关的事情,包括澳大利亚离欧洲相当遥远这个事实;不要随便对别人的观点表示同意,澳大利亚人尊重自己有见解的人;行为举止要随意,任何装腔作势只会产生笑料。在澳大利亚人的眼里,兔子是一种不吉利的动物。他们认为碰到了兔子可能是厄运将临的预兆。在社交场合,忌讳出现打哈欠、伸懒腰等小动作。

本章习题

一、案例题

国内某家专门接待外国游客的旅行社,有一次准备在接待来华的意大利游客时送每人一件小礼品。于是,该旅行社定制了一批纯丝手帕,是杭州制作的,还是名厂生产,每条手帕上绣着花草图案,十分美观大方。手帕装在特制的纸盒内,盒上又有旅行社的社徽,显得是很像样的小礼品。中国丝织品闻名于世,旅行社料想会受到客人的喜欢。

旅游接待人员带着盒装的纯丝手帕到机场迎接来自意大利的游客。他们的欢迎词说得热情、得体,在车上他代表旅行社赠送给每位游客两盒包装精美的手帕作为礼品。

没想到车上一片哗然,议论纷纷,游客们显出很不高兴的样子。特别是一位夫人大声叫喊,表现得极为气愤,还有些伤感,原来手帕上是一朵菊花。旅游接待人员心慌了,好心好意送人家礼物,不但得不到感谢,还出现这般景象。这些外国人为什么怪起来了?[①]

请问:

根据案例提供的信息,请分析为什么该旅行社接待人员的行为引起了游客的不满?

---

① 王连义.怎样做好导游工作[M].2版.北京:中国旅游出版社,2005,有改动。

提示：

在意大利和西方一些国家有这样的习俗：亲朋好友相聚一段时间告别时才送手帕，取意为"擦掉惜别的眼泪"。在本案例中，意大利游客兴冲冲地刚刚踏上盼望已久的中国大地，准备开始愉快的旅行，旅游接待人员就送手帕显然是不合适的。那位大声叫喊而表现得极为气愤的夫人，是因为她所得到的手帕上面还绣着菊花图案。菊花在中国是高雅的花卉，但在意大利则是用来祭奠亡灵的。这个案例告诉我们：旅游接待与交际场合，要了解并尊重外国人的风俗习惯，这样做既对他们表示尊重，又不失礼节。

二、思考题

1. 亚洲国家与欧美、拉丁美洲主要国家的礼仪规范有哪些相同之处和不同之处？

2. 在商务交往中，与欧美国家人士交换礼品时应注意哪些主要禁忌？

附录一

送花礼仪

尽管世界各国人民的风俗习惯不一样,但有一点是相同的,那就是对花的喜爱。鲜花是一切美好感情的象征,是良好祝愿的代表,并且还会在社会交往中带给人们美妙的感觉。把送花作为表达感情的一种方式,既高雅脱俗,又为人们所乐于接受,问题在于人们能否运用好它。人们在送花时应该注意以下三个方面。

一、读懂花的语言

所谓花的语言,是指每种花所具有的特定含义,送花就是要借用这些无形的语言传递送花人的心意。因此,针对不同的场合、不同的对象该送什么花,送花人首先要了解花的不同含义,这样才不会送错花。一般来说,下面这些花代表以下含义。

玫瑰:红玫瑰代表热情、真爱;黄玫瑰代表珍重、祝福、嫉妒和失恋;紫玫瑰代表浪漫、真情、珍贵和独特;白玫瑰代表纯洁、天真;黑玫瑰代表温柔、真心;橘红色玫瑰代表友情和青春美丽;蓝玫瑰代表敦厚、善良;粉玫瑰代表永远的爱。

康乃馨:红色康乃馨代表爱情;桃红色康乃馨代表祝你健康;黄色康乃馨代表热爱着你、失恋;杂色康乃馨代表侮蔑;白色康乃馨代表拒绝你的爱。

郁金香:红色郁金香代表爱的告白、喜悦;白色郁金香表示怀念、纯洁、失恋;黄色郁金香表示没有希望的爱;紫色郁金香表示渴望无尽的爱、忠贞的爱;杂色郁金香表示永恒的爱恋。

百合:白色百合表示纯洁、庄严、心心相印;香水百合表示你真美丽。

菊花:菊花代表清净、高洁、真爱;雏菊表示愉快、幸福、纯洁;矢车菊表示幸福;白色波斯菊表示纯洁;红色波斯菊表示多情;翠菊表示可靠的爱情、请相信我;非洲菊表示神秘、兴奋、有毅力。

水仙:表示纯洁、百年好合。

大丽花:表示大吉大利,是商界之花。

火鹤花:表示热烈豪放,是英雄之花。

鹤望兰:表示吉祥幸福,是胜利之花。

石斛兰:表示刚强祥和,是父亲之花。

风信子：表示喜悦、爱意、浓情蜜意。

勿忘我：表示不要忘记我、真实的爱。

牡丹：表示富贵、壮丽。

茉莉花：表示清洁纯净、朴素自然。

山茶花：表示谦让、美德、可爱。

忍冬花：表示全心全意把爱奉献给你。

三色堇：表示爱的告白、想念我吧。

紫罗兰：表示请相信我。

蝴蝶兰：表示祝你幸福。

仙客来：表示喜悦。

海芋：表示期待的爱。

一品红：表示普天同庆，同贺新生。

常春藤：表示永久的记忆。

情人草：表示爱意永恒。

杜鹃：表示繁荣、红运当头、节制。

米兰：表示平凡、清雅。

丁香：表示谦逊。

二、注意送花的对象

看望老人：一般送长寿花或万年青，象征健康长寿、永葆青春。

送恋人：送玫瑰、百合或者桂花，因为它是爱情的信物和象征。

新婚祝福：送玫瑰、百合、郁金香、香雪兰、扶郎、剑兰、大丽花、风信子等。

看望亲朋好友：送吉祥草，象征幸福吉祥。

送别远行的朋友：送芍药花，表示难舍难分。

送失恋的人：送秋海棠，寓意苦恋，表示对对方的安慰。

看望病人：送兰花、水仙、马蹄兰等，表示祝愿病人早日康复。

拜访德高望重者：送兰花，因为兰花表示品质高洁。

祝贺企业开业：送月季、紫薇等，这类花花期长，花朵繁盛，寓意兴旺发达、财源茂盛。

母亲节：送康乃馨、百合。

父亲节：送红莲花、石斛兰。

圣诞节：送一品红。

教师节：送剑兰。

春节：送报春花、富贵菊、仙客来、报岁兰等小盆花。

祝贺乔迁：送巴西铁、鹅掌叶、绿萝柱等。

三、各国关于花的禁忌

在国际交往中，使用鲜花的场合比较多见，但我们也要注意有些鲜花在不同的国家的含义是不同的，所以，在送花之前最好弄清楚对方国家的花语习俗。

在国际交际场合中要避免将菊花、杜鹃花、石竹兰以及黄色的花献给客人，这已成为惯例。因此我们需要特别注意，以免引起不良后果。

在印度和欧洲节日期间，不能送白色玫瑰和白色百合花，因为这两种花只能送给死者，以表示虔诚的悼念。

在巴西，绛紫色的花主要用于葬礼。

在法国，黄色的花是不忠诚的表示。

在罗马尼亚，一般送花时，送单不送双，过生日时则例外。

在拉丁美洲，千万不能送菊花，因为人们将菊花看作是一种"妖花"，只有参加葬礼时才送菊花。

给日本人送花时，不要送莲花，因为他们认为莲花是人死后到了另外一个世界上才用的花。给病人送花时不能送带根的，因为"根"的发音在日语中接近于"困"，使人联想到一睡不起；如果送菊花给日本人，能送的品种只有15片花瓣的。

在中国，在传统年节或喜庆日子里，送的花篮或花束的色彩要鲜艳、热烈，切忌送整束白色系列的花。在广东、香港等地区，由于方言的关系，送花时尽量避免送茉莉、剑兰，因为在粤语中"剑兰"的发音同"见难"，而"茉莉"同"没利"。

在俄罗斯，送女主人的花一定要送单数，送给男子的花必须是高茎、颜色鲜艳的大花。俄罗斯人也忌讳数字"13"，认为这个数字是凶险和死亡的象征，而数字"7"在他们看来却意味着幸运和成功。

英国人一般不喜欢观赏或栽植红色或白色的花。

在德国，一般不能将白色玫瑰花送给朋友的太太，也要避免送郁金香，因为德国人视郁金香为"无情之花"，送此花给他们代表绝交。

如果参加欧美朋友的葬礼，绝对不能赠送有香味的鲜花。

在国外，给中年人送花不要送小朵的花，那意味着你认为他们不成熟。

在意大利、西班牙、德国、法国和比利时等国家，菊花象征悲哀和痛苦，绝不能作为礼物相送。

附录二

常用商务柬书格式及书写规范

一、请柬

（一）格式

请柬是国际商务活动中最常用的文体之一。格式要求简单、美观。国际通行的请柬书写格式上最大的特点是"一行字一条信息"。标准的请柬一般印在一页上，示例如图1和图2所示。

>
> On the occasion of the 25th International Flower Festival
> *The General Manager of the International Christmas Flower Company*
> *Mr. Patrick Samuel*
> *Requests the pleasure of the company of*
>
> **Mr. Ottawa Marist**
>
> *At a Reception*
> On Thursday 4th, December 2014 from 18:00-20:00 hrs.
> At Ballroom, the Glory center Hotel, Beijing
>
> Dress: National Costume　　　　　　　　Regrets only
>
> Or Lounge Suit　　　　　　　　　　　　Tel: 6324.1470 ext. 14

图1　标准的请柬（英文）

>
> 为庆祝第二十五届国际鲜花节
> 国际圣诞鲜花公司总经理
> 彭驰贵·萨弥先生
> 于2014年12月4日（周四）18:00至20:30
> 在北京格洛理中心饭店宴会大厅举行招待会
> 恭请
> 奥特曼·玛瑞斯特先生
> 届时光临
>
> 请穿着正装或民族服装　　　　　　　如不能出席，请赐电告
>
> 电话：63241470 转 14

图2　标准的请柬（中文）

(二) 书写规范

标准的国际商务请柬,应包括以下七个方面的内容。

(1) 活动的主题。

(2) 活动的主人,一般要注明主人的身份。

(3) 活动的时间、地点。

(4) 被邀请人的姓名,可以写在请柬里,也可以写在装请柬的信封上。

(5) 参加活动的具体要求,如着装要求、座位席号、停车地点等。

(6) 联系电话。

国际上通行的做法是:如果在电话号码前注明"Regrets only",则表示"如果不出席活动,必须电话回告。如果出席活动,就不必回话,届时可以直接前来"。汉语一般写为"如不出席,请赐电告"。如果注明"RSVP",则表示"不管出席与否,一定要电话明告"。汉语一般写为"能否出席,请回电赐告"或者"能否出席,务必赐电"。标有"RSVP"的请柬一般会安排固定的座席,如果不能出席,而又不电告主人,则会在活动现场出现空座位的情况。这对主人而言,往往是一件非常尴尬的事情。

(7) 使用专用敬语。

汉语中应注意多使用诸如"诚意邀请""敬请""特邀""恭请""敬请出席""届时光临""届时莅临""敬邀""敬约"等词语。在英文中,应注意使用如"on the occasion of..." "request the pleasure of the company of..."等(需要注意的是,在英文请柬的书写中,一般"honor"与"presence"和"attendance"连用,"pleasure"与"company"连用)。

二、宴会座位卡(宴会座签)、宴会席位图

(一) 宴会座位卡(宴会座签)

宴会座位卡(宴会座签)的功能是为了给出席宴会的人标示自己的座位。因此,宴会座位卡(宴会座签)不需要太大。一般的宴会座位卡(宴会座签)约只有普通名片的大小。卡片上,应预留折线,在摆放时,稍加折叠后,可以摆放在宴会桌上。宴会座位卡(宴会座签)上可以预先印制企业徽标。宴会座位卡(宴会座签)一般要写名字,若有必要,可以标注职衔、单位名称(或国别)。

宴会座位卡(宴会座签)折叠的方法可以有多种,最通用的两种是一头折和中

间折。卡上的名字可以手写,也可以打印;可以写一面,也可以写两面。如果只写一面,应将写好名字的一面朝向就餐者。一般来说,中国人、日本人的名字用中文书写,其他国家的人名用英文或者法文书写。

如果宴请的是非常重要的贵宾,宴会座位卡(宴会座签)的大小可以适当加大。

(1)一头折的宴会座位卡(宴会座签)(如图3和图4所示)。

图3　一头折的宴会座位卡1(宴会座签)

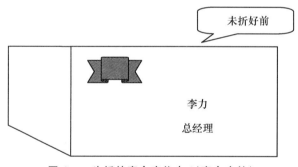

图4　一头折的宴会座位卡2(宴会座签)

(2)中间折的宴会座位卡(宴会座签)(如图5所示)。

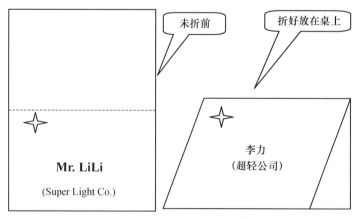

图5　中间折的宴会座位卡(宴会席签)

(二)宴会席位图

宴会席位图用以标明每一个人在宴会席位上的座位位置,实际上就是宴会席位的地图。一般来说,宴会席位图用于大型、多桌次的宴会,悬挂在宴会厅的入口处(如图6所示)。

宴会席位图一般按照宴会大厅的大致形状绘制,传统的做法是每张桌子标一个桌号,如一号桌、二号桌等。但是,现在有一种趋势,为了避免由桌号而显示出座位的尊卑,很多宴会不用数字来标示桌号,而是用诸如颜色、鲜花、植物名称、城市名称来标示桌号,如红桌、蓝桌、紫桌或者玫瑰桌、百合桌、牡丹桌等来标示不同的桌号。在每张桌上,以前是在一张卡片上写上数码,现在或者写上花的名字,或者用包装礼品用的彩带扎不同颜色的小花放在宴会桌的中央。

如图6所示,宴会席位图一般只画出每张宴会桌的大致方位,然后在席位图的下方写上每个人的具体位置。

每张宴会桌上又可以用彩色小花标示出桌号。这种做法可以很好地因避免桌次顺序带来的不必要的误解(如图6所示)。

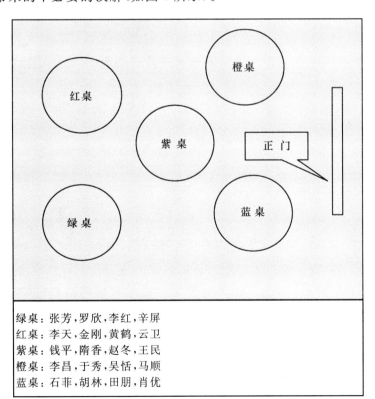

图6 宴会席位

三、会议席位卡

会议席位卡的作用与宴会席位卡(宴会座签)的作用稍有不同,它不但是为了让别人知晓自己的位置,而且还要向其他的与会人员指示其位置和姓名。很多国家对于会议席位卡的名称如何书写有比较严格的规定,因此我们要特别注意。会议席位卡需要双面书写。按照惯例,中文只写名字,用宋体字或者黑体字;英文应写上尊称,甚至于职衔缩写,一般采用罗马字体。对于有大使级外交职衔和政府部长级以上职衔的贵宾,其名字前还要加"H.E."(意为阁下)。会议席位卡单面约30厘米长、15厘米宽,采用白底黑字。在制作会议席位卡时:第一要美观,注意姓名的四周要留出一定的空白部分;第二要注意避免用红色字体。

四、胸卡

胸卡的作用是方便人们互相了解和称呼姓名,大部分场合用于有相互交谈机会的会议和宴会场所。胸卡上应标有本人姓名、单位姓名,有时还要加上职衔。胸卡在制作时,要求姓名标示要特别醒目,不需要用诸如"阁下"之类的敬语。为了安保检查用途而制作的胸卡还需要配有照片。胸卡的大小比普通名片稍大一些,以便辨认。

五、公文用纸设计

在国际商务活动中,公文用纸的设计是非常讲究的。重要文书还需要用特制的公文用纸。公文用纸包括便笺纸、备忘录用纸、正式信函纸等一切与商业联系、交往有关的文书用纸。规范、统一、美观的公文用纸在很大程度上代表一个组织的形象,甚至在一定程度上代表组织的实力和信誉,因此,历来受到组织的高度重视。传统的公文用纸一般事先印好以下内容中的部分信息:单位名称;形象标志Logo;地址;电话;传真;电传。现代的公文用纸还包括网站和电子邮件的地址。在公文用纸的印刷过程中,可以用彩印和雕版印刷,国际上知名的企业还使用专门印有公司标志和名称的水印纸进行印刷。公文用纸的设计最重要的部分是信头(标头)的设计。以下是四种基本公文用纸的样图。

(一)便笺纸

由于便笺纸一般用于书写不太重要的内容,主要是传递一个信息或者用于临时记录等,因此,其大小比正式公文信函用纸的大小要小很多,约为其 1/2 或 1/3 大小。最常见的便笺纸约为 32 开纸大小,信头印有企业名称或者企业标志,勿需其他的信息(如图 7 所示)。

图 7 便笺纸

(二) 备忘录用纸

备忘录,顾名思义,就是为了防止遗忘而做的记录。备忘录是国际商务活动中经常使用的一种文体,其目的往往是为了确认所达成的某种共识、协议、意见,记述某件事实,或者重申某种单方面的意见。大多数备忘录有寄送对象,有时还需要抄送第三方。备忘录有时可以起到协议文本的作用,会得到签字各方的认可和支持。

备忘录用纸一般与正式公文用纸的大小基本一致,多为 A4 纸大小(如图 8 所示)。

(三) 正式信函纸

为了突出正式信函的严肃性,一般情况下,国际商务中使用的正式信函纸往往设计都比较保守,所用字体易于辨认,标志比较清晰。信头(标头)中往往事先印有地址、电话等,以便收信人联系和确认发信单位的具体位置。如图 9 所示是一款比较传统的信纸,信纸的信头(标头)包括单位的名称、标志、各种地址和联系号码,内容非常齐全,是最正式的信纸种类之一。

应该注意的是,国际通行的做法是信函的首页使用标有信头(标头)的信纸(如

图 9 所示）。从第二页开始，则使用没有信头（但可以印有企业标志）的空白信纸。

图 8　备忘录用纸

INTERNATIONAL CHRISTMAS FLOWER CO. LTD

222 Peace Map Road, Pretty Heaven City 32-546, The Republic of France
Phone: 0033-65532876　　Fax: 0033-65545643
http://www.ic××.com/　　E-mail: sales@ic××.com

图 9　正式信函纸

(四)标准的国际信封

标准的国际信封一般都将回信地址,发信人的名称、标志等印在信封表面的左上方。按照惯例,还应在单位名称上方再留有一定的空间,用于书写寄信人的姓名(如图 10 所示)。

有些单位也将回信地址印在信封背面的三角封口上,而信封正面只写收信者的姓名、地址(如图 11 所示)。

图 10　信封的正面

图 11　信封的背面

在使用时要注意,国际通行信封书写格式与中文信封书写格式完全不同,主要表现在以下三个方面。

第一,收信人和发信人的姓名、地址的书写位置完全相反。中文书写格式中把收信人的姓名、地址写在信封的左上角,发信人的姓名、地址写在信封的右下角。而国际上通行的做法是把收信人的姓名、地址写在信封的右下角,把发信人的姓名、地址写在信封的左上角。

第二,收信人、发信人名字定位的递进方式正好相反。中文中定位递进的方式是由大到小,层层缩小定位的区域,最后到人,即国名、省名、城市名、城区名、街道名、房号,最后是人名,中国人认为这种方式可以很好地定位收信人和发信人的地址。而国际上的做法正好相反,是由小到大,即先锁定收信人或发信人的姓名,然后再层层扩大定位级别,最后到达国名,即先写人名,然后是房号、街道名、城区名、城市名、省名、国名。

第三,邮政编码的位置不同。在中文中,收信人的邮政编码放在最前面,而寄信人的邮政编码放在最后面。国际上通行的做法是把邮政编码放在国名之前。

中外信封书写格式如图12和图13所示。其中,左上角的区域代表收信人的姓名地址,右下角的区域代表发信人的姓名地址,"46753""100037"代表邮政编码的位置。

```
中华人民共和国北京市
xx区xx路xx号
xx楼xx号房间

                    xxx先生  收


            由:四川省成都市xxx区xx路xx号xx房间
                            xx  寄
```

图12　中国的信封书写格式

```
From: Peter Robinson
      24 Babylon Apartment Building
      6th Avenue, Marieta
      Ohio, 46753
      USA


              To: Dr. Franklin Powel
                  Room 2032, International Faculty Residence Building
                  China Foreign Affairs University
                  24 Zhanlan Road, Xicheng District
                  Beijing, 100037
```

图13　国外的信封书写格式

六、国际商务英文书信格式

传统的英文信件书写格式是把发信人和收信人的地址都写在首页信纸上,以便于收信人及时了解发信人的相关信息和回函地址(如图14所示)。

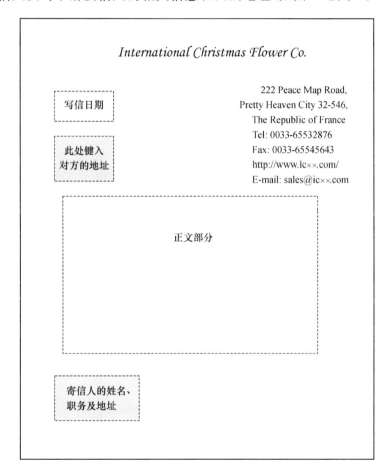

图14　国际商务英文书信格式

英文信件的正文格式有以下两种。

(一) 齐头形

即每一段文字的第一个字都与最左侧齐头(如图15所示)。

(二) 首行空格形

除了抬头一行以外,每段首行首字母空两个字母(如图16所示)。

```
Dear Sir or Madam,

Greeting from the City of Pretty Happy!

It is my great honor to introduce my company , the International Christmas Tree &
Flower to… Currently, we have many gift trees and flowers for…

We sincerely expect that our co-operation and…

I am looking forward to hearing from you…

Yours sincerely,
Tom
```

图 15　齐头形书写格式

```
Dear Sir or Madam,

    Greeting from the City of Pretty Happy!

    It is my great honor to introduce my company , the International Christmas Tree &
Flower to… Currently, we have many gift trees and flowers for…

    We sincerely expect that our co-operation and…

    I am looking forward to hearing from you…

                                                          Yours sincerely,
                                                          Tom
```

图 16　首行空格形书写格式

七、国际商务书信礼仪要务

（一）信函书写的格式要正确

写信人在书写国际商务信函时要特别注意中外书信格式的差异和不同。

（二）国际商务函件要尽可能遵循"一事一函""一函一页"的原则

写信时要注意言简意赅，突出重点，把内容控制在一页纸内，尽可能做到"一封信函一件事"。这样才能突出信函的内容，以保证收信人对信函给予最充分的注意。商务信件如果东拉西扯，浪费收信人的阅信时间，是一种最不遵守书信礼仪的表现。

(三) 要掌握信封、信函抬头人名、称谓的基本敬语

按照惯例,在发送国际商务函件时,在信封上,发信人不在自己的名字前写敬语,如"Mr.""Miss""Madam"等,但需在收信人的姓名前书写。除了"Mr.""Miss""Mrs.""Madam"这些最常用的敬语称谓以外,给特别重要、具有很高社会地位和威望的人可以用"The Honorable""His Excellency"这样的称谓。如果收信人有很高的学历、职务和身份头衔时,可以用这些头衔代替"先生""女士"等敬语。最常用的头衔包括"Dr.""Prof."。有时为了把尽量多的敬语称谓用上,还有"敬语称谓＋姓名＋头衔"和"职衔＋姓名＋学历"的做法(如图17所示)。

To：Mr. Henry Peter, CEO
　　International Christmas Flower Co. Ltd

To：Prof. Henry Peter, Ph. D. in Political Science Department of Social Science
　　University of DDDDD

图17　国际商务函件信封之收信敬语

(四) 要了解和掌握国际商务函件书写中的部分固定惯用词汇

1. 函件传递的方式

(1) 传递方式:在 via post mail(by postal mail), via air mail(by air mail), via fax(by fax), via Email(by Email)这些表述中, via 和 by 的意思是"通过"。

(2) 由某人转交:C/O(＝in care of 的缩写), Politeness of, Kindness of, Kindness of, Per Favor of, Courtesy of 等。

(3) 请某人转交:Forward , Please forward to。

(4) 抄送:CC(Carbon Copy 的缩写,意为抄送)。

2. 标注函件级别、类别的方式

(1) Certified Mail (授权信件)。

(2) Registered Mail(挂号信件)。

(3) Personal Mail (私人信件)。

(4) Classified Mail（保密，加密）。

(5) Private Mail（私人信件或者秘密信件）。

(6) Confidential（机密，秘密）。

(7) Strictly Confidential（绝密）。

(8) Original（原件）。

(9) Copy（副件或复印件）。

(10) Duplication（副件）。

(11) Complimentary Copy（赠阅件）。

(12) Urgent（急件）。

(13) Immediate（急件）。

3．其他用语

(1) Re：（＝in regard to）主题。

(2) PS：（＝postscript）附言。

(3) P.O.Box（＝Postal Office Box）：邮政信箱。

(4) In reference to（with reference to）：关于。

(5) In reply to：为答复……

(6) ATTN：（＝Attention）：请交……，呈……

（五）在信件正文中，要注意尊称收信人，要用问候语、祝词和结束语

(1) 信件开头对收信人要用尊称，用敬语，如"Dear Mr. ..." "Your Excellency, Mr. ..." "Dear Mr. ..." "Dear Prof. ..."等。

(2) 行文中，要先问候，要用诸如"Greetings from..." "It's nice to hear from you..." "I am very glad to know that..."。

(3) 行文结束时，一般先用祝词，如"With best regards" "Best Wishes" "Take care" "I am looking forward to hearing from you soon" "I am looking forward to meeting you soon"等。

(4) 在署发信人姓名前要用自谦或者表示友好的结束语，如"Sincerely yours" "Respectfully yours" "Cordially" "Yours truly"等。

八、电子邮件

自从互联网出现以后，电子邮件给人们提供了最便捷的书信沟通方式。人们可以在瞬间把过去需要花数日、数月才能寄达的信息送到对方的眼前。同时，还可以把过去需要花费大量的纸张、胶片、磁带等材料才能承载的图、文、声音等信息用肉眼看不到的数字电流的形式传递给收信人。

尽管电子邮件已经很普及,但是实质上它只是一种传信方式,其内容仍然是信函,因此,电子邮件的书写礼仪和普通函件的书写一样,没有特别之处。

在使用电子邮件方面,写信人需要注意以下四个方面。

(1) 由于电子邮件的发送非常迅速、便捷,所以,电子邮件更需字斟句酌、反复推敲,要考虑好是否要把信件发出,是否抄送他人,抄送的范围等,否则,电子邮件一旦发出基本上没有挽回的余地。

(2) 要尽可能保证电子邮件未携带病毒。

(3) 不转发连环信件。

(4) 未经同意,不要发送超大规模邮件,避免过量挤占收信人的信箱空间。

参考文献

[1] 金正昆.商务礼仪教程[M].4版.北京:中国人民大学出版社,2013.
[2] 金正昆.商务礼仪[M].西安:陕西师范大学出版社,2011.
[3] 顾诚.商务礼仪大全[M].哈尔滨:哈尔滨出版社,2005.
[4] 吕维霞,刘彦波.现代商务礼仪[M].北京:对外经济贸易大学出版社,2005.
[5] 李波.商务礼仪[M].北京:中国纺织出版社,2006.
[6] 陆纯梅.现代礼仪实训教程[M].北京:清华大学出版社,2008.
[7] 于立新.国际商务礼仪实训[M].2版.北京:对外经济贸易大学出版社,2009.
[8] 王平辉.社交礼仪规范与技巧[M].南宁:广西人民出版社,2008.
[9] 徐白.公关礼仪教程[M].2版.上海:同济大学出版社,2007.
[10] 王连义.怎样做好导游工作[M].2版.北京:中国旅游出版社,2005.
[11] 朱瑞.商务礼仪:打造你的成功形象[M].北京:中国长安出版社,2006.
[12] 张岩松,袁和平.现代交际礼仪[M].大连:东北财经大学出版社,2011.
[13] 张晓梅.晓梅说礼仪[M].北京:中国青年出版社,2008.
[14] 张建宏.现代商务礼仪教程[M].北京:国防工业出版社,2011.
[15] 翟晓君,邱岳宜.国际商务礼仪模拟实训教程[M].北京:中国商务出版社,2007.
[16] 郑建斌.宴道——中国式宴请全攻略[M].北京:中国纺织出版社,2009.

后　　记

《现代商务礼仪规范与实务》(第二版)是"全国高等院校规划教材·公共课"系列教材之一。商务礼仪是商务交际中应该遵守的交际艺术,它是无声的语言,是衡量个人形象与企业形象的重要标准。在经济迅猛发展、信息化高度发达的今天,商务礼仪不仅是商务人员、管理人员,而且是商务类、管理类、国贸类、文秘类等专业的学生必须掌握的基本知识之一。

在编写过程中,作者充分利用自己多年从事商务礼仪教学和实践方面的经验,突出教材的实用性、现实性和启发性,做到理论简约、实务详尽、实训特色鲜明,注重实际能力的培养。商务礼仪课程首先是一门实践性很强的学科,该课程要告诉学生应该如何去实践和操作,要把实用性放在第一位。其次,商务礼仪课程又是一门时效性很强的学科,它随着时代的发展而发展,总是处在变化当中,因此让学生和读者了解和掌握最新的礼仪规范非常重要,从而避免礼仪不合时宜或落于俗套。另外,在重视商务礼仪的实践性和时效性的同时,要注重理论思考和实际操作,学习的目的是为了应用,学习—实践—再学习—再实践,从而使学生和读者不断巩固和提高,使商务礼仪在商务活动中运用自如。

为了更好地学习和掌握本书的内容,作者对部分章节重新进行了修订,更加注重应用性和操作性。建议教师在实际的教学过程中,可以以案例分析的方式来展开教学,课后安排学生进行操作练习,并有计划地选择部分实训模块要求学生在课堂上进行演示并给予点评。在个人形象礼仪、住行礼仪、餐饮礼仪等内容的讲述中,最好选择相关场景,结合使用部分教具和实际用品(如服装、饰品、餐具、酒具等),让学生有直观的感受。作为学生,在上课之前应该认真预习所讲内容,在课后完成好相关实训和操作,要牢记学习商务礼仪的目的,不仅仅是在掌握知识点,更重要的是要学会在实践工作中如何使用这些知识。

参加本书编写的作者有:山东女子学院经济管理学院李宏洁老师(第一章、第三章);山东协和学院经济管理学院解莹主任(第二章);齐鲁师范学院王晓梅教授(第四章);山东女子学院旅游学院刘娜博士(第五章、第六章);山东女子学院外国语学院徐向群博士(第七章、第八章);山东女子学院旅游学院王爱英教授(第九章)。附录一、附录二由王爱英教授、徐向群博士共同编写。全书由王爱英、徐向

群担任主编,刘娜、李宏洁、王晓梅、解莹担任副主编。全书由徐向群统稿,王爱英审定并最终定稿。

本书在编写过程中,参阅了有关学者及专家的著作及教材,在此谨向他们致以最诚挚的谢意,对本书的责任编辑以及北京大学出版社有关人员的辛勤工作表示感谢!

由于作者水平有限,不足之处在所难免,敬请各位读者予以批评指正。

王爱英

2015 年 9 月